石油钻探企业班组长培训教材

中国石油天然气集团公司人事部 编

石油工业出版社

内容提要

本书内容主要包括班组与班组长的地位和作用、班组长素质能力要求、班组团队建设、班组有效沟通、班组激励、班组执行力、班组管理主要内容、班组管理常用工具方法、班组 HSE 管理、班组思想政治工作及文化建设、涉外作业管理、常用法律法规等。本书内容紧密贴合一线班组管理实际，案例丰富，具有很强的实用性和可操作性。

本书可作为石油钻探企业和相关培训机构的班组长培训用书，对班组管理有兴趣的其他员工也可参考使用。

图书在版编目（CIP）数据

石油钻探企业班组长培训教材/中国石油天然气集团公司人事部编.—北京：石油工业出版社，2016.12
ISBN 978-7-5183-1690-8

Ⅰ. 石…
Ⅱ. 中…
Ⅲ. 石油企业－班组管理－技术培训－教材
Ⅳ. F407.226.6

中国版本图书馆 CIP 数据核字（2016）第 307625 号

出版发行：石油工业出版社
（北京市朝阳区安华里 2 区 1 号楼　100011）
网　　址：www.petropub.com
编辑部：（010）64269289
图书营销中心：（010）64523633
经　销：全国新华书店
印　刷：北京晨旭印刷厂

2016 年 12 月第 1 版　2016 年 12 月第 1 次印刷
710×1000 毫米　开本：1/16　印张：20.25
字数：400 千字

定价：52.00 元
（如出现印装质量问题，我社图书营销中心负责调换）
版权所有，翻印必究

《石油钻探企业班组长培训教材》
编 委 会

主　　任：刘志华

副 主 任：黄　革

委　　员：(按姓氏笔画排列)

　　　　　于天水　王子云　吕凤军　刘　勇

　　　　　刘德如　杜　榕　何　波　张　宪

　　　　　郝庆华　唐国斌　霍　伟

编审人员

主　　编：高志和

副 主 编：董洪亮　李爱忠

编写人员：（按姓氏笔画排列）

马盼群　王生玉　王希廷　王君英　王建军
王勋杰　王涪江　白树奎　庄　蓉　刘　芳
刘　杨　孙贵军　李　庚　李跃麟　杨奉剑
杨明利　杨晓亮　杨　辉　吴　彬　何维文
宋江涛　张永军　张厚谦　张　勇（基地）
张　勇　张晓林　金志雄　周齐志　贺先志
贾巍然　徐　弘　郭贞玉　剡翔辉　程晓年
蔡春青　熊　伟

审定人员：（按姓氏笔画排列）

王志刚　王建新　王海涛　邓立平　朱俊英
任玉昌　苏庆新　李亚鹏　李志刚　李　峰
李领山　吴墨翰　费　燕　贾荣刚　董剑南
解国亮

前言
FOREWORD

石油钻探企业班组管理工作关系着企业经营战略的顺利实施,班组管理水平的高低将直接影响企业整体状况。班组长作为班组的具体管理者,既是企业生产一线的管理人,又是实现企业生产目标的具体执行人。因此,编写一部适合现代石油钻探企业班组长的培训教材,构建适合石油一线技能人才队伍自身发展需要的培训大纲和内容体系,使班组建设和班组管理与企业长远战略发展目标同步,打造和培养一支懂得管理、技术精良、作风过硬、勇于创新的高素质班组长队伍,就显得尤为重要。正是基于这种考虑,中国石油天然气集团公司人事部决定组织石油钻探企业中长期从事班组管理和班组长培训的骨干力量,编写一本体现石油行业特点、符合石油钻探企业班组管理实际的班组长培训教材。

石油钻探企业的自身行业特点,决定了对班组长培训有其行业要求。班组长在经济变革、组织变革中的地位和作用发生了明显变化,培训教材要与时俱进,既要注重理论联系实际,在理论创新的同时兼具实践指导性,还要反映中国石油的"油味"。为此,本着统筹规划、协同开发、资源共享的原则,中国石油天然气集团公司人事部先后多次组织召开大纲审定会、审稿会,邀请行业的专家建言献策,并专门成立了以渤海钻探工程有限公司为主编单位、其他石油钻探企业共同参与的编写组,为本书的顺利开发奠定了坚实的基础。

本书共8章,主要介绍了班组与班组长的地位和作用、班组长的素质能力要求、班组团队建设、班组有效沟通、班组激励、班组执行力、班组管理主要内容、班组管理常用工具方法、班组HSE管理、班组思想政治工作及文化建设、涉外作业管理、常用法律法规等内容。本书的内容和语言风格紧密贴合石油钻探企业一线班组实际读者对象,引用了大量来自生产实际的案例,具有很强的实用性和可操作性。

前 言
FOREWORD

本书编写分工如下：第一章由渤海钻探工程有限公司编写；第二章由东方地球物理勘探有限责任公司编写；第三章由大庆油田有限责任公司编写；第四章由川庆钻探工程有限公司编写；第五章由渤海钻探工程有限公司编写；第六章由大庆油田有限责任公司编写；第七章由长城钻探工程有限公司编写；第八章由西部钻探工程有限公司编写。

特别感谢渤海钻探工程有限公司培训中心对本书编审工作做出的突出贡献。海洋工程有限公司对本书的编审工作也给予了大力支持，在此一并表示感谢。

由于编者水平有限，书中难免有不足之处，敬请读者批评指正。

编 者

2016 年 8 月

目录
CONTENTS

第一章　钻探企业班组与班组长··· 1
  第一节　钻探企业班组 ·· 1
  第二节　钻探企业班组长 ··· 4

第二章　班组长管理能力··· 8
  第一节　班组长的素质能力要求 ··· 8
  第二节　班组团队建设 ·· 13
  第三节　班组有效沟通 ·· 15
  第四节　班组激励 ·· 19
  第五节　班组执行力 ··· 26
  第六节　班组员工心理问题疏导 ··· 29

第三章　班组管理概述··· 33
  第一节　班组管理的概念及主要内容 ······································· 33
  第二节　班组管理的目标与评价 ··· 43
  第三节　班组管理的常用工具及方法 ······································· 48

第四章　班组管理主要内容·· 94
  第一节　班组检查与交接班 ··· 94
  第二节　质量管理 ·· 107
  第三节　设备管理 ·· 110
  第四节　成本管理 ·· 119

目录 CONTENTS

第五节　班组培训 …………………………………………… 124
第六节　班组人员管理 ……………………………………… 128
第七节　资料信息管理 ……………………………………… 135

第五章　班组 HSE 管理 ……………………………………… 143
第一节　中国石油 HSE 管理体系概述 ……………………… 143
第二节　危害因素辨识与风险防控 ………………………… 149
第三节　班组应急管理 ……………………………………… 172
第四节　井控管理要求 ……………………………………… 182

第六章　班组思想政治工作及文化建设 …………………… 188
第一节　班组思想政治工作 ………………………………… 188
第二节　钻探企业文化 ……………………………………… 197
第三节　班组文化建设 ……………………………………… 207

第七章　涉外作业管理 ……………………………………… 220
第一节　涉外作业的基本理念 ……………………………… 220
第二节　涉外作业的 HSE 风险控制 ………………………… 230
第三节　海外基层队人员管理 ……………………………… 235
第四节　合同招标和市场营销 ……………………………… 242
第五节　涉外法律法规 ……………………………………… 246
第六节　涉外风俗礼仪 ……………………………………… 254

目录

第八章 法律法规案例解析 — 261

第一节 中华人民共和国劳动法 — 261

第二节 中华人民共和国劳动合同法 — 267

第三节 中华人民共和国安全生产法 — 272

第四节 中华人民共和国环境保护法 — 279

第五节 中华人民共和国职业病防治法 — 286

第六节 中华人民共和国道路交通安全法 — 292

第七节 工伤保险条例 — 298

第八节 特种作业人员安全技术培训考核管理规定 — 304

参考文献 — 308

第一章 钻探企业班组与班组长

　　班组是在劳动分工的基础上,把生产过程中相互协同的同工种、相近工种或不同工种的工人组织在一起,从事生产活动的一种组织。班组是企业内部最基层的劳动和管理组织,是企业的"最小行政单元"。

　　班组长是班组中的骨干力量,是企业组织结构中最基层的管理者,是基层班组的直接负责人。钻探企业是以基层队、站为单位来进行团队人员分配和管理的,本书提到的班组长指的是基层队正、副队长,基层站正、副站长,支部书记等人员。

　　通过本章的学习,将会了解到钻探企业班组的地位和作用、班组的类型和特点、班组长的地位和作用、班组长应具备的能力以及对自身角色认知的误区等内容。

第一节　钻探企业班组

一、班组的地位和作用

　　钻探企业主要是以油气的勘探与开发为经营方式的营利性组织,它的管理结构一般是金字塔式,分为三层,即决策层(高层)、管理层(中层)、执行层(基层),见图1-1。决策层是指企业主要领导,负责规划企业的经营方向,制定发展目标;管理层是指各企业生产管理部门、科室等,负责制定工作制度、生产方案与运营管理,组织并督促下级的工作;执行层是指基层的各个班组,负责贯彻、执行管理层的制度与任务,实现企业的发展目标。班组作为企业最基层的执行组织,无论是对保障企业正常运转,还是对创建良好的企业文化,提高企业整体素质都发挥着重要作用。

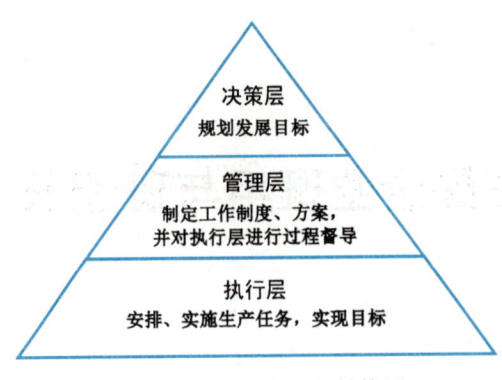

图1-1 钻探企业组织结构图

(一)班组的地位

(1)班组是企业生产经营与管理的第一线。企业的发展和员工的个人行为都离不开班组的管理,都是紧紧围绕班组这个基层组织运营的。

(2)班组是企业结构中最基本的单位,是企业立足的根本。一个企业要想走得稳、走得远,必须要重视基层班组的发展,无论是在硬件设备还是员工思想意识上,都要不断地进行完善。强化班组的建设,就是强化企业的基础建设。

(3)班组是企业文化形成的根基。班组是一个企业财富的创造者,同时也是企业文化的创造者,是企业文化的承载体。良好的班组文化氛围可形成良好的企业文化氛围,增强企业活力。

(二)班组的作用

(1)班组具有生产创收的作用。班组是企业财富的创造者,是生产任务完成与目标实现的直接承担者。只有通过员工的团队协作和不断努力,充分发挥班组成员的劳动积极性,完成班组任务指标,才能完成企业总目标,为企业创收增效。

(2)班组具有培养企业人才的作用。钻探企业的基层班组多处于偏远地区,环境较为艰苦。班组成员在生产实践活动中逐渐磨炼成长,具有较强的吃苦精神和过硬的技术、技能。多年来,石油钻探企业基层班组为企业培养了一大批人才。

(3)班组具有营造企业和谐稳定局面的作用。基层班组员工在单位的时间比在家的时间都要长,和同事相处的时间比家人还多。员工在单位不仅仅是工作,还要生活,要与同事和谐相处,确保一个良好的工作环境与工作状态是极其重要的。所以,班组具有营造员工创先争优、积极向上的氛围,提高员工凝聚力,稳定员工情绪,保护员工合法权益的作用。

（4）班组具有创造优秀企业文化、提高员工综合素质的作用。企业文化不仅仅局限于工作制度和管理模式，还包括班组员工思想意识和精神文化的提升。有的员工只想着上一天班、挣一天钱，每天在单位像个机器人一样，机械地工作、生活，这样消极的工作态度就会使企业丧失活力。优秀企业文化的形成和发展来源于班组及其成员良好的工作状态和思想境界，企业班组在创造物质财富的同时还要创造精神财富，这样才能使企业充满活力，得到快速、稳定、长远的发展。

二、班组的类型及特点

钻探企业基层班组按照工作环境与性质一般可分为两类：一线生产班组，辅助生产班组。

（一）一线生产班组

一线生产班组是企业生产的主体，涵盖的班组种类较多，例如，物探队、钻前服务队等一些为井位做前期准备工作的小队；钻（侧）井、录井、定向井、钻井液、测井、固井等围绕着井眼做钻探工作的生产和服务队；试油、压裂酸化、测试、修井等后期为采油提供服务的井下技术服务队。一线生产班组特点如下。

（1）一线班组工作地点自然环境较差。一线班组员工大多工作在野外，如沙漠、深山、滩涂、海洋，不管哪里想得不周到，组织不缜密，都会影响员工正常的工作生活，甚至导致人身伤害事件。

（2）劳动强度大。一口井一旦开钻，没有特殊情况就不允许停下来，所有工作都围着井眼转。施工过程不分昼夜，而且操作过程中使用的工具、仪器、设备都比较重，工作单调枯燥，极易造成员工身体上的伤害。

（3）工作周期长。由于钻探行业生产作业的特殊性，基层班组通常采用综合工作时间计算方式，即班组人员连续工作一段时间，再进行集中休假，改变了员工的日常生活规律。

（4）工作环境封闭。由于是野外作业，作业区域工作、生活环境相对闭塞，人际关系相对局限；特别是海外施工作业的员工，部分作业区域处于社会秩序不够稳定的国家和地区，各个作业班组从员工自身安全角度出发，严格控制员工外出。长期相对闭塞的工作环境，容易使员工产生压抑、烦躁等情绪。

（5）员工流动性相对较大。由于班组人员数量大，企业用工性质多样，加上薪酬制度、工作环境、劳动强度的影响，一些员工由于身体、家庭、生活等原因，离开一线工作岗位。这样一来班组就需要接收一些新员工，造成班组成员的流动性较大、稳定性较差，在一定程度上影响了班组的生产能力。

（二）辅助生产班组

辅助生产班组是为一线生产班组提供物资、技术服务的班组，例如，提供管具、井控工具等生产设备和物资的车间库房班组；研发钻井液材料、固井水泥等材料的技术服务科研小组。当现场需要一些应急物料或生产工具时，他们不受时间、天气的影响，为生产现场提供服务保障，确保一线生产班组生产作业的顺利实施。

这类班组上下班时间较为规律，除上井服务外，员工的工作大多在车间、厂房内进行，工作劳动强度相对较小，班组人员相对固定、流动性小，规范化、标准化的现场管理较易实施和保持。

第二节　钻探企业班组长

一、班组长的地位和作用

钻探行业各个基层班组名称各不相同，其班组长称呼也不尽相同，如队长、站长、班长、组长等。班组长对企业的发展、基层建设和管理起关键性作用，具备了一定的管理职能，俗称为企业的"兵头将尾"。

班组长对上是执行者，要落实上级下达的生产指令和管理制度，严格按照生产工艺和要求组织生产；作为上级的助手，要严格服从上级的命令，领会上级意图，对任务目标和班组成员进行合理分配，保质、保量地完成生产任务和各项指标。

同时，班组长对下是管理者，作为班组的带头人、生产一线的指挥者，负责组织和督促班组员工的各项工作，要合理组织人力、物力，确保任务的完成；遇到突发紧急事件时，要果断而冷静地做出判断，正确指挥，及时有效地解决困难。

班组长的地位决定了他应该在班组管理中发挥带头和核心作用，主要体现在以下几个方面：

（1）组织管理作用。班组长作为班组的负责人，最重要的职责就是管理、协调所属班组，其管理和协调作用的好坏直接影响班组任务的完成效果。

（2）生产带头作用。班组长自己不仅是生产的组织者，而且还是主要的参与者，班组长应积极主动地带领班组人员完成上级任务指令，将所有员工有效地凝聚在一起，形成一个有战斗力的团队组织，发挥班组骨干的作用。

（3）指导示范作用。班组长需要具备熟练的业务技能，充当生产任务的多面手，对生产设备与工艺要深入地了解，熟悉并掌握班组各个岗位的技能，对班组员工在生产操作上有着主心骨的示范作用。

（4）承上启下作用。班组长是与上下级联系的桥梁与纽带，在日常管理当中既要向班组成员传达上级的指示和文件精神，落实上级的工作安排，又要向上级反映基层工作中的实际情况，做到上情下达、下情上传，便于上级的领导与决策。

（5）基层核心作用。作为企业中最基层组织单元的管理者，班组长要发挥凝聚作用，在班组生产管理、队伍建设等各方面工作中起到核心作用。

基层员工是推动企业发展目标实现的主要力量，企业的发展离不开每个单位、每名员工的不懈努力与奋斗、创造与贡献，更需要通过"三基"工作这个有效载体和现实途径，充分发挥班组长的中坚和骨干作用，不断加强基层建设、持续改进基础工作、全面提高队伍基本素质，带领班组员工努力克服各种困难，全面完成各项工作任务，确保企业持续、有效、较快发展。

二、班组长角色认知的误区

班组长作为基层班组的负责人，要认清自己的角色职责、义务与权利，对班组实行综合管理，一切从大局出发。但往往有些班组长没有认清自己的角色地位与职能，在工作中错误指挥或越权操作，耽误了生产。

误区1：把自己的"干部"职位看得过于重要，放大自己的权利，没有正确认清自己的权利与义务。在上级领导下发一些企业发展精神、工作制度等文件内容时，不进行传达或是擅自修改内容进行传达，认为文件内容都是可有可无的，使基层员工未接受或误接受上级领导意图，耽误生产任务，影响企业建设。班组长作为基层班组的领头人，要服从上级的指挥，正确领会上级的意图，面对上级，不折不扣地完成任务。

误区2：有的班组长在干活方面是技术能手，看见别人干活慢、干活糙，就数落别人然后自己干，但是只知道自己干活，疏于管理。前面讲到，基层班组长是生产的带头人，但是不要忽视自己是班组的管理者、引导者，不能把自己当作是班组的唯一工作者，要结合每个员工的特点，尽量给每位员工安排合适的工作，做得不好的地方要及时给予培训、传授方法。

[案例1-1]

能干活的杨班长

杨某是某修理车间的班长，由于在车间工作表现出色，精通本班组各岗位技能，多次荣获"技术能手"称号，手上的活比老师傅还要专业、精细。工作中杨班长是个急脾气,看见干活慢的、粗心的就要上去批评几句,再干不好的就要亲自动手操作。有一次他看见小刘在进行电焊作业,焊得不太规整,就对小刘说:"你不是看我焊了好几次了吗?是这么干吗?又慢又不直,起开!",小刘没有说话,就默默地看着杨班长焊完了整套活。"拿着!"杨班长将工具交给小刘后,便回到了办公室。小刘一脸茫然,拿起电焊锤一边清除着焊缝处的焊渣,一边琢磨,想不明白到底是哪里的问题。

从案例中可以看到,杨班长很能干,操作技能熟练,活是干完、干好了,但是并没有起到引导作用,没有正确地指导组员小刘该如何高效、标准地完成手中工作,将来小刘面对同种作业的时候,仍没有掌握技巧,电焊活依然粗糙。

路易斯·卡夫曼的《不懂带人,你就自己干到死》提出"1个理念,4个原则,7个步骤"观点。

"1个理念":培养出一群善于解决问题的人。

"4个原则":员工的方法可以解决问题,哪怕是很笨的方法,也不要干预;不为问题找责任,鼓励员工多谈哪个方法更有效;一个方法行不通,引导员工找其他方法;发现一个方法有效,那就把它交给你的下属,下属有好的方法,记得要学习。

"7个步骤":创建舒服的工作环境,让员工有更好的积极性、创造性去解决问题;调节员工的情绪,让员工从积极的角度看问题,找到合理的解决办法;帮员工把目标分解成一个个动作,让目标清晰有效;赞美员工的某个行为,而不是泛泛赞美;让员工对工作进度做自我评估,让员工找到完成剩余工作的办法;引导员工"向前看",少问"为什么",多问"怎么办"。

从这则观点可以看到,班组长更多的是要发挥引导作用,给班组成员提出安全、优质、高效地完成任务的建议,让他们按照自己的方式方法工作,培养更多的人才,使班组具有活力与创造力。

误区3:工作中太讲究"哥们义气",将工作与生活混在一起。有些班组长人缘好,但是在面对工作时不能嘻嘻哈哈,也不能因为与谁关系好就少给谁安排或是不安排工作,一定要正视自己的管理者身份。

误区4:不主动承担错误,上级批评、处分时推卸责任。作为班组中的领导者,不能有功就是自己的,错误都是别人的,即便是别人的错,终究也有班组长管理的原因。作为班组第一负责人,必须为本班组发生的所有情况承担责任,从自身找原因,总结教训,更正管理方法,遇到困难时,走在员工的前面,妥善解决问题,使班组管理更加完善。

误区5:利用职务之便谋取小恩小惠。个别班组长利用职务之便,挪用企业公有物资，把自己当作"土皇帝"，将一些公家物品归为己有。

[案例1-2]

贪图便宜的赵队长

某公司钻井队赵某，担任队长有十几年的时间了，在生产组织上能够认真完成公司布置的经营任务，但是赵队长有个小毛病，就是爱占公家便宜，一些生产废料私自处理卖掉，甚至打印纸、签字笔都要往家拿。赵队长的爱人都常说他："公家的东西，还是别拿了，被人发现了多不好。""公家东西才要拿呢，不拿白不拿，再说我是队长，我说了算，谁敢管我？"赵队长说道。

后来，他私自处理生产废料的事情被人举报到公司，受到了撤职处分和经济处罚，最终品尝到了贪图便宜的恶果。

赵队长是他所处钻井队的第一责任人，权力最大，但是他这种做法的后果是极其严重的，轻则影响自身前途发展，重则违法乱纪，悔恨一生。这种班组长行为恶劣，只关注个人利益，没有正视自己的责任与义务，带来极坏的影响，影响企业的发展。

要想当好一个优秀的班组长，必须要正确认清自己的角色和地位；为班组设立共同的目标，让大家清楚努力的方向；及时激励员工，对待员工公平公正，争取做到一碗水端平；关心员工工作与生活；与企业上下保持良好的沟通；发挥自己的领导作用，创造一个凝聚力强、战斗力强的集体。

第二章 班组长管理能力

班组长身居一线,是企业最基层的负责人,是公司经营目标的一线组织实施者,只有通过班组长将公司的方针和目标有力地执行到生产一线,公司的发展才能得到有力的支撑。提高基层班组长的管理能力,对企业管理者来说显然是抓住了管理的根本,也抓住了提高企业竞争力的关键。

通过本章的学习,将会了解到班组长的素质能力要求、班组团队建设、班组沟通、班组激励、班组执行力以及员工的心理疏导六个方面的内容。

第一节 班组长的素质能力要求

一、班组长的岗位职责

班组长是"兵头将尾"。作为"兵",班组长是班组的执行骨干,是业务方面的行家里手;作为"将",班组长是班组的领导者、管理者,熟知班组管理的模式和方法。班组长的岗位职责可以归纳如下:

(1)在上级领导下,负责本组的全面工作;

(2)负责做好本组员工的思想工作、业务学习工作、安全教育工作;

(3)制订工作计划,并带领全组人员执行各项规章制度和技术操作规程,避免安全、质量、设备事故的发生,完成工作计划;

(4)建立并健全班组组织机构,协调班组之间的关系,发挥员工的积极性、主动性和创造性,创建"五型班组",争当优秀班组;

(5)划分属地,做好 HSE 管理,确保班组健康、安全、环保;

(6)负责班组月度、季度和年度工作完成情况的总结、分析和报告;

（7）负责班组人员的调配、排班、考勤、情绪管理，以及现场卫生等日常管理，负责班组各项业务文件、原始资料等工作台账的统计和存档；

（8）主持班前（后）会、周例会和工作讲评会等会议，推行班组工作规范，提出技术或流程改进措施，改善工作方法，提高工作效率；

（9）完成上级交办的其他工作任务。

二、班组长的素质要求

班组长要搞好班组管理和建设，必须具备职业道德、文化知识和专业技术等方面的基本素质。班组长的素质是班组管理成败、优劣的关键。

（一）班组长的职业道德素质

班组长的职业道德素质，是班组长最基本、最重要的素质。班组长的职业道德素质包括如下三个方面：

（1）有强烈的事业心。班组长要忠诚于企业或组织，热爱班组工作，热爱班组员工，爱护班组设备设施和工具；勇于开拓创新，以做好班组工作为己任；持续强化班组建设，持续改善工作流程，持续推进技术进步，持续关注人员和设备安全，持续创造优秀业绩。

（2）有原则性和民主意识。班组长在工作中要坚持民主集中制，经常通过会议、会谈或微信等方式，听取班组员工对工作的意见和建议，改进工作方式或方法。班组长处理日常工作要果断，但不能武断。班组长要明辨是非，弘扬正能量，既要敢于表扬优秀、肯定典型，又要敢于和不良行为做斗争，不做老好人，更不能袒护错误思想和行为，使班组工作既有原则性，又有民主意识。

（3）有高尚的情操。班组长要讲政治、顾大局，在思想和行动上始终与组织保持高度一致。班组长要自觉遵守并弘扬社会主义核心价值观，做到"爱国、敬业、诚信、友善"和"三严三实"。班组长要胸襟宽大、平等待人，要主动团结和自己意见不同的同志。班组长对自己的缺点错误不能文过饰非，要敢于面对，更要勇敢改正。班组长的业余爱好要健康向上，决不参与赌博等不健康的活动。

（二）班组长的文化素质

班组长要真正成为班组的管理和技术骨干，必须具备一定的文化素质。文化素质包括文化水平、专业知识结构和实际工作经验等。随着科技的进步和管理的现代化，对班组长的文化要求越来越高。班组长应该从以下几个方面提高自身文化素质：

（1）通过自学、网校学习、夜大或脱产深造等方式，提高自己的学历水平，为当好班组长以及岗位成才奠定基础。

（2）围绕班组业务，通过自学、师带徒等方式拓展专业视野，学习专业知识，提高专业能力。

（3）理论联系实际，自觉把学到的专业或管理知识用到生产、管理实践中去，积累丰富的工作经验，提高自己分析、解决问题的能力和管理能力。

（三）班组长的专业技术素质

班组长作为班组的技术骨干或专家，必须具备较高的专业技术素质。专业技术素质是指班组长履职应该具备的专业技术知识和能力，包括对专业基础知识、基本操作技能、设备工作原理的了解程度，设备或工具使用和维护保养的能力，工作流程的掌握程度等。

随着技术进步，特别是"互联网+"技术的应用，班组设备更新和技术进步越来越快，因此，班组长还要对与业务有关的新技术、新设备、新工艺、新流程有快速学习和消化的能力，要能够利用"互联网+"技术提高班组工作效率和效益。

三、班组长的能力要求

班组长的管理能力包括管理班组的能力、完成任务的能力、自我控制的能力、跨文化管理能力以及涉外沟通语言能力等。

（一）管理班组的能力

实现班组的有效管理，班组长就要具备履行管理职责的能力，即制订工作计划的能力、建立并健全班组组织的能力、决策班组事宜的能力、指挥班组工作的能力、协调资源和关系的能力、培养下属的传帮带能力等。

1.制订工作计划的能力

"凡事预则立，不预则废"，就是说做事情有计划就能成功，没有计划注定要失败。班组长要能够依据组织战略或上级要求，结合班组实际情况，制订出年度或一个工作季的班组工作计划，然后依据工作计划组织生产、施工或服务，完成工作任务，实现组织目标。

2.建立并健全班组组织的能力

"人尽其才，物尽其用"是建立班组组织的原则。班组长的组织能力就体现在能否把合适的人放到合适的位置，明确各自的责、权、利，确定员工与员工之间的关系,使生产、施工或服务顺利、高效实施。

3. 决策班组事宜的能力

班组长要本着"公平、公正、科学、合理"的原则决策班组有关事宜。因此,班组长要熟知班组人员情况、设备情况、工作任务情况、上级要求、班组建设目标等,力争科学合理实施决策,确保工作效率和效果最大化。

4. 指挥班组工作的能力

班组长通过下达命令、提出要求、指导辅导,指挥班组工作,使工作计划得以顺利实施。

5. 协调资源和关系的能力

协调能力包括人际关系协调能力和工作协调能力两个方面,是指班组长能够指挥自如,控制有方,妥善协调人力、物力、财力,以获得最佳生产、施工或服务效果。

6. 培养下属的传帮带能力

班组长不但要会"待人",还要会"带人",要能指导部下、提高部下、培养部下,激励先进、帮助后进。只有大家的能力都提高了,班组的业绩能力才能提高,提高班组业绩才能水到渠成。

[案例 2-1]

磨刀不误砍柴工

某设备维修队接到 4 台可控震源的保养任务,工期为 10 天。张队长发现维修人员有些畏难情绪,于是动员大家说:"我带领大家一起完成。"当天,张队长借助预先制作好的多媒体课件,给 9 名员工详尽介绍了这批设备的构造特点、工作原理、维修内容和作业程序。第二天,张队长按照作业要求在一台设备上亲自示范,指导 3 名骨干动手操作,其他员工现场观摩,并在维修过程中随时答疑解惑。用了 5 天时间,该队完成了第一台可控震源的保养。张队长见 3 名骨干已经能够独立操作,于是就将维修人员分成了 3 组,3 名骨干各带 3 人,每组负责 1 台,开始了对其他设备的保养作业。为了确保质量、安全,张队长全程跟踪,及时指导或肯定。到第 10 天的时候,该维修队圆满完成工作任务。

张队长遵循"说明、示范、练习、跟踪、认可"等在岗培训环节,成功地实施了内部培训。表面上看,似乎浪费了大量时间,但收获的是员工队伍素质能力的提高。

张队长堪称"传帮带"工作的典范。他没有像其他"事必躬亲型"或"灭火队长型"班组长那样所有工作都亲自去做,而是把工作重点放在了对员工技术能力的培养和班组团队协作上面,既培训了员工、锻炼了队伍,又保质、保量地完成了工作任务。

(二)完成任务的能力

完成工作任务是班组长的责任和义务。为了完成组织下达的工作任务,班组长通常运用"目标管理法"分解目标、下达任务、指挥作业。班组的任务必须转化为目标,落实到每个人头上。无论是确定组织目标,还是确定个人目标,都要遵守"SMART原则"(Specific——具体的,Measurable——可衡量的,Attainable——可达到的,Relevant——相关的,Time-bound——有时限的)。目标管理过程分以下四个步骤:

(1)制定(分解)目标。把组织下达的任务目标,分解到班组各个组织或个人。目标分解要符合 SMART 原则,并且须沟通一致。

(2)实施目标。实施工作计划,完成工作任务,达到工作目标。

(3)信息反馈处理。在执行工作计划的过程中,会出现一些不可预测的问题,如暴风雨天气影响了钻井正常开展;某国家发生了战争,钻探队伍不得不停止施工作业等。所以,要及时反馈信息,调整工作计划或工作目标。

(4)检查实施结果及奖惩。对完成任务、实现目标的情况进行考核,决定绩效或奖金等事宜。

(三)自我控制的能力

自控能力是一个人修养和品质的体现,班组长应该有较强的自我控制能力。例如,自觉遵守班组的纪律和规定,积极学习新技术、新方法,热爱关心下属,理性处理工作中的矛盾,文明管理、积极工作,等等,都是自控能力的表现。

另外,班组长还要自觉养成四个习惯,即珍惜时间,讲究效率;日清日毕,决不拖延;善于合作,自觉包容;时常反思,学会总结。

一个管理严谨、执行有力、具有人格魅力的班组长,一定是领导信任、员工拥护的班组长。

(四)跨文化管理能力

伴随着市场竞争格局的微妙变化,跨国经营日渐成为企业求生存求发展的必然选择。企业的经营战略、管理模式、营销策略也相应地在发生着变化。企业所面对的文化氛围不再是单一的文化模式,来自不同文化的管理者和员工共同合作经营一个企业的机会越来越多,多种文化模式时常发生碰撞,这种冲突的激烈程度直接关系到企业的兴衰成败。因此,作为企业一线的班组长,应该了解不同人们的生活方式、价值取向、道德标准、行为模式、风俗习惯等,避免因为超越了它们赖以形成的文化土壤而不时发生冲突。

（五）涉外沟通语言能力

参与国际项目的基层班组在项目运行过程中,需要经常性地与甲方、第三方等进行谈判、交流与合作,工作内容涉及项目运营中的方方面面,为了保证生产有效运行,班组长需要具有沟通交流国际项目合作内容的语言能力。因此,提高班组长的涉外随境用语能力、商务交际能力以及应用文写作能力等至关重要。

第二节　班组团队建设

一、正确认识团队

团队是指为了实现某一共同目标,由相互协作的个体所组成的群体。钻探企业的班组都是团队。班组通常由班组长、副班组长、组员等组成,他们需要分工协作,负责落实生产、质量、HSE、考勤、统计、设备等管理工作。

班组由五个构成要素：目标、员工、职责、权限和计划等。目标是指班组有清晰的工作目标或任务；员工是指班组组成人员,他们分工合作,实现班组目标；职责是指班组每个人都要有自己的岗位、分工、责任和义务；权限是指每个员工都拥有与职责相匹配的权力和利益,责任大则权力和利益大；计划是指为了完成班组任务、实现班组目标而制订的工作计划,是对人、财、物(设备等)、技术、时间和信息的分配和规划,通常班组长负责制订班组计划。

班组长是班组的管理者,其素养和能力决定着班组的工作效率和效果。

二、构建高绩效班组

（一）高绩效班组的特点

高绩效班组有其共同的特点,即清晰的目标、优秀的班组长、合格的组员、严密的组织、共同的承诺和团队精神等。

（1）清晰的目标：班组目标明确,班组长能够把班组目标分解为具体、可衡量、可实现的绩效目标。

（2）优秀的班组长：有一个威望高、懂管理、业务强的班组长。

（3）合格的组员：每一个组员都具备必需、够用的知识、能力和技术。

（4）严密的组织：把合适的人放在合适的岗位，人尽其才、物尽其用。

（5）共同的承诺：组员愿意承诺为实现班组目标做出他/她的最大努力。

（6）团队精神（或文化）：班组成员有大局意识、协作精神和服务精神，即形成了团队精神。班组团队精神的基础是上级领导和班组长尊重员工的兴趣和成就，核心是协作，最高境界是形成班组向心力和凝聚力。班组团队精神反映的是个体利益和班组整体利益的统一，是班组高效率运转的保证。

班组长在构建高绩效团队的过程中，需要密切关注这六个特点、突出这六个特点，力争早日把班组建设成高绩效班组。

（二）高绩效班组的形成过程

高绩效班组的形成有其规律或过程，不能一蹴而就。高绩效班组的形成都要经历成立期、动荡期、稳定期和高产期四个过程。

（1）成立期：班组长在上级指导和帮助下组建班组，明确班组目标和各位组员的责、权、利。

（2）动荡期：班组长采用民主集中制的方法协商确定班组建设或班组工作的相关事项，处理班组内外部冲突，鼓舞员工士气，提高班组的凝聚力、向心力。

（3）稳定期：班组成员明确了班组目标、任务和各自责任，有了集体荣誉感和自豪感，有了干好工作的能力和信心。班组长充分发挥团队作用，带领全组人员主动工作、主动协作、主动解决问题，全面提高班组绩效。

（4）高产期。班组具备了班组精神，形成了班组文化，创造了可喜业绩，得到了上级充分肯定。班组长为班组树立更大目标，并带领大家积极开展技术和管理创新，争取更大成果。

班组长要熟知高绩效班组建设的客观规律，有意识缩短成立期、动荡期和稳定期的时间，加快高绩效班组建设的进程。

（三）构建高绩效班组的途径

班组长都希望自己的班组工作高效、业绩突出。如何构建高绩效班组呢？通常从硬件建设和软件建设两个途径开展工作。

硬件建设就是从组织形式上组建班组，达到完成班组任务、实现组织目标的目的，分为如下五步：

（1）明确符合上级要求的班组目标或任务；

（2）任命班组长，给班组命名（名字要有寓意、好记忆，且能激发组员的归属感和荣誉感）；

（3）根据班组和岗位需要选择合格的组员，并使组员清楚自己的职责、权利和义务，以及班组对他们的期望和要求；

（4）安排办公或工作场所，配齐必需、够用、完好的设施、设备和工具等；

（5）制订工作计划，执行工作计划，定期依据计划检查进度，记录班组工作情况等。

软件建设就是从内涵上推进班组建设，逐步建成高绩效班组，包括如下内容：

（1）班组发展规划（战略）：按照组织或上级要求，结合班组自身情况，规划高绩效班组建设的有关事宜，明确班组发展目标和方向。

（2）健全规章制度：严格遵守企业或组织的有关规定，并建立健全班组规章制度，如班会议制度、班组长随班工作制度、设备管理和维护制度、安全质量标准化管理制度等。

（3）班组文化建设：设计班组标识、唱响班组口号（或班组之歌）、美化班组环境、创建班组精神，推进班组安全、服务、学习、客户、质量、绩效、成本和团队理念的形成，为构建高绩效班组奠定坚实的基础。

第三节　班组有效沟通

一、有效沟通的重要性

沟通是人与人之间的信息交换和意义表达。有效沟通是在恰当的时候及适宜的场合，用得体的方式交换信息或表达意义，并能被别人正确理解和执行的过程。信息的采集、传送、整理、交换，无一不是沟通的过程。通过沟通交换有意义、有价值的信息，工作和生活中的大小事务才得以开展。

沟通是个人生存的基本需要。没有沟通我们就不能获得知识和技能，没有沟通我们就没有生存的基础，没有沟通我们将孤独、寂寞而死。

沟通是个人成长的需要。我和你各有一个苹果，你给了我你的苹果，我给了你我的苹果，每个人手中仍然只有一个苹果；我和你都有一个思想，你给了我你的思想，我给了你我的思想，每个人将有两个思想。

沟通是班组工作的需要。班组长与班组成员通过沟通传递指令、交换意见、达成共识、实现协作。

沟通是班组交换思想、沟通感情、和谐共处的润滑剂。有效的沟通可以赢得和谐的人际关系,而和谐的人际关系又使沟通更加顺畅。

沟通分为语言沟通和非语言沟通。语言是班组最常用的一种非常好的、有效的沟通方式,包括口头语言、书面语言(文件、会议纪要、书信、电子邮件、微信等)。非语言沟通通常指肢体语言的沟通,肢体语言包含动作、表情、眼神、语音和语调等。

二、班组沟通的技巧

沟通也是生产力。有效、高效沟通是进行班组管理、建设班组团队、完成班组任务、创建优秀班组的前提和条件,班组长要掌握班组沟通技巧,运用沟通技巧,推广沟通技巧,实现班组工作目标。

在工作中,班组长经常要与上级、下级、同级的人员沟通,每次沟通要设计沟通方案,至少也要在脑子里打个沟通方案底稿。沟通要把握"严谨、尊重、谦虚、务实、简练和有效"的总原则。

(一)与不同层级沟通的基本要求

1. 与上级沟通的基本要求

摆正位置,如实汇报;表达见解,简练明确;意见相同,热烈回应;意见不同,服从上级。

2. 与下级沟通的基本要求

关心爱护,少说多听;安排任务,及时指导;提供资源,解决问题;大胆授权,有效激励。

3. 与同级沟通的基本要求

知彼知己,平等友好;彼此尊重,互惠双赢;化解矛盾,避免冲突;关键时刻,脱颖而出。

(二)班组常用的沟通方法或手段

班组常用的沟通方法或手段主要有:工作计划、工作总结、班组会议、企业办公平台或互联网等。

1. 工作计划

班组工作计划是班组在一个时间段(一年、半年或一个季度等)或为了完成某一工作任务而制订的工作规划。班组工作计划是落实上级工作任务的规划,也是指导班组工作的蓝图。班组工作计划包括题目、开头、主体和结尾等四个部分。

（1）题目部分。题目要表明班组名称、时间段或任务名称等内容，如钻井一班2016年工作计划、放线二班华北区块三维地震勘探工作计划等。

（2）开头部分。开头要叙述工作任务名称、工作意义、指导思想和基本态度等内容。

（3）主体部分。主体部分是工作计划的核心内容，阐述做什么（目标或任务）、做到什么程度、谁来做、资源如何分配和怎样做（措施办法）等内容。一般采取"并列式结构"，要求每项任务和措施并列叙述。这部分内容既要写得全面周到，又要写得有条不紊、具体明白。

（4）结尾部分。结尾部分有多种写法，或突出重点，或强调有关事项，或提出号召等。

2. 工作总结

工作总结是班组向上级汇报一个时段工作情况或完成一项工作任务情况的书面材料。

工作总结以对应的工作计划为依据，系统总结一段时期或一项工作任务的完成情况，内容通常包括概述、成绩和缺点、经验和教训、努力方向等。

（1）概述部分。概述要简短明了，主要对工作的主客观条件、有利和不利条件以及工作环境和基础等进行分析。

（2）成绩和缺点部分。此部分是汇报的中心，主要对工作任务的完成情况进行总结和回顾，系统总结成绩有哪些、有多大，表现在哪些方面，是怎样取得的等。在这部分还要说明工作中的缺点或不足有哪些，是怎样产生的，是什么性质的，今后如何克服。

（3）经验和教训部分。此部分要客观总结取得的经验和得到的教训。为便于今后的工作，以及兄弟班组之间的交流共享，需对以往工作的经验和教训进行分析、研究、提炼和总结，并上升到理论的高度来认识。

（4）努力方向。根据今后的工作任务和要求，及时推广经验，吸取教训，提出改进措施，明确努力方向。

3. 召开会议

班组会议是最常用的沟通方式。会议由班组长主持。班组应该建立科学规范的会议制度。常见的会议形式有班组工作会、安全会、班前会、班后会、季（月、周）例会和总结会等。

会议的组织需要考虑：（1）确定会议的必要性；（2）确定会议的主题、目标和议程；（3）选择确定与会者，指定主持人、重点发言人、记录员等；（4）布置会场、发放通知；（5）会议后评价和收尾工作等。

主持会议技巧：（1）会前计划，会后有结论和要求；（2）简明扼要，不重复啰唆；（3）突出重点，不轻描淡写；（4）摆正位置，不错位越位；（5）有效控制时间、气氛、局面等，不听之任之。

班组长在主持会议，特别是主持重要会议时，一定要注意以下几点：（1）敏感问题会前先沟通；（2）批评要对事不对人；（3）会上不要先流露自己的观点；（4）会前多考虑可能提出问题以及问题的答案；（5）对被否定一方要做出正面评价等。

[案例2-2]

"三会必到位"

东方物探海豹五号船组以船长为主管，机舱、甲板、气爆三个部门的部门长为分管，向船长负责。项目施工期间，该船组通过"三会必到位"真正做到细节管理。

每天的班前会：各部门汇报前一天的工作和发现、解决的问题，提出各部门当天的工作计划内容及风险、关键设备和关键操作提示。

定期的碰头会：船长和技术骨干对发现的问题，尤其是气枪阵列重复出现的问题进行细致剖析，及时找出解决问题的方法。

月度的总结会：对本月的各项管理工作进行剖析，通过沟通去芜存菁加以改进。

该船组对"三会"提出的各项问题，及时解决整改，强化细节，不留死角，保证整改到位。

班组会议是指围绕特定目标开展的、组织有序的、以口头交流为主要方式的群体性、多项沟通的活动。通过组织每天的班前会、定期的碰头会和月度的总结会，落实如下职能：传递信息、宣传政策；部署任务、提出要求；交流感情、增进友谊；民主决策、集思广益；解决问题、消除障碍；研究方案、创新创效；培训提高、学习交流等。

4. 企业办公平台或互联网

班组长要主动利用企业办公平台或互联网实施沟通。目前，微信、QQ、OA等都是员工喜闻乐见的沟通平台和渠道，班组长可以利用这些现代媒体布置任务、提出要求、给予辅导、传播知识、落实安全要求等。

第四节 班组激励

一、激励的重要性

（一）激励的概念

激励是指创造满足员工各种需要的条件，激发员工的动机，使之产生实现组织目标的特定行为的过程。它是从内心激发员工上进的愿望和动力，调动员工的积极性和主观能动性，使员工产生积极向上的思想和行动。

（二）激励的过程

激励的过程，就是激发人的动机的心理过程，也就是人的需要、动机、行为和目标相互联系、相互作用、彼此制约的过程。动机激励模式如图 2-1 所示。

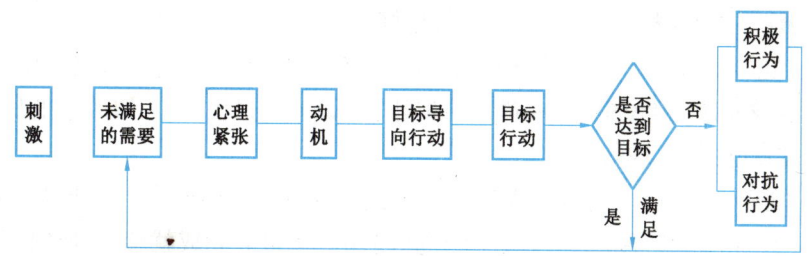

图 2-1 动机激励模式

（三）激励的作用

美国哈佛大学教授威廉·詹姆斯通过对员工的激励研究发现，实行计件工资的员工，其能力只发挥 20%～30%，仅仅是保住饭碗而已，而在其受到充分激励时，其能力可发挥至 80%～90%，其中 50%～60% 的差距是激励的作用所致。也就是说，同样一个人在通过充分激励后所发挥的能力相当于激励前的 3～4 倍。

激励的作用主要体现在以下几个方面：

（1）可以挖掘员工的内在潜力。
（2）可以吸引组织所需要的人才，并保持组织人员的稳定性。
（3）可以鼓励先进，鞭策后进。
（4）可以使员工的个人目标与组织目标协调一致。

二、激励的方式和技巧

(一)班组激励基本原则

公平公正是最重要的激励,激励要及时,激励要多种多样,激励要持续进行,这是班组激励的四大原则。

(二)班组有效激励方式

(1)尊重式激励。对人的尊重是最重要、最基础的激励。缺乏对员工的尊重,任何形式的激励都是虚伪的、不持久的。

(2)关爱式激励。发自内心地关心、爱护对方,能从内心打动人,是一种有效的激励方法。

(3)赞美式激励。赞美是成本最低却效果最好的激励。班组长要注意发现员工以前没有过的、值得称赞的工作或行动。

(4)批评式激励。采用批评式激励,有两点需要把握:一是要明确表示希望对方怎么做;二是指导员工如何才能做得更好。

(5)宽容式激励。心理学家研究发现,人有三大天性:疏忽、看错和偷懒。班组长要设身处地、换位思考,理解人的难处、原谅人的过失,给人以改过的机会,甚至不计较自己的利益得失。

(6)竞争式激励。竞争使人进步。通过一岗多能、内部竞聘、业绩比较、技能竞赛、评优评先等活动,激发员工的危机意识、上进心和成就感,形成内部"比、学、赶、帮、超"的良性竞争局面。

(7)实惠式激励。一线员工很少有外出学习和与外部交流的机会。有的时候,安排员工出一趟差都是一种激励,选择什么样的人就代表推崇什么样的工作表现,这里面有讲究。

(8)精神式激励。"岗位能手""五星级员工""免检岗位"等,这些荣誉称号从精神层面给予员工赞誉和享受,是从思想深处对员工的认同,是在行为层面对员工榜样的推崇。

(9)培训式激励。培训是有助于未来、受惠于未来的事情。系统培训能使员工扩大视野、增长见识,提升技能、升华思想,互动分享、激情碰撞,从而提升员工综合素质。

(10)发展式激励。平时要注重对骨干的培养,有意识地让他们参与班组管理事务,树立他们的威信,使他们知道自己的发展方向,这样他们就有前进的动力。

（三）激励员工的技巧

（1）对于先进者：肯定成绩，适时表彰；用足优点，发挥特长；创造机会，提高技能；找出差距，明确方向。要给先进者的不断提高创造一个较好的环境。

（2）对于落后者：关心体贴，动之以情；正确疏导，晓之以理；经常注意，导之以规；循序渐进，持之以恒。

（3）对于中间层：重奖重罚，发挥其长处。为他们增设奖励措施。

为了更好地激励员工，还应该走出如下误区：一是激励就是奖励；二是把同样的激励手段用于所有的员工；三是希望照顾到每个员工的"平均主义"；四是只要能满足员工的需要就能有效地激励员工；五是激励必须绝对公平；六是只注重物质奖励。

[案例2-3]

即时激励

一天，员工李某在领取物探钻机材料时，发现库位零件号与实际材料不符，经过认真核对，发现是材料装错了。李某把这一情况及时上报了宋班长，经确认，情况属实。由于李某的认真仔细，避免了材料送到作业现场出现停工的事情发生。在第二天的班前会上，班长对李某提出了表扬，并号召大家向他学习。会后，宋班长还要求通讯员做好宣传学习工作。

作为班组长，管理就是抓小事，通过抓一件小事，抓一个案例，达到化育班组成员的效果。班组长要善于发现员工身上的闪光点，对于员工取得的进步，要及时表扬或奖励，例如，采取班会口头表扬，用班报、黑板报、宣传栏等进行宣传表扬，不断增强班组员工的自信心，调动他们再接再厉地做好本职工作的积极性。

本案例中的班组长，善于发现员工优点，运用标杆管理法，做到了即时激励，值得借鉴。

三、班组绩效考核

（一）绩效考核的概念

绩效考核又称绩效考评、绩效评价、绩效评估等，是指将战略转化成一整套可执行的绩效衡量标准与体系，并对照绩效标准，采用科学的考核办法，评定员工的工作目标完成情况、员工的工作职责履行程度、员工的发展情况等，并运用评估的结果对员工将来的工作行为和工作业绩产生正面引导的过程和方法。

（二）绩效考核的作用

绩效考核的目的是总结、激励、提高，使业绩能够得到维持。绩效考核的根本目的是建立一种反馈机制，帮助组织增强竞争优势。在业绩管理过程中不仅仅要关注具体业绩的维持，还要关注业绩能力的维持。绩效考核的作用有如下三个方面：

（1）战略方面。组织的战略目标通过层层分解，落实到个人，从而将员工工作活动与组织目标联系起来。员工绩效的达成，也是组织目标的达成。

（2）管理方面。为组织在薪酬管理、岗位晋升、员工培养等多项管理决策中提供必要信息和依据。

（3）发展方面。通过绩效考核，提高员工的工作业绩及能力素质，真正实现人力资本的增值，为企业的持续发展奠定基础。

（三）绩效考核因素

绩效考核是绩效管理各环节中技术性最强的，它包括六个因素：被考核人、考核人和考核形式、考核时间和周期、考核指标、评定形式、数据采集途径。

（1）被考核人指被评定的对象，可以是个人，也可以是某个团队。当工作贡献不宜细分到每个人身上，团队合作很关键的时候，考核团队是更好的选择。

（2）考核人和考核形式。考核人指谁来进行考核，是一个人还是一个团队对被考核人进行考核。常见形式包括上级考核下级、下级考核上级、同事评议、自我评定、360度考核、专家考核、委员会考核等。这里，由谁来进行考核比考核什么更重要。

（3）考核时间和周期指什么时候、多长时间考核一次。常见的有日考核、月考核、季度考核、半年考核、年度考核、项目制考核等。项目制考核是以一个项目的开始和结束为一个考核周期。

（4）考核指标的选择来自于企业总目标的分解。

（5）评定形式指以什么方式来评定工作表现，分定性考核和定量考核，常见的有二等级评定、五等级评定、百分制、强制排序等。

（6）数据采集途径指通过什么途径获得考核所需要的数据，常见的是出勤报告、工作记录、统计报表、重大事件记录等。

（四）绩效考核步骤

（1）制定考核标准。考核标准一般是以职务分析中制定的职务描述与说明为依据确定的。

（2）实施考核并记录绩效。即对员工的工作绩效进行考核、测定和记录。

（3）考核结果的分析与评定。考绩的记录需与既定标准进行对照，做出分析与评判，从而获得考绩的结论。

（4）结果反馈与实施纠正。考绩结论通常要与被考核人见面，以便其了解组织对自己工作的看法与评价，从而发扬优点、克服缺点。

（5）结果的运用。根据考评结果，决定是对被考核人升职、发工资、发奖金，还是让其离职、转岗、再培训等。

（五）班组绩效考核实施

班组绩效考核应该遵循公平、公正、公开和规范的原则，规范性考核是确保公平公正的基础，它包括整体绩效考核和个人绩效考核。

整体业绩考核是指对班组业绩进行全面统计、总结和评价，其达标与否、业绩好坏是对全体班组成员共同业绩的最直接评价，也是对班组长工作的最直接评价。个人绩效考核主要由班组长及骨干员工对员工个人进行考核，员工也应该加强自我约束和自我考核，提升个人业绩。

个人业绩支撑班组业绩，责任到人、结果到人，才能确保业绩的稳定。在班组管理过程中，要设计适当的形式和过程激发全员的主动性、积极性和创造性，还要适当地进行业绩面谈。

下面内容是某钻井公司在创建"五好班组"过程中实施绩效考核的成功做法（"五好班组"建设百分制考核）。

1. 安全环保（40分）

（1）不参加安全学习培训或迟到早退、记录不认真每次扣1分；

（2）进入井场工作安全防护不符合要求的每一项扣2分；

（3）在工作期间有违反操作规程等不安全行为的每次扣3分；

（4）按岗位巡回检查有漏项或不认真出现问题的每处扣3分；

（5）发现重大隐患及时整改避免事故发生的每次奖励3分；

（6）安全合理化建议被队里或公司采纳的每条奖励1分；

（7）班组全年无任何事故的，对司钻按缴纳安全风险抵押金标准兑现奖励。

2. 技术质量（20分）

（1）技术质量标准的执行率达到100%，有一处达不到要求的扣1分；

（2）技术质量标准措施不执行或执行不到位的每次扣2分；

（3）各类报表、卡片填写不规范或有错误的每处扣1分；

（4）因责任心不强造成技术质量问题的每次扣3分；

（5）技术质量标准措施执行得好，工作标准高、效果好的每次奖励1分。

3. 生产创效（20分）

（1）当班本岗工作任务没有完成或完成不好的扣2分；

（2）因本岗工作出问题影响到班里工作任务完成的扣2分；

（3）出现脱岗、睡岗现象或出工不出力者每次扣3分；

（4）造成油料、材料等生产物资浪费的视情节扣罚当事人3分；

（5）对生产任务完成得好，创出高指标、新纪录的岗位奖励2分；

（6）积极主动完成临时性工作，效率高、质量好奖励1分。

4. 学习创新（10分）

（1）在队里或倒班不参加学习的每次扣2分；

（2）学习期间不遵守学习纪律、迟到或早退、不认真记录的每次扣1分，考试不及格的每次扣2分；

（3）对善于钻研、有合理化建议被采纳或有小改小革成果的奖励2分。

5. 团结协作（10分）

（1）搞不团结、闹矛盾的扣当事人3分；

（2）班里没有先进典型扣司钻1分；

（3）班里日常思想工作不落实扣司钻1分；

（4）法制教育不落实，遵章守纪意识淡薄，出现违法违纪的扣5分；

（5）发现违法违纪行为，主动制止、避免损失的奖励5分。

本考核细则作为队考核班、班考核岗位的依据，在具体执行中，可结合本队、本岗位的实际作进一步的细化和完善，并严格落实。考核情况月结果记入队考核班、班考核岗位的考核台账（表2-1和表2-2），及时汇总，奖罚兑现。

表2-1　某钻井公司_____钻井队"五好班组"建设情况考核台账

井号_____　井别_____　施工区块_____

设计井深_____米　实际井深_____米　钻井周期_____　_____年__月__日

序号	班别	班组长姓名	当班或倒班时间	员工出勤		应完成的重点工作计划（包括当班时、在队未当班时和倒班期间）	完成重点工作计划情况（包括当班时、在队未当班时和倒班期间）	考核情况			考核人	备注
				应出勤	实出勤			奖罚原因	奖罚分或奖金	奖罚小计		

说明：① 本台账由队干部或跟班干部按照"五好班组"建设指导意见及考核细则，本着公平公正、实事求是的原则，及时认真、全面准确填写和严格考核，考核结果要一月一合计一兑现，年底一汇总并与"五好"班组评选挂钩；② 对各班每个当班日（含在队未当班和倒班）的考核台账必须妥善保管，不得遗失；③ 完成重点工作计划情况包括工况、学习培训情况、完成工作量（含辅助工作）、上级和本队检查情况、好人好事和高记录高指标、合理化建议、遵章守纪和内务管理情况等；④ 各钻井队可结合实际，进一步细化考核细则，并严格抓好落实；⑤ 对各班的考核结果每月在公示栏内公开一次，接受全队员工的监督。

表 2–2　某钻井公司"五好"班组建设情况考核台账

井号 _____　　井别 _____　　当班（或在队未当班）时间 ____ 月 ____ 日 ____ 时至 ____ 时
倒班时间 ____ 月 ____ 日至 ____ 日　　当班工况 _____　　当班应出勤 ____ 人　　实际出勤 ____ 人

本班综合情况	应完成的重点工作计划（包括当班时、在队未当班时和倒班期间）	完成重点工作计划情况（包括当班时、在队未当班时和倒班期间）	备注

本班各岗位工作情况	岗别	姓名	岗位重点工作及完成情况（包括在队未当班和倒班）	考核情况		奖扣合计	备注
				奖罚原因	奖罚分或奖金		

说明：① 本台账由班组长负责按照"五好班组"建设指导意见及考核细则，本着公平公正、实事求是的原则，及时认真、全面准确填写，对岗位人员严格考核，考核结果要一月一合计一兑现，年底一汇总并与各岗位评优选先挂钩；② 由班组长负责对考核台账妥善保管，不得遗失；③ 岗位完成重点工作计划情况包括学习培训情况、完成工作量（含辅助工作）、岗位练兵、好人好事、合理化建议、遵章守纪和内务管理情况等；④ 各班可结合实际，进一步细化考核细则，并严格抓好落实；⑤ 由班组长负责将每个岗位的考核结果及时在班务会上公开，接受各岗位员工的监督。

第五节　班组执行力

一、班组执行力的概念及价值

1. 班组执行力的概念

班组执行力是企业执行力的重要环节,班组长的执行力决定着班组成员的执行力。班组执行力是指有效利用资源、保质保量达成目标的能力,是贯彻战略意图,完成预定目标的操作能力,是把企业战略、规划、目标转化成为效益、成果的关键。班组长的执行力就是将个人的工作能力(办事能力)转换为班组这个团队的战斗力,使班组具有将企业战略与决策转化为实施结果的能力。

2. 班组执行力的价值

(1)班组执行力体现着对企业的忠诚与责任。忠诚、责任、执行力,相辅相成,责任和忠诚是执行力的前提和基础,执行力是责任和忠诚的直接和最好体现,他们是班组发展的不竭动力,是企业发展的命脉。员工一旦有了强烈的责任心和对企业的无限忠诚,其执行力便不可估量,怀着对企业的责任和忠诚,便会自觉、尽早地计划工作,尽善尽美地完成工作,提高自己的执行力。

(2)班组执行力关乎企业目标的实现。企业整体执行力是环环相扣的,缺少哪一环都形成不了一个有效的链条。企业整体执行力的关键一环在班组,班组执行力决定企业产品的质量、产量,影响企业效益目标的实现。

(3)班组执行力促进企业管理水平提升。班组工作是企业大厦的基石,各项管理章程、规章制度都要在班组中得到实施。班组执行力强,管理就顺畅,才会令行禁止。

(4)班组执行力为企业生产受控提供保障。班组长要有现场意识,依照生产制度、规定、规程和标准,控制好生产过程要素,监控好生产作业环节,这些工作的落实是对班组长执行力的检验。

(5)班组执行力铸牢企业安全生产基础。石油钻井工程是一个涉及部门多、环节多、规模大、技术复杂、投资多和风险大的系统工程,这些特点决定了油气钻井工程的每一个环节都存在着巨大的风险。企业生产有诸多制度和禁令,具有不可逾越性,必须无条件执行。班组处于生产一线,直接从事生产操作,班组长要落实执行力,杜绝违章作业,为企业安全生产打下坚实的基础。

二、班组执行力不强的表现及原因

1. 班组执行力不强的表现

总体上来说,各单位的班组长都能起到"兵头将尾"作用,带领班组成员按照要求,圆满完成公司及队内(站内)各项生产任务,但也存在一些不足。

(1)贯彻上级精神打折扣,有章不循。钻探公司经过多年的运作,积累了许多经验和教训,形成了一整套完整的规章制度,指导着企业的各项工作,规范着每个人的工作行为,起到了重要的作用。可以说,这些规章制度是钻探工作者的护身符。虽然这些规程、制度和标准健全完善,但是有章不循、有矩不依的现象依然存在,例如,无票作业、野蛮施工、违章指挥、违反劳动纪律等,由此所引发的事故屡见不鲜。

(2)班组内部管理失控。班组管理的内容涉及很多方面,如日常生产管理、安全管理、民主管理、成本管理等,这些工作都是由班组长负责,最后由组员执行。表面看上去这些基础管理工作的难度并不是很大,但在执行上仍然存在问题,如作风拖沓、组织涣散、工作环境杂乱不堪等。

(3)班组缺乏凝聚力、向心力和竞争力。班组长人格魅力不足,导致班组成员之间凝聚力不强、人心涣散、纪律松弛,互帮、互学、互考、互问、互比、互赛氛围不浓。

2. 班组执行力不强的原因

(1)班组长执行力意识有待提高。班组长的文化层次不高,知识结构不完善,再加上受到业务水平等因素的限制,使得他们在执行企业管理决策上欠缺行动力,从思想上忽视了个人或班组执行力对于企业生产目标、发展规划实现的影响,对于提高执行力在态度上较消极、不主动。

(2)班组长日常沟通能力欠缺。这种沟通能力的欠缺主要表现在两个方面,一方面是过多地注重自己手头上、眼前的工作,缺乏与其他班组长的沟通,缺乏对工作改进的思考,不能很好地做到与他人的互通有无、交流工作经验或就一项任务的想法进行沟通。另一方面则表现在班组长与班组成员的沟通联系不够,对于员工在工作、生活中遇到的困难和需求不能做到及时了解掌握,不利于企业对员工的思想工作、帮扶工作的开展。同时班组长也忽视了成员对班组、对日常工作的建设性意见,不利于积极向上的工作氛围的形成。

(3)班组长教育与培训不足。一些企业忽视了对于基层生产组织的建设,对基层班组中坚力量的班组长的教育培训力度不够,缺少针对性,没有做到"缺什么,补什么",班组队伍学习能力、执行能力、创新能力没有得到提升。

（4）班组长及班组成员的工作激情不高。由于工作内容上的单调重复、枯燥乏味,使人产生倦怠心理。如果班长缺乏责任心,将工作、生活中的烦恼、不良情绪带进日常工作中,会对工作的规范性开展造成影响。

（5）队（站）文化、班组精神没有形成,或者说班组的制度文化、行为文化、精神文化等没能有效地取得大家的认同。

三、提高班组执行力的途径

1. 完善制度,优化流程

没有规矩,不成方圆,健全的规章制度,规范的班组管理流程和业务流程,将有助于规范班组成员的工作行为。从某种程度上说,企业内部的规章制度在基层落实的程度如何,反映了基层班组长的执行能力强弱。但同时,制度越完善,流程越规范,在实际工作过程中遇到的阻力就会越小,所以要进一步加强班组制度建设,优化流程,明确班组长执行力标准,为班组长开展工作创造条件。

2. 转变作风,塑造文化

转变工作作风,塑造良好的班组执行文化,有助于提高班组执行力。班组长需要不断提高自身的素质,从思想上提高对工作作风的认识,坚定不移地执行各项规章制度,确保各项工作真正落到实处。班组长可以通过组织员工学习企业的先进管理经验,培养员工铁的纪律性,形成班组政令畅通、令行禁止的执行环境；可以通过在班组中灌输企业文化,增强员工团结协作意识,营造和谐共处的工作环境,有效提高企业班组成员的执行力。

3. 明确职责,加强考核

在明确班组管理职责的基础上,加强对班组建设的考核,通过建立有效的监督考核机制,制定对各班组长工作的考核管理办法,把班组长执行力建设列入部门业绩考核,增强部门和班组成员抓执行力的责任感,达到班组内部岗位分工明确、流程衔接紧密、岗位职责清晰、作业操作规范。

4. 创新工作,细化管理

首先,针对不同的班组设定不同的创新目标,围绕自身核心工作,从思维方式、行动方式、工作流程等多方面实施创新、实现突破。同时,出台激励措施,鼓励班组开展创新实践,推广创新成果,选树创新标兵,激励创新热情。把创新作为班组特色文化建设的最重要内容之一,积极推进创新型班组文化建设,使班组创新成为一种自觉行动。其次,完善细化班组内部管理,努力做到凡事有人管、凡事有人做、凡事有规定、凡事有标准。

5. 重视沟通,协调资源

沟通是有效执行的前提,有好的理解力,才会有好的执行力。有效地提高执行力,在一般情况下首先要进行充分的沟通,要做到反馈及时,对完成目标任务取得较为一致的认同。否则,公司再好的决策经过中层、基层的"七折八扣",就会走样。

协调是有效执行的手段,有好的协调力,才会有好的资源保障。首先,尽可能调动可利用的资源参与到决策的执行工作中,调动各方的积极性与创造性,以向目标迈进。其次,要对相关的资源进行科学合理的调配、组合等,包括分工、配合,以追求资源发挥最优作用。再次,要消除各方资源之间存在的相互抵制、互为负面影响的作用。

[案例 2-4]

领钻杆卡瓦的困境

物探钻井组长陈某派员工小赵去领钻杆卡瓦。小赵很快从供应站领了一套卡瓦回来。组长一看,说:"一套卡瓦怎么够,我至少需要一箱。"小赵第二天就去领了一箱卡瓦回来。组长急了:"你怎么领的是 WT-50 钻机的,我要的是 HY-40 山地钻机的。"过了 3 天,小赵终于又领了一箱用于 HY-40 钻机的卡瓦回来。组长不满意地说:"怎么那么多天才领回来?"小赵委屈地说:"你又没说什么时候要!"

为了领到卡瓦,小赵共计跑了三趟,组长费了三次口舌。

组长摇了摇头说:"员工执行力太差了!"

小赵心里说:"你能力欠缺,连个任务都交代不清楚,只会支使我白忙活!"

案例分析:组长陈某交代任务不明确,员工小赵只是按自己的理解去完成任务,结果,自己所做与组长所想有差距。

从本案例我们领悟到,沟通是有效执行的前提;有效地沟通,是双向沟通、充分沟通。只有这样做了,才能明确工作目标任务。

第六节 班组员工心理问题疏导

一、当前钻探企业员工心理现状

总体上说,钻探企业员工的精神状态是充满阳光、积极向上的,但由于企业改革、野外工作、家庭婚姻、福利待遇及战乱(国外)等原因,部分员工会产生孤独感、恐惧感,甚至出现抑郁、焦虑、精神不能集中等负面情绪。资料显示,长年工作、生活在一线的员工,出现心理健康问题的概率在增大。

二、钻探企业员工常见心理问题分析

(1)工作压力大引起。近年来企业对施工效率、工作时间、工作节奏、成本、安全生产等环节要求更高,员工除要面对艰苦工作环境外,还要承受高强度的工作压力,精神和体力消耗很大。

(2)家庭矛盾引起。钻探企业员工夫妻一起沟通、教育子女、伺候老人的机会少,常出现埋怨之辞。夫妻长期分居,容易引起一系列的家庭矛盾,甚至造成情感淡化、破裂、离异。家庭的困扰使员工心理受到冲击,有些员工因无法承受婚姻方面的冲击压力而产生心理疾病。

(3)岗位调整、收入分配不均引起。企业的竞聘上岗、持证上岗、按岗位定薪酬等举措,有些员工想不通。尤其是年龄较大、文化水平较低的员工,体力、考试均不及年轻人,提拔升迁无望,这部分人积极性不高,很可能产生心理疾病。

单位减员、机构改革、工作量不饱和、收入下降等事件也会引起员工心理危机问题,导致弥漫性的心理恐慌。

(4)突发事件引起。目前钻探施工中事故事件难以杜绝,员工的家人在工作生活中也有可能发生各种意外。遇到这类事情,谁都是难以接受的。如果当事者心胸不开阔,组织上引导不力,当事者可能长期陷入悲观、失望、绝望的泥潭。

在战乱、冲突频繁及自然灾害隐患较高的地区施工,员工心理承受巨大压力。亲身经历过相关突发事件的员工,如果得不到正确心理辅导,精神状态很长时间难以回到正常状态。

(5)愿景得不到实现引起。近年补充到一线岗位的职工数量很少,造成一线人员更替慢,操作岗员工升迁难,加之员工收入逐年下降,工作成就感下降,主动工作积极性不高。

新分到一线单位的部分大学生,对野外高强度、长时间、单调性的生产、生活不适应,加之收入不高,在生理与心理上会出现精疲力竭和身心憔悴症状。一般1~2年后,有机会就调回二线,无机会调离的,会对工作逐渐失去热忱。

三、维护钻探企业员工心理健康的方法

员工心理健康,就是员工有一种高效而满意的、持续的、积极均衡的心理状态。加强员工心理健康管理是一项复杂的工程,要采取科学的方式,循序渐进。

（1）组织基层班组长学习心理学知识。目前基层班组长相应的心理学知识普遍缺乏，员工有心理问题时常常只能以经验去开导，很多时候无法达到预期效果。因此，基层班组长应适度学习心理学知识和心理咨询技巧，学会准确鉴别员工的不良情绪，以便及时对员工加以心理疏导。

有条件时应设立专职或兼职的心理辅导人员，从事员工心理健康问题研究、咨询、救助，并建立相应的调研、分析、研讨工作制度。也可邀请心理和医疗方面的专家组成专家组，进队站授课交流，并进行心理辅导。

（2）对作业员工普及心理健康知识。要对员工加强心理健康知识培训，引导员工对负面情绪进行自我调节，培养乐观向上的生活态度。有条件时定期对员工进行心理检查，建立员工心理健康档案。对心理健康问题严重者进行个案追踪治疗，对普遍存在的问题及时查找原因，拿出对策。

在战乱国家、冲突地区作业的人员在进入作业地点前，按规定接受安保知识培训，学习相关心理健康知识、突发事件的正确应对技巧、应急知识等，提高员工心理调适能力。

（3）为员工创造良好的工作、学习和生活环境。

① 工作环境。认真落实HSE管理要求，努力改善员工的工作条件，减轻劳动强度，消除各种事故因素。认真分析员工需要，有针对性地实施合理激励，建立公平的激励制度平台，有效激发员工的精神与物质欲望，推动企业和员工共同和谐发展。

② 学习环境。建立学习型组织，关心青年员工的成长成材，鼓励员工学习新知识，努力为他们创造实现梦想的途径，防止不良情绪在青年员工之间传播。

③ 生活环境。发扬团结互助精神，开通互联网络，配备文体设施，开展文体娱乐活动，缓解工作压力。注意鼓励员工与家人、朋友、社会多进行沟通和交流，消除因工作产生的寂寞心理。要积极帮助员工化解家庭矛盾，尽力解决好员工就医、子女入托、入学、就业、恋爱婚姻等实际问题。同时组织好员工体检、扶危帮困等活动，缓解员工精神压力，促进其健康心理的成长。

实践研究结果证实，针对当前钻探企业员工可能在工作中出现的心理问题，需要进行及时的心理疏导，采取包括优化员工工作、生活条件，保障工作人员的人身安全，引导积极进行自我调节，畅通联络沟通途径，关心职工家庭困难在内的疏导措施，以确保员工身心健康，更好地完成企业所交付的相关工作。

[案例 2-5]

是谁惹了向师傅

某小队修理工向师傅心情特别不好。某天晚上,先是给儿子发了一通火,后来又惹得爱人不高兴,跟他大吵了一架。第二天一早,爱人看他心情有些好转,便轻言细语地问他是怎么回事。

"我哪想发火哟,只是想起有些事心里难受。你看王队长牛的,平常我俩的关系多好,只要工作任务一下来,我都带头干,我在大伙儿的心目中也是一个很有能力的人。可前天,因为一个小小的疏忽,他就不管三七二十一,当着大伙儿的面把我呵斥一通,让我在工友面前丢尽了面子。"

向师傅的爱人很是担心,如果丈夫在工作中遇到这类事多了,又难以从"死理"中跳出来,肯定会导致心理疾病。她希望王队长在重视员工创造价值的同时,更多地关注一下员工的心理。

言者无意,听者有心。王队长认真负责是正确的,但对待员工的态度有些欠妥,做工作的方法有些简单,缺乏应有的尊重。作为一线负责人,需要考虑如下问题:

首先,要尊重员工,用心去了解员工,站在他们的立场为他们考虑和解决问题。

其次,维护员工形象。同样的事,由于角度不同,在员工心里产生的反应也不同,管理者应学会换位思考,站在员工的角度,多想想"如果我说句这话、如果我这样处理这事,会不会伤及员工的自尊心"。如果有可能,应当考虑如何在不伤及员工自尊心的情况下妥善处理。

再次,帮助员工分析问题、解决问题。人的提高与进步是无数次教训的累积,但脆弱的神经系统最经受不起的还是失败的打击。最好的办法就是让那些做错事或面对失败的员工在学会改错和坚强的同时,再为他们的失败实施"软着陆",帮他们寻找不足,使他们虽受挫折却不气馁,一有机会还会重新站起来,做出成绩。

第三章　班组管理概述

　　班组管理是企业管理的基础。加强班组管理关系到企业管理的整体水平,对企业的兴衰成败起着至关重要的作用。只有加强班组管理,企业管理才有可靠的基础,安全、优质、高效地完成钻探生产任务才能得到切实保证。

　　通过本章的学习,将会了解到:班组管理的概念及主要内容;班组生产管理的基本内容;班组管理水平评价;班组管理的工具及方法等。

第一节　班组管理的概念及主要内容

一、班组管理的含义

　　班组管理是指在特定的班组活动中,由班组自身所进行的计划、组织、协调、控制、监督和激励等管理活动,其职能在于对班组的人、财、物等管理要素进行合理组织、有效利用,按质、按量、如期、安全地实现企业和上级所规定的目标和要求。

二、班组管理的任务

　　钻探企业各项专业管理基本要管到班组才算得到落实。所以,班组管理的任务一定要适应企业管理的任务,必须在企业生产技术和经济活动的指导下进行,要按照企业管理的任务,结合班组的实际情况来确定班组管理任务。

　　一般来讲,班组管理的任务是:适应企业深化改革的要求,有效地实施各种管理职能,严密地组织现场生产活动和经营活动,合理地利用人力、物力、财力,优质高效地完成既定的生产与服务任务,并采取积极有效的措施,持续提高班组经济效益和服务水平,努力建设"五型"及"标杆"班组。

三、钻探企业班组管理的特征

班组管理是班组长和班组成员共同参与、完成既定生产任务、实现目标的动态过程。其主要特征是系统管理是基本要求，基础管理是基本内容，民主管理是基本形式；实行行政管理与民主管理相结合，专业管理与群众管理相结合，集中管理与自主管理相结合。

由于钻探企业的生产活动具有自身的行业特点，对于钻探企业班组来说，除了具有以上特征外，在班组管理方面还具有以下不同之处：

一是由于钻探施工作业是一个危险系数大、突发性强、容易发生伤亡事故、管理复杂的生产过程，在班组管理中突出了安全工作这个管理重点。

二是钻探企业一线班组长期在野外施工作业，队伍独立作战能力强、作业环境艰苦、劳动纪律要求严格，大多实行半军事化管理。

三是班组管理过程中常需要对外协调的事务多，如与协作方配合、处理占地纠纷等，需要投入一定的管理精力。

四是相对于化工等企业，钻探企业班组员工的文化程度较低、性格直接，加之野外作业，文化娱乐项目单一，思想政治工作与班组文化建设显得尤为重要。

五是钻探生产作业大多需要高成本的投入，其基层班组管控着少则几十万，多则上千万的成本投资，如何节约挖潜，实现最有效的成本控制非常重要，管理压力较大。

[案例3-1]

队长老吴的"严、细、实、恒"四字经

某物探小队队长老吴在班组管理中念的是"严、细、实、恒"四字经。

严，即严格要求。他采取目标管理法，要求班组所有员工在工作中必须严格按规定的内容、时间、标准逐日达标，日日清理。

细，即分工细。他每天在安排工作任务前，都要做到首先进行认真的梳理，然后根据各岗位的实际情况，对工作任务进一步细化，分解量化到每一个岗位、每一个员工和每一个时间节点，并将成本控制目标分解到每一个关键岗位。

实，即责任实。每一项工作、每一件事，大到机器设备，小到一件工具，都清楚地标明责任人与监督人，都有详细的工作内容及考核标准，形成环环相扣的责任链，做到了奖有理扣有据。

恒，即持之以恒。老吴对四字经百念不厌，班班坚持，事事坚持，一丝不苟，在班组管理中见到实效。

钻探企业的现场管理事无巨细,要想做好班组管理并见到实效,作为班组管理的实施者,基层班组长必须念好"严、细、实、恒"四字经。

四、班组管理的内容

班组管理的内容很多,需要考虑的问题也是多方面的,如图3-1所示。

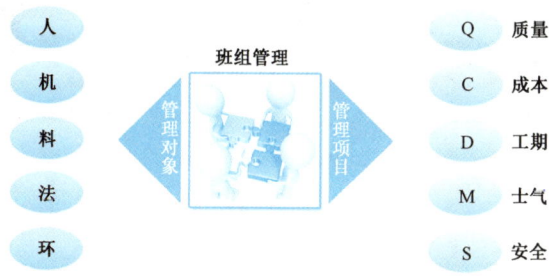

图3-1 班组管理基本内容

作为企业内部一项重要的综合性基础工作,班组管理需要解决的问题是如何把管理对象与管理项目有机地结合起来。

班组管理内容概括地讲,可大致分为两个层面:以完成一定生产任务为核心的物质文明建设;以队伍建设为重点的精神文明建设。

(一)班组物质文明建设

班组物质文明建设的核心是提高经济效益与工作质量,即以市场需要和服务需求为导向,以提高经济效益与服务质量为中心,围绕下达的工作指标,优质高效、低耗安全、按时按量地完成工作任务。班组物质文明建设十分广泛,头绪多、层次多、环节多,主要有以下几个方面。

1. 生产管理

班组管理最根本、最直接的任务就是进行生产作业过程的控制,即生产管理。班组长在生产管理过程中,应根据本班组的特点,运用科学的管理方法,合理地组织生产活动,充分发挥班组全体成员和设备的能力,用最少的人力、物力消耗创造最佳的经济结果。图3-2所示为钻探班组主要工作场景。

2. HSE管理

保证安全生产与做好环境保护是钻探企业的显著特征和头等大事。班组作为钻探生产一线的基层单位,要避免职业危害和环境污染等事故发生,最有效的办法就是加强班组的HSE管理,即提高班组员工安全生产意识,认真落实安全责任制,

(a) 钻井班组施工

(b) 地质录井班组施工

(c) 测井班组施工

(d) 固井班组施工

(e) 地震作业班组施工

(f) 井下作业班组施工

图 3-2　钻探班组主要施工现场图

健全和完善 HSE 防范措施，杜绝违章违纪，确保安全生产、文明生产。

3. 质量管理

做好班组质量管理工作是钻探企业开展全面质量管理的重要基础。通过增强员工质量意识，建立质量管理小组（QC 小组），加强培训，提高员工岗位操作技能，积极落实岗位责任制和标准化作业等方法，搞好工序质量控制，把好生产各环节质量关。

4. 技术管理

班组长要根据生产的工艺特点，以提高工序生产能力和工序生产质量为目的，贯彻执行好有关技术标准，按设计、技术规程与要求组织生产；通过积极开展群众性技术创新与技术业务学习，推广应用新技术、新工艺，及时解决生产中出现的技术问题，确保生产顺利进行。

5. 劳动管理

班组长要坚持依法用工，严格按定员定额组织生产，严格考勤制度，组织好生产过程中的分工协作。建立班组经济责任考核办法，将员工的工作效率、质量、成本费用、考勤和安全卫生等各方面的考核结果与收入相结合，做到奖勤罚懒、奖优罚劣、赏罚分明。

6. 设备管理

设备、工具与量具等设备设施是完成生产任务的基础。要建立班组设备、工具、备品台账，做到账物相符；严格执行持证上岗操作的管理制度，明确设备设施的操作规程和操作纪律规定；加强设备、工具的日常保养、维修工作，始终保持设备、工具等处于清洁、整齐、齐全、可靠的状态。

7. 成本管理

班组管理要围绕经济效益这个中心，精打细算，严格控制成本费用。要做好班组工时、原材料、油料等消耗统计工作，严格执行消耗定额，努力提高工时利用率，节能降耗，减少生产成本支出。采取切实可行的措施，千方百计提高生产效率与工作质量，做好安全防范，减少事故发生，降低处理事故等非生产费用产生。

8. 资料信息管理

班组资料信息管理是指班组生产运行活动中最基础的记录、数据、标准和制度的管理。班组资料信息管理为班组有秩序地管理提供必要的保证。要按照真实、完整、有效、规范的要求做好班组生产运行及管理活动过程中所形成的报表、文件、记录、图标等资料的管理工作。

9. 培训管理

班组人员的基本素质取决于班组培训。班组长在组织培训时首先要综合分析职工队伍素质现状，针对不同的培训对象，合理确定培训内容，使培训针对性强、适用性强；其次，要恰当选定培训时间，避免工学矛盾。同时，要加强培训效果的考核与过程的管理，严格考勤制度，增强员工学习的自觉性。

(二)班组精神文明建设

班组精神文明建设是全面加强班组管理的有效途径,其核心是培养班组员工遵章守纪、爱岗敬业、奋发向上、团结互助的良好风气。搞好班组精神文明建设是做好物质文明建设的基础。班组精神文明建设的内容主要包括以下几个方面。

1.班组思想政治工作

班组思想政治工作的目的在于调动全组人员的生产积极性和责任感,培养爱岗敬业精神,督促员工自觉遵章守纪、执行标准,激发全体成员的主人翁奉献精神,创造内部和谐、团结协作的生产集体。

班组思想政治工作要以岗位思想政治工作为重点,把开展思想政治工作贯穿于生产作业的全过程,渗透到员工日常生活的方方面面,要结合班组成员各自的特点开展工作,力求有针对性、实效性。

2.班组文化建设

班组文化是班组内全体成员在生产经营过程中所持有的共同的理想和信念。加强班组文化建设目的就是要培养班组成员的优良品德、爱企情怀与班组精神,打造和谐高效的班组。

班组文化的建设要以落实企业文化为目标,以班组管理的各方面工作为抓手,加强理念导入,促进先进的班组管理理念、科学的管理制度、合理的劳动组织方式、安全的管理方法等内容深入员工心中,并转化为自觉遵守的行为规范与准则,进而形成齐心协力、共同建设一流业绩的班组特有文化。

3.班组民主管理

班组民主管理是班组全体员工依照法律规定,通过一定的组织形式,对班组权限范围内的事务,行使民主权利的活动。班组民主管理的基本组织形式是班组民主会,它由班组全体员工直接参加。此外,班组民主管理还有其他辅助形式,如献计献策会、民主讲评会、民主生活会、班务公开板等。

五、班组管理的重头戏——生产管理

班组生产管理是班组内生产过程的管理工作,它是班组管理的重心,也是企业生产管理的基础。做好班组的生产管理,是班组长的首要任务和职责。

(一)班组生产管理的含义与任务

班组生产管理是指运用有效的管理方法和手段,按照生产客观要求科学优化班组生产管理要素,合理组织班组成员,安全、优质、高效、全面地完成生产任务的一系列控制活动。

班组生产管理的任务是以不断降低生产成本,提高企业经济效益为中心,严格执行以岗位责任制为主要内容的各项规章制度,协调各岗位、各工序的生产活动,保证安全、稳定、连续生产,按各项经济技术指标的要求,全面完成各项生产任务。

(二)钻探企业班组生产管理的主要内容

钻探施工作业工序衔接紧密、作业连续性强和工程质量要求高的性质使班组生产管理显得更为重要,要求班组在生产中着重做好计划、准备、组织和控制四个环节的工作,最终实现班组生产任务的顺利完成。具体内容如下:

(1)制订生产作业计划。计划内容要具体,要把生产任务分解落实到人、机。

(2)维护保养设备。及时、精心地维护保养设备,使设备处于良好工作状态。

(3)落实生产的准备情况。生产准备情况包括技术、物资、安全措施、劳动组织和人员思想状态等方面的准备。

(4)严格执行生产作业计划与各项安全、技术措施,认真开展巡回检查,及时、全面掌控班组各个生产、施工环节情况。做好安全生产,防止事故发生。做好班组成本控制及技术质量指标的分析工作,实行标准化管理。

(5)掌握班组生产过程中的材料消耗和储备情况。做好各类材料、油料等物资的定置管理,做到数量准、保管好、摆放齐,确保生产所需材料的有效利用。

(6)认真填写生产基础报表等资料,确保各项记录、报表等资料的数据齐全准确、真实有效。

(7)加强劳动组织,制订先进合理的定额和奖励办法,做好班组成员的工时、任务量的统计工作,不断提高员工的工作积极性。

(8)及时汇报班组工作,使上级管理部门了解班组生产动态,并服从上级的指挥,接受专业技术与HSE监督等人员的指导和监督。

(9)落实班组交接班制度,做好班组间的工作衔接,实现平稳、安全生产。同时要开好班前和班后会。班前会布置生产任务和进行安全教育。班后会检查生产完成情况,总结当班工作。

(10)做好班组成员的岗位练兵与"传、帮、带"工作,提高员工操作技能。

(11)做好班组阶段性总结、评比与考核工作。

(三)钻探企业班组生产管理的特点

钻探施工的行业特征决定了钻探企业班组的生产管理具有"繁、细、精、全、严"等特点。

繁：在钻探生产作业过程中，地下情况复杂、井型多样、工艺技术要求高、施工难度大、钻探施工装备及工具庞杂，并且作业流程烦琐、环节多，需要多工种联合作业（包括地质录井、测井、固井、井队搬迁），这些生产特点致使钻探班组生产管理具有一定的繁复性。

细：钻探施工作业中潜伏着众多不确定性和不可预见性的风险和安全隐患，这就要求班组长在生产管理时不得有半点马虎。应遵循细致入微的工作原则，努力做好每一个管理细节，多在"细"字上下功夫，即实现生产任务技术细、工作目标分解细、技术措施执行细、安全防范措施细、劳动组织管理细的目标，扎实做好生产管理的每一个细节。

精：当前，随着现代钻探技术的发展及整个产业政策、竞争环境的变化，石油钻探企业的生产方式已实现向"精益生产方式"的转变，主要体现在技术装备精良、生产过程控制精致、操作行为精准、管理手段精细。这也要求企业生产的具体实施者——班组要以"精细化管理"为目标，精工细作搞生产、精打细算控成本、精益求精抓管理。

全：钻探企业的各项生产任务、技术规程、质量要求、安全措施及成本核算等工作都要在班组的生产组织中去落实，并通过班组生产管理来实现。"上面千条线，下面一根针"，从这一角度讲，班组生产管理工作是企业全部生产管理工作的缩影。因此，班组要全面做好各项生产管理工作，做到全面掌握、全面控制、全面见效，切实为企业全局的稳定和可持续发展贡献力量。

严：钻探企业班组的生产作业，无论是识别油藏，打开油藏建立通道，还是改造油藏以提高采收率等，都具有连续作业、工序衔接紧密、作业成本高、安全环保风险大等特点。这就要求班组在生产管理时要"严"字当头，即生产组织要严密、操作规程要严谨、工艺纪律要严格、安全环保要严防、成本控制要严细、人员管理要严明，实现班组生产规范化、标准化管理目标。

（四）钻探企业班组生产管理的核心要素

班组生产管理的一切活动都是围绕"人、机、料、法、测、环"这六大要素进行的，如图3-3所示。由这六个因素的英文名称第一个字母组合为5M1E。

作为班组生产管理者，班组长必须要明白这些生产要素的具体内容。

人（Man）：就是指在生产现场的所有人员。人是生产要素中最重要的资源，也是生产管理中最大的难点。提高生产效率与工作质量，就要首先从现有的人员中去发掘,要关注人员的性格特点、质量与安全意识、技术熟练程度、执行力及身体状况等因素。尽可能地发挥他们的特点,区别对待,人尽其才,激发员工的工作热情,提高工作的积极性。

机(Machine):就是指生产中所有的设备、工具等辅助生产用具。生产中,设备的运作是否正常、工具的好坏是影响生产进度、施工质量的又一因素。好的设备管理,能提高生产效率,提高生产质量。针对生产管理中"机"的要素,要重点关注设备的配置、安装、检查、验收、保养、维护、校准等状况。

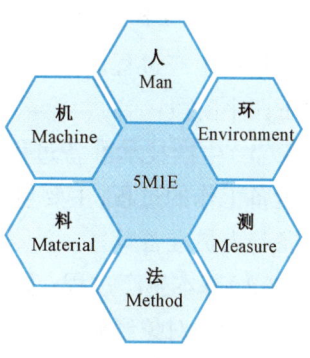

图 3-3 5M1E 图示

料(Material):就是指物料、配件、原料等钻探生产用原材料。"料"是按计划施工作业的保证,是安全、优质完成生产任务必备的物质基础。生产原材料质量的好坏、数量是否充足直接影响工程质量和员工的施工安全。因而,班组长在进行生产组织时要对所使用材料的交期、品质、成本等情况全面掌控。

法(Method):就是指生产过程中所需遵循的规章制度、操作规程和生产要求,包括法律法规、技术标准、作业指导书、施工方案或设计、制度规范、操作规程、工艺指导书、施工方法、生产计划表等。切实可行的"法"是保证生产质量和生产进度的一个重要条件,也是预防事故、规避风险的重要手段。生产管理时,要做到事事讲标准、守规矩,不违章指挥,不违章操作。

测(Measurement):就是指测量时采取的方法、结果是否标准、正确,主要指测量工具、测量方法以及经过培训和授权的测量人。在进行这一活动时,要用指定的并经过定期检验的测量工具、统一规范的测量方法,保证同一测量点、同一测量工具、不同测量人所测出的数据误差最小化。生产过程中要对测量的数据进行记录。

环(Environment):就是指环境,一般指生产现场的温度、湿度、噪声干扰、振动、照明、室内净化和现场污染程度等。在确保满足产品对环境条件的特殊要求外,还要做好现场的整理、整顿和清扫工作,大力搞好文明生产,为持久地生产优质产品创造条件。

(五)班组生产过程组织

班组生产过程的组织,主要是解决生产过程各阶段、各环节、各工序在时间上和空间上的协调衔接,即生产过程的空间组织和生产过程的时间组织。

1. 生产过程的组成

根据生产过程所经历的各个阶段的地位和作用的不同,可将生产过程划分成以下四个阶段：

(1)生产技术准备过程：所谓生产技术准备过程是指生产之前所进行的一系列准备工作的过程,主要包括作业设计、作业场地准备、原材料与辅助材料准备、设备与人员准备等。

(2)基本生产过程：基本生产过程是指按照设计与工艺要求,组织各生产要素直接把劳动对象经施工作业变为企业基本产品的生产过程。这一过程是企业的主要生产活动。例如,钻井作业要经过钻进、测井、下套管、固井等基本生产过程。

(3)辅助生产过程：辅助生产过程是指为保证基本生产的正常进行提供必需的辅助生产的过程。例如,企业为保证基本生产提供的机修、录井、固井和测井等。

(4)生产服务过程：生产服务过程是指为基本生产和辅助生产提供的各种生产服务活动,如原材料的供应、运输、保管及有关的检验、测试等。

2. 生产过程的空间与时间组织

生产过程的空间组织是指企业各生产单位的组成及合理布置的问题。企业为实现生产过程,必然要建立相应的施工作业场所,配备相应的生产设备及装备,并在空间上进行合理布局,形成一个有机的整体,保证生产过程的顺利实现。

生产过程的时间组织就是要求生产的各阶段要在时间上紧密衔接,以保证生产的连续性和节奏性,达到缩短生产周期、提高效率的目的。

3. 合理组织生产过程的客观要求

生产管理过程中,要把生产过程在空间和时间上合理组织安排,以保证班组按质、按品种、按数量、按期限完成生产计划任务,取得良好的经济效果。为此,工业企业在生产过程组织时,应满足下列客观要求。

(1)生产过程的连续性：是指在生产过程的各生产阶段、各生产工序,在时间上紧密衔接而连续不断或很少间断。连续性的实现,可以保证缩短生产周期,减少生产成本。

(2)生产过程的比例性：是指生产过程的各生产阶段、各生产工序之间,在生产能力的配备和产品劳动量上保持合理的比例关系。保证比例性,可以提高劳动生产率和设备利用率。

(3)生产过程的节奏性：是指在生产过程的各生产阶段、各生产工序,生产节奏保持均匀,避免时松时紧或前紧后松的现象,保证正常的生产秩序。保证节奏性,有利于充分利用人力和设备,有利于提高产品质量和缩短生产周期。

（4）生产过程的平行性：是指生产过程的各生产阶段、各生产工序要尽可能实行平行作业，即在空间布局上尽量保证部分工序的作业在各自的空间内同时平行进行。保证平行性，能大大地缩短生产周期。

第二节　班组管理的目标与评价

一、班组管理的目标

作为生产任务与服务产品的直接承担者，高效、优质、安全地完成工作任务，打造和谐班组是所有班组共同追求的目标。具体管理目标包括以下五个方面。

（一）保证产品质量（Q）

确保施工质量是班组生产工作的出发点和归属点。班组质量管理是企业质量管理的重要组成部分，主要内容是通过质量控制、质量保证和质量改进确保班组质量指标的实现。班组质量管理的措施：积极贯彻执行质量管理体系要求，实现质量管理全过程控制，并经过班组成员的共同努力使班组所负责的产品、业务没有缺点，优质率符合用户及企业要求，实现"零缺陷"质量目标。

（二）降低生产成本（C）

相对低廉的成本能为企业赢得更多的利润。班组成本管理措施：进行指标分解，使成本降低的任务能从组织上得以保证；降低物料损耗，杜绝跑、冒、滴、漏等浪费现象，减少能源消耗；精简人力，降低人工成本；同时开展修旧利废、节约挖潜、增收节支等活动，不断提升空间、人力、设备、材料的利用效率，有效降低生产成本，完成企业下达的成本控制指标。

（三）确保工作进度（D）

班组按照生产计划完成各项生产活动是企业整体计划顺利实施的基本保证，因此，有效的工作进度管理是每一个班组重要的管理目标之一，体现的是班组生产组织能力。主要管理措施：合理确定工作进度标准或目标，及时衡量实际工作进展，准确分析偏差原因，采取有效的纠正措施，做到生产均衡，确保生产任务如期完成、工作进度符合企业整体要求。

（四）实现安全生产（S）

安全、舒适的工作环境是班组生产的基本保障，也是班组的管理目标。安全生产管理的措施：坚持安全第一、预防为主的原则，有效提高员工 HSE 意识与技能；积极改善工作环境与条件；减少和控制危害发生，避免生产过程中由于事故造成的人身伤害、财产损失、环境污染以及其他损失，实现安全生产与文明生产，使安全、环保各项指标符合企业要求。

（五）提高员工士气（M）

士气影响着企业的氛围与企业文化，员工的归属感、凝聚力等方面都与士气密切相关。主要管理措施：建立具有班组特色的企业文化，适时开展一对一的思想政治工作，努力营造宽松和谐、齐心协力干事业的良好氛围，提高员工企业归属感和集体荣誉感，增强班组凝聚力，真正形成目标一致、密切配合、相互协作的班组整体工作合力，有效推动各项工作开展。

二、评判班组管理水平的标准

企业要创一流，其基层班组的管理水平必须一流。那么，如何准确了解自己班组的管理水平，并自我评价出管理水平的高低呢？建议可从以下几个方面去评价。

（一）班组基础管理工作评价标准

（1）班组岗位责任制、工作标准、技术标准、管理规范、作业流程及相关制度健全、完善，操作性强。

（2）班组机构健全，职责清晰、分工明确，定期召开班务会，分析、总结班组生产、质量、安全、培训、活动等工作情况。

（3）各类数据、资料（专业资料）、档案、报表、记录、台账、日志等内容，记录全面、管理规范、保存整齐有序，信息上报及时、完整、准确。

（4）计量工作扎实有效，仪表、量具检定及时，仪表与计量器具满足生产要求。

（5）培训工作有制度、有计划、有检查、有总结，各项资料齐全准确。培训注重理论和实际操作相结合，授课有讲义，考核有题库，师带徒活动开展扎实。

（二）生产组织工作评价标准

（1）工作有推进计划，班组成员清楚本班组当日工作计划和近期重点工作（安排的临时工作等），使计划得到有效落实。

（2）科学、合理地实施各项生产作业，强化工作组织、协调，高标准完成当班生产任务（产量、质量、成本）、月度生产任务。

（3）工作积极主动，服从分工，工序衔接和现场协调有序，与上下工序班组合作无间。

（4）制定符合实际生产要求的作业指导书、操作规程，保证每项工作都有章可循、有据可查。

（5）未完成计划应有分析说明，发现的问题应有改进措施，计划应细化，落实完成时间、责任人与验证人。

（6）以生产现场组织体系的合理化、高效化为目的，不断优化生产劳动组织，措施具体、实用，劳动效率提高明显。

（三）安全环保工作评价标准

（1）遵守公司、项目部的安全生产规章制度，HSE 管理到位，各项指标控制在上级要求范围内，全年安全保护无事故。

（2）班组 HSE 管理组织机构完善，安全、环保责任制等各项管理制度健全，责任落实到人头，奖罚分明，执行到位。

（3）HSE 教育机制形成，班组员工 HSE 意识强，无惯性"三违"行为，教育有计划、有实施、有考核、有记录。

（4）自我检查机制健全，经常性有序开展，及时发现、整改隐患问题，严肃问责，HSE 检查记录规范。

（5）认真落实工作前安全分析、工作循环分析及作业许可制度，积极开展 HSE 风险排查、评估、分级分类管理，识别危害及隐患到位，更新及时。

（6）安全防护、劳动保护、职业保健及污染防控设施配置到位，措施有效，杜绝人的不安全行为，消除物的不安全状态，上级部门检查未发现主要隐患。

（7）应急工作扎实，应急物资、措施、演练充分到位，应急预案实用。

（四）质量控制工作评价标准

（1）班组员工质量意识强，班组生产无重大质量事故，各项生产质量指标（包括产品优质率、合格率、顾客投诉与质量损失等）满足目标要求。

（2）班组组建有质量管理小组，以保证、改进、提高工作和产品质量为目标，广泛开展 QC 活动及定期召开质量分析会，活动有记录、有总结、有评价。

（3）认真贯彻执行质量管理体系标准，推行 PDCA 工作方法，针对生产中存在的质量问题，经分析、讨论、查找原因，研究制订出可行的改进实施方案。

（4）班组成员熟练掌握工艺条件、工艺参数、安全技术要求等技术规程，并严格按技术规程进行操作，实现平稳操作。

（5）班组严把生产与服务质量关，严格执行工艺纪律，执行施工设计与工艺标准坚决，使生产处于受控状态，并及时开展质量自检，保证产品质量。

（6）班组制定质量管理考核制度，设立质量控制点，严格监督管理，有质量奖惩的管理办法，并实施质量奖惩兑现。

（五）设备管理工作评价标准

（1）班组生产使用设备挂牌管理，标志规范、齐全、清晰，并对设备采取防潮、防冻、防尘、防腐蚀、防雨措施。

（2）设备使用、维护保养责任落实到人，设备及其附属设施保持完整，主要设备完好率、全部设备完好率均满足要求。设备台账与使用记录填写及时、准确。

（3）设备操作人员做到"四懂三会"，即懂原理、懂结构、懂性能、懂用途；会使用、会维护保养、会排除故障。

（4）认真对生产设备进行清洁、检查、润滑、紧固、调整与防腐维护，发现故障隐患，及时处理并报告，维护保养记录齐全准确。

（5）认真执行设备操作规程，在启动前准备充分，运行中精心监控，停车后维护保养，不超温、超压、超速运行。

（6）备用设备不潮、不冻、不腐蚀，保持清洁，定时启动、盘车、切换，处于良好备用状态，做好启动、盘车和切换记录。

（7）设备上的仪表和安全装置齐全完好，按时定期检查，提出校验要求。

（六）成本管理工作评价标准

（1）班组生产可控成本费用管控制度健全，有控制成本的具体措施，可控成本不超下达的指标与预算。

（2）建立健全对可控成本逐级考核制度，并严格执行。

（3）建立班组成本管理台账，可控成本数据准确，对成本项目超支的原因分析到位，整改措施得力，整改效果明显，成本分析资料上报及时。

（4）从成本形成过程的环节入手，注重工艺布局与操作流程优化，提高工作效率措施具体、有成效，成本控制改善明显。

（5）全员参与成本管理，节约意识强，从点滴做起，做实节能工作，现场无跑、冒、滴、漏现象与浪费原材料行为。

（6）适时开展经济活动分析，对在经济核算中发现的问题要及时进行分析，妥善解决生产、技术中的具体问题，有效地减少消耗，降低成本。

（七）人员管理工作评价标准

（1）根据生产工艺和班组职能管理的需要，能够提出明确的岗位设置和技能要求。

（2）根据实际工作需要、岗位质量要求、劳动强度及员工状况等因素，优化班组生产力配置，无冗员浪费现象。

（3）准确掌握员工的出勤状态并进行动态调整，员工考勤记录填写及时准确、真实有效。

（4）重点岗位有两个人以上能够独立完成操作，有替补安排计划，预案在先，可减少缺员带来的被动局面和工作损失。

（5）班组特殊工种与岗位员工持证上岗，持证率100%，班组员工参加上级组织的岗位适应性培训合格率100%。

（6）建立双文明考核细则并严格实施，班组成员的工作积极性、主动性、创造性高。

（八）现场管理工作评价标准

（1）认真开展"5S"（整理、整顿、清扫、清洁、素养）活动，形成以人的素养为核心因素，以整理、整顿、清扫和清洁为环境因素，以营造安全、整洁、卫生、舒适工作环境为目标因素的生产现场动态管理系统。

（2）班组卫生责任区域内，在日常的监督检查中无严重不良记录，成员无随地吐痰、乱扔垃圾等不良行为。

（3）班组生产现场积极应用目视化管理与看板管理等现代化管理手段和方法，做法实用，效果明显。

（4）实行"定置管理"，设备维护到位，工器具等物品摆放规则有序，使人流、物流、信息流畅通有序，现场环境整洁，文明生产。

（九）班组创新工作评价标准

（1）班组创新氛围浓厚，围绕生产经营活动，积极开展生产技术创新和管理制度创新，工作质量、生产效率及经营效益不断提高，生产效率和产品优良率提高的统计数据真实。

（2）班组积极开展"金点子"活动，员工为班组、企业的发展提出合理的、有建设性的意见和建议，并得到采纳。

（3）班组结合岗位实际，广泛开展小发明、小创造、小革新、小设计和小建议的"五小"活动，成果丰硕，并能够应用到实际工作中，效果明显。

（4）立足"学习型班组"建设，注重岗位技术培训，充分应用新工艺、新技术、新材料和新设备等手段，达到施工质量高、生产速度快的良好效果。

（5）班组善于激发职工工作热情，鼓励对技术应用与生产管理进行总结、分析,形成论文,得到上级肯定。

(十)班组团队建设工作评价标准

(1)班组员工自觉遵守各项规章、制度与法律、法规,班组内无违法、违规、违纪现象发生。

(2)班组有明确的团队目标,并且班组成员对团队目标有较强的认同感。成员富有激情,对工作热忱,全局观念强,士气高昂,具有高度的主人翁意识。

(3)班组培育有独具特色的班组文化。成员间团结友爱,相互协作,配合默契,人际关系和谐,班组成员凝聚力强,无打架斗殴事件发生。

(4)班组思想政治工作扎实,注重发挥民主管理、有效激励与良好沟通的作用,努力营造宽松和谐、齐心协力干事业的良好氛围,创建模范职工小家,班组无越级上访事件。

(5)班组成员语言文明,行为规范,积极上进,爱好学习,对人有礼貌。

第三节 班组管理的常用工具及方法

一、PDCA 循环工作法

(一)定义

PDCA 循环又叫质量环,它是全面质量管理应遵循的管理程序和工作方法。PDCA 是英语单词 Plan(计划)、Do(执行)、Check(检查)和 Action(处理)的第一个字母的组合,PDCA 循环如图 3-4 所示。

(二)原理与作用

PDCA 循环的过程就是发现问题、解决问题的过程。基本原理就是做任何一项工作,首先有个设想,根据设想制订一个计划;然后按照计划与要求去执行、检查和总结;最后通过持续的 PDCA 工作循环,把工作越做越好,实现持续改进。

PDCA 循环工作法的有效实施有助于班组生产工作质量的持续改进,有助于改

图 3-4 PDCA 循环示意图

进班组工作方法与技术创新。PDCA循环是能使任何一项活动有效进行的一种科学方法与工作程序。

（三）四个阶段

一个完整的PDCA循环包括以下四个阶段：

第一为P（计划）阶段，主要任务是找出工作中存在的问题，通过分析制订改进的目标，并确定达到这些目标的具体措施和方法。

第二为D（执行）阶段，主要任务是按照制订的计划要求去具体实施，即执行计划，以实现工作质量改进的目标。

第三为C（检查）阶段，主要任务是对照计划的目标及要求，检查、验证执行的效果，及时发现改进过程中的经验及问题。

第四为A（处理）阶段，主要任务是把成功的经验加以肯定，制定成标准、程序、制度，把失败或者欠缺的教训进行总结，也可纳入相应的标准、程序、制度，以便巩固成绩，克服缺点。

以上四个过程周而复始地进行。一个PDCA循环结束了，解决一些问题，未解决的问题进入下一个PDCA循环，这样持续性、阶梯式上升，使工作逐步趋于完美。

（四）八大步骤

一般一个PDCA循环要经历八大步骤。

第一步，找出问题。分析现状，找出存在的问题，包括工作或产品质量问题以及管理中存在的问题。尽可能用数据说明，并确定需要改进的主要问题。

第二步，分析原因。分析产生问题的各种影响原因，尽可能将这些原因都罗列出来。在这一步骤需要注意以下问题：

（1）要逐个问题、逐个原因地加以详细分析。

（2）分析原因时切忌掺杂主观意识，并杜绝笼统、粗枝大叶的态度。

第三步，确定主因。找出影响工作或产品质量的主要原因，需要注意以下问题：

（1）影响质量的因素往往是多方面的，从大的方面看，可以有"人、机、料、法、测、环"等。即使是管理问题，其影响因素也是多方面的，例如，管理者、被管理者、管理方法、使用的管理工具、人际关系等因素。

（2）每项大的影响因素中又包含许多小的影响因素。例如，从操作者个人来说，既有不同操作者的区别，又有同一操作者因心理状况、身体状况变化引起的不同反应，还有诸如质量意识、工作能力等多方面的因素。

（3）在这些因素中，要全力找全找准影响质量的主要的、直接的原因，以便有的放矢地制订整改措施，切忌不分主次而"眉毛胡子一把抓"，找不准问题主因而"丢了西瓜捡芝麻"。

（4）要根据自身或班组的职能权限范围进行分析，切忌什么原因都去管，结果执行不了而导致持续改进的失败。

第四步，制订措施。针对影响工作（服务）或产品质量的主要原因制订措施，提出改进计划，并定出目标、预计其效果。需要注意以下问题：

（1）措施和活动计划要具体、明确，切实可行，切忌空洞、模糊。

（2）措施和活动计划要明确"5W2H"（Why，What，Who，When，Where，How，How Much）的内容。

以上四步是计划阶段（P阶段）的具体化实施。

第五步，执行计划。按既定的措施计划进行具体落实和实施，也就是执行阶段（D阶段）。请注意：执行中若发现新的问题或情况发生变化（如人员变动），应及时修改措施计划。

第六步，检查效果。根据措施计划的要求，检查、验证实际执行的结果，看是否达到了预期的效果，也就是检查阶段（C阶段）。需要注意以下问题：

（1）检查效果要对照措施计划中规定的目标进行。

（2）检查效果必须实事求是，严肃对待。

第七步，纳入规范。根据检查的结果进行总结，把成功的经验和失败的教训纳入管理规程、制度之中，使之形成规范，巩固已经取得的成绩。需要注意以下问题：

（1）这一步要高度重视，不要怕麻烦或忽略，否则质量改进就失去了意义。

（2）在涉及更改管理标准、程序、制度时应慎重，必要时还需要进行多次PDCA循环加以验证，而且还要按企业质量管理体系的规定采取控制措施。

（3）非书面的巩固措施有时也是必要的。

第八步，保留问题。根据检查的结果提出本轮PDCA循环尚未解决的问题，把它们转到下一次PDCA循环的第一步去。需要注意以下问题：

（1）对遗留问题应进行分析，一方面要充分看到成绩，不要因为问题而影响了士气；另一方面又不能盲目乐观，对遗留的问题视而不见。

（2）质量改进之所以是持续的、不间断的，就在于任何质量改进都可能有遗留问题，进一步改进质量的空间与可能性总是存在的。

第七、八两步是处理阶段（A阶段）的具体化。

PDCA 的四个阶段是完成任何一项工作所必须遵循的流程,不能盲目跨越,而八个步骤则根据具体情况可增可减。

(五)特点

PDCA 循环使我们的思想方法和工作步骤变得更加条理化、系统化、图像化和科学化。它具有如下特点:

(1)大环套小环,小环保大环,互相促进,推动大循环。如果把整个钻探企业的工作当作一个大的 PDCA 循环,那么各个部门、班组还有各自小的 PDCA 循环,就像一个行星轮系一样,大环带动小环,一级带一级,有机地构成一个运转的体系。

(2)PDCA 循环是阶梯上升式的循环,每转动一周,质量就提高一步。PDCA 循环不是在同一水平上循环,而每循环一次,就解决一部分问题,取得一部分成果,工作就向前推进一步,水平就提高一步。到了下一次循环,又有了新的目标和内容,更上一层楼。图 3-5 表示了这个阶梯式上升的过程。

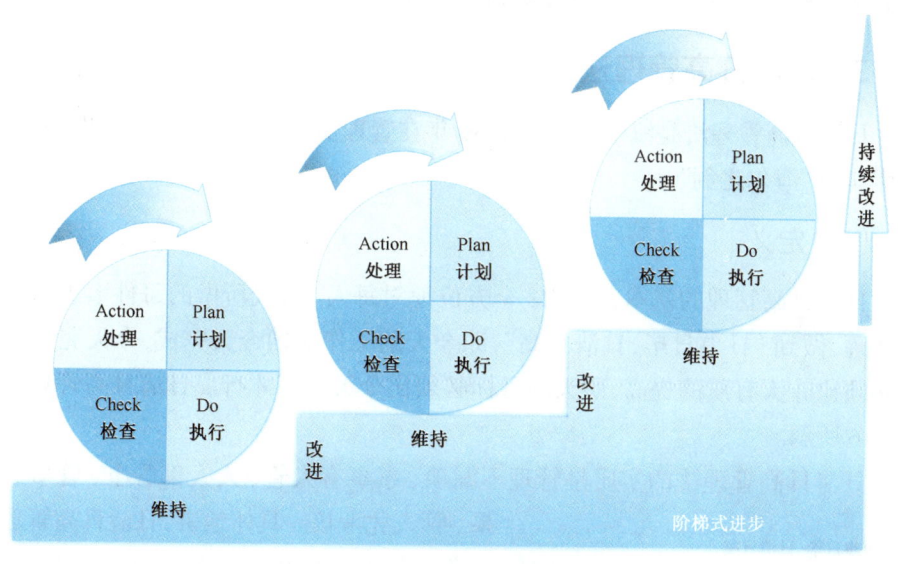

图 3-5　PDCA 循环阶梯式上升过程

[案例 3-2]

PDCA 循环确实是个好工具

某钻井队队长张明在得知施工的新井区块的取心收获率较低后,他一直在琢磨如何解决这个区块破碎性地层岩心收获率始终不高的问题。恰好某天技术员在普及质量管理体系知识时提到了 PDCA 循环工作法,于是,张明就在技术员的配合下,通过分析邻井同层地质资料与取心情况,从合理选择取心工具、优化设计取心钻进参数、配伍钻井液体系等方面,制订了割心操作与起钻防掉心技术措施,明确了取心收获率达到 90% 以上的目标。树心、取心钻进、磨心、割心、起钻,张明严格按照技术措施执行。最终,岩心全部清洗干净并丈量完后,测得取心收获率达 98.7%。张明与大家一同分享着收获喜悦的同时,建议道:"收获率还有提升空间,钻井液性能可以再调整一下,井底条件可以进一步改善,割心前钻压再增加 5kN,起钻速度再慢一些⋯⋯争取再来个新突破!"

这个案例是一个典型的 PDCA 循环工作法的实际应用。张明从分析该区块取心收获率较低的问题开始,制订了相应的技术措施,设定了工作目标(取心收获率达到 90% 以上),较好地完成了 P 阶段的计划任务;在 D 阶段,他严格执行计划的措施与技术要求;目标实现后,张明没有停止思考,进一步反思了操作过程,又提出了改进的建议,实现了工作质量的持续提高。

二、日清日高管理法

日清日高管理法是海尔集团于 1989 年在管理实践中创造的企业管理法,管理界称其为"海尔之剑"。

(一)定义

日清日高管理的基本含义为:全方位地对每人、每天所做的每件事进行控制和清理,做到"日事日毕,日清日高",即今天的工作必须今天完成,今天完成的事情必须比昨天有质的提高,明天的目标必须比今天更高才行。日清日高管理法如图 3-6 所示。

日清日高管理法的实质是管理不漏项、事事有人管、人人都管事、管事看效果、管人凭考核。具体地讲,日清日高管理意味着每天所有的事情都有人管,做到控制不漏项;所有的人均有管理、控制内容,并依据工作标准对各自控制的事项,按规定的计划执行,每日把实施结果与计划指标对照、总结、纠偏,达到对发展过程日控、事事控制的目的,确保事物向预定目标发展。

图 3-6 日清日高管理法图示

（二）作用

（1）提高管理精细程度。日清日高管理消除了管理的所有死角,实行每日检查和分析,实现及时对瞬间状态的控制,使人、事、时、空、物等因素不断优化,为生产提供质量保障。

（2）提高工艺流程控制能力。全体员工以追求零工作缺陷、低经济损失和高收益水平为目标,苦练基本功,提高技术技能,使各环节始终处于有效控制之中。

（3）完善企业激励机制。日清日高管理模式配套有较为健全的考核激励机制,例如,在分配上,推行绩效联酬工资；在考核上,对员工按日考核、按事挂钩考核；在奖励上,设立个人奖和班组荣誉奖等,调动员工奋发向上、追求卓越的积极性。

（三）两个基本工作方法

（1）日清工作法。它包括三方面的内容,即当日工作当日清、班中控制班后清、员工自清为主组织清理为辅。

（2）区域管理法。区域管理法也称定置管理法,即依据生产及工作对现场的要求,为便于生产或工作,按照工艺要求或工作要求将区域进行功能划分,并用专门的区域线进行标识,指定专门的区域作为专门用途的场所。在该场所内留下必要的,去除多余的或不必要的,留下的按工艺或工作最便利的要求摆放整齐。

（四）主要内容

日清日高管理作为一种有效的管理模式,其主要内容体现在下面要做的三个表格中。

（1）日清栏。日清栏由下面两部分组成：

① 在每个工作现场设立大表,将质量、设备、工艺纪律、生产计划、物耗、劳动纪律和文明生产等方面的实际情况,每两小时由巡检人员填写登记一次,如表3-1所示。

表3-1　日清日高管理法现场管理日清栏样例

项目	质量	设备	工艺纪律	材料消耗	生产计划	劳动纪律	文明生产
巡检问题							
班组长							
巡检时间	每两小时						

② 职能人员每天对日清栏的全部情况进行汇总及评价,以备存档查询,如表3-2所示。

表3-2　日清日高管理法职能管理日清栏样例

项目	区域	职能	问题	原因	措施	时间	结果
巡检问题							
审核人							
巡检时间	每两小时						

（2）3E卡,即"3E日清工作记录卡",如表3-3所示。"3E"为"每人""每事""每天"的英文单词的首字母组合。3E卡将每个人每天工作的七个要素量化(一线员工每日七个要素即产量、质量、物耗、工艺纪律、安全、文明生产、劳动纪律,其他员工为经营指标、工作主项、工作辅项三个要素),每天由员工自我清理,计算日清内容并填写记录和检查确认,月底由班组长或职能管理员汇总兑现计件工资。

表3-3　3E日清工作记录卡样例

班　组： 考核人：		姓　名： 审核人：				岗　位： 复审人：			
		日期						小计	审核
工作完成计分									
合计									
质量	质量								
	工艺								
	废品								
	材料								
设备奖罚									
安全奖罚									
现场奖罚									
劳动纪律									
其他奖罚									

续表

班　组：			姓　名：			岗　位：			
考核人：			审核人：			复审人：			
日应得工资									
班组长考核									
个人签字									

（3）现场管理日清表，如表 3-4 所示。该表由各级管理者在下班以后进行清理时填写，主要是对例行管理的受控情况进行清理及分析，及时找出存在问题的原因及责任人，提出修整措施，不断提高受控率。

表 3-4　现场管理日清表样例

		班长：_____	_____年____月____日			
		项目内容	是/否	改善对策	完成时间	复查/签字
班前准备	生产准备	人员是否定岗				
		工具是否齐备				
		现场是否清扫到位				
		8:00 前是否能够工作				
		昨天改善对策是否下达				
	人员日清	出勤人数/班组人数（出勤率）				
班中控制	进度控制	生产管理看板是否及时更新				
		有无影响下工序的作业顺序				
		拖延进度问题及时上报				
		是否发挥团队作用保证进度				
	品质控制	质量异常是否及时了解				
		异常是否分析原因				
		相关人员是否了解				
		是否缺乏作业或品质判定标准				
班后总结	产量日清	完成数量/未完成数量（计划完成率）				
	质量日清	问题数量/下线数量（下线合格率）				

三、现场管理的三大工具——标准化、目视化管理、看板管理

（一）标准化

某班组有一位设备维修"大拿",自恃经验丰富(有些设备只有他会修理)而经常违反纪律,这样的员工着实让班组长头疼:"管严了撂挑子,不管,其他员工怎么看？"

在一个班组里,如果出现这样的人,那对班组的管理来说是十分危险的。避免或降低这种危险的法宝就是作业标准化。

1. 定义

标准化是指以获得企业最佳生产经营秩序和经济效益为目标,对企业生产经营活动范围内的重复性事物和概念,以制定和实施企业标准,以及贯彻实施相关的国家、行业、地方标准等为主要内容的过程。

在钻探企业班组里,现场生产基本以固定的技术、安全及质量要求,按照规定的成本、工时进行作业。为确保工作无论谁来干都能达到同样的效果,需要进行标准化过程,将现行作业方法的每一操作程序和每一动作进行分解,以科学技术、规章制度和实践经验为依据,以安全、质量效益为目标,对作业过程进行改善,形成一种优化的作业程序,达到安全、准确、高效、省力的作业效果。

2. 目的和作用

标准化有四大目的,即技术储备、提高效率、防止再发、教育训练。

标准化的作用主要是把员工所积累的技术、经验,通过文件的方式来加以保存,使其不会因为人员的流动而流失。

3. 良好标准的制定要求

企业或多或少都有这样或那样的标准,仔细分析你会发现,许多标准存在操作性差、不明确等问题,例如,"起钻速度要求适中",什么是"适中"？不可操作。"要求小心地放置地震炸药",什么是"小心"？不可理解。

其实,一个好的标准应该执行起来容易,因此,良好标准的制定要满足以下五个要求：

（1）目标明确。标准必须是面对目标的,即遵循标准总是能保持生产出相同品质的产品或提供相同的服务质量。因此,尽量少用与目标无关的词语、内容。

（2）过程和结果清晰。例如,"使用规定的扭矩上紧钻铤螺纹"。这是一个结果,应该描述为"$6\frac{1}{4}$ in 钻铤上扣时使用 24.4 kN·m 的扭矩上紧螺纹"。又如,"焊接厚

度应是 3μm"是一个结果,应该描述为"焊接工用 3.0 A 的电流 20min 来获得 3.0μm 的厚度"。

（3）准确。要避免抽象,例如,"上紧螺栓时要小心"。什么是要小心？这样模糊的词语是不宜出现的。

（4）数量化的具体表达。每个读标准的人必须能以相同的结果理解标准。因此,标准中应该多使用图和数字。例如,使用"水化时间为 30min 的钻井液用聚丙烯酰胺"来代替"钻井液用聚丙烯酰胺"的表达。

（5）可操作。标准是员工执行的主要依据,因此,必须是可操作的。例如,"在钻井液中加入适量的降滤失剂",这一描述操作性不好。

（6）及时修订。在优秀的企业,工作是按标准进行的,因此标准必须是最新的。在生产因素改变、执行难或工作要求发生变化等情况下,应及时修订标准。

4. 标准化作业的主要内容

（1）作业流程标准化。根据不同岗位、工种的作业职责要求,从生产准备、正常作业到作业结束的全过程,定出先做什么,后做什么,使作业流程标准化。

（2）生产操作标准化。依据不同岗位、工种作业的步骤要求,从具体作业动作上规定作业人员怎么操作,使作业人员行为规范化。

（3）技术工艺标准化。根据不同作业涉及的原料、材料、燃料等不同的理化特性,制定不同的技术要求及相应的工艺作业标准。

（4）安全作业标准化。安全作业标准化涉及操作标准化、设备管理标准化、生产环境标准化、人的行为标准化、物的标准化以及合理生产环境条件等。

（5）设备维护标准化。随着时间的推移,设备发生磨损、老化等,需要不断维护保养,及时更换易损零部件,在标准中应有明确规定。

（6）机电设备标准化。机电设备均要建立安全防护标准,明确规定设备完好状态、安全防护设施要求,消除物的不安全因素。

（7）工具、吊具标准化。生产中使用的一切工具、吊具等,均应达到良好的标准状态。

（8）质量检验标准化。生产的产品或施工的结果均应有技术参数、尺寸、理化特性、质量标准以及检验方法等标准。

（9）文明生产标准化。对作业场所必须具备的照明、职业卫生、原材料、成品、半成品、工具、消防等一切与文明生产有关的内容,均应具体规定。

（10）场地管理标准化。根据生产和场地条件,对作业场所的通道、作业区划、护栏防护区域、物料堆放高度、宽度等,均应制定标准。

5. 制定标准化作业程序的注意事项

（1）根据岗位作业的内容，全面系统地考虑技术、设备、环境等作业条件，科学合理地编排作业顺序，即对一项工作要具体规定先做什么，后做什么。

（2）按作业内容和技术、设备、环境条件，规定操作动作及其应达到的标准，即要求怎么干、干到什么程度。

（3）规章制度、规程是制定标准化作业的基础，编制标准化作业程序是在规程简化、优化的基础上，规定出不准干什么、可以干什么、应该干什么。

（4）标准化作业程序的制定要在确保安全生产的前提下，贯彻统一、协调、精练、优化的原则，使操作者记得住、学得会、用得上、愿意干。

（二）目视化管理

1. 含义

目视化管理通过直观的文字、图表、标识与色彩等来控制和简化工作，是一种利用视觉来进行现场管理的科学方法。据统计，人的行动的 60% 是从视觉的感知开始。因此，这种管理手段也叫"看得见的管理""一目了然的管理"。目视化管理应用举例如下：

（1）用很显著的彩色线条或颜色标注不同区域或液位的最高点和最低点，让操作人员一看就明白。

（2）在通道拐弯处设置一个反光镜，以防止撞车。

（3）装一个绿灯表示通行，装一个红灯表示停止。

（4）将小布条挂在出风口，显示空调、风机是否在工作。

（5）在螺栓上做记号，以确定固定的相对位置、关键部位，如图 3-7 所示。

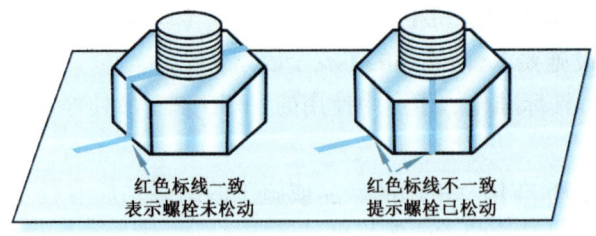

图 3-7　在螺栓上标记红色标线来提示螺帽的紧固情况

（6）用灯光照射，以引起注意。

（7）用顺序数字表明检查点和进行的步骤。

（8）用图式、相片作为操作的指导书。

(9)使用一些有阴影或凹槽的工具放置盘,使各类工具或备件的放置方法和位置都一目了然。

(10)在一个标准形式的布告牌上面写明重点注意事项,让员工正确地作业;也可以用图表的形式反映某些工作内容或进度的状况,便于工作人员了解整体工作的状态,随时确认自己跟进的位置。

2.作用

(1)迅速快捷地传递信息。通过对现场目视化管理的改善,把文件化、文字化、会议式、指挥式的管理变得更简明、易执行、可操作,使管理信息迅速快捷地传递。图3-8所示为钻井施工现场危险点源和逃生路线图。

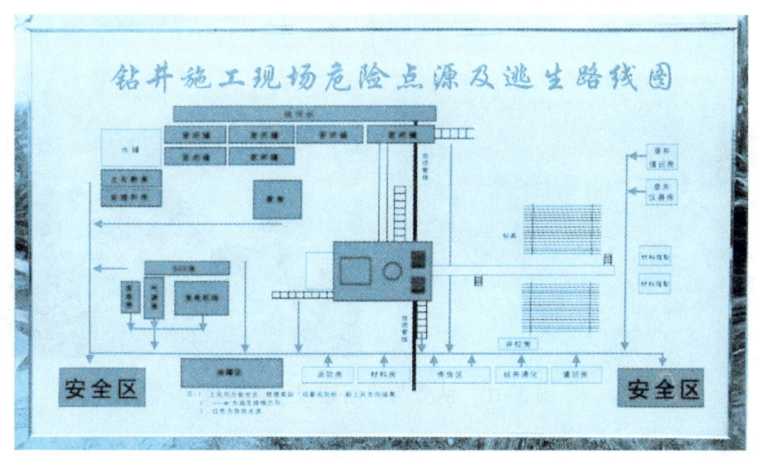

图3-8　钻井井场入口目视化管理提示牌

(2)让管理更简明、易执行。目视化的管理,通过定置划线,让物在其位;通过安全标志,让员工警惕危险;通过视板图解,让员工了解规程;通过小组视板,让员工自主管理;通过看板,让员工比较检查,达到鞭策激励的目的。图3-9所示为施工现场安全提示图板。

图3-9　施工现场管理与警示看板

（3）使潜在的问题和浪费现象显现化。目视化管理依据人们的生理特征与日常习性，充分利用标识牌、符号颜色等方式来发出视觉信号，形象直观地将潜在的问题和浪费现象都显现出来。员工一看就明白，清楚问题出在哪里。

（4）使管理更加透明、客观、公开。管理人员到现场，通过各种显示资料和视板，可以判断生产进程、物料流动状况以及设备状况。班组员工在现场，可以明白操作程序、维护保养程序、安全事项、环保要求，清楚兄弟班组与上下工序的状况，从而激励、调整自己的行为。

（5）促进企业文化的建立和形成。通过对合理化建议、工作亮点与优秀事迹的展示，以及使用公开讨论栏，关怀温情专栏，目标、远景宣传栏等方式，使班组员工形成一种非常强烈的凝聚力和向心力。图3-10所示为队务与班组建设管理看板。

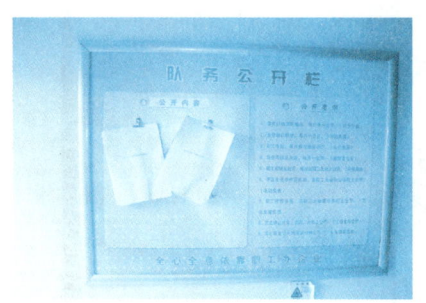

图3-10　队务与班组建设管理看板

3. 内容

（1）规章制度与工作标准的公开化。凡是与现场工人密切相关的规章制度、标准、定额等，都需要公之于众；与岗位工人直接有关的，应分别展示在岗位上，如岗位责任制、操作程序图、工艺卡片等。图3-11所示为队长讲解岗位责任制。

（2）生产任务与完成情况的图表化。凡是需要大家共同完成的任务都应公之于众。计划指标要定期层层分解，落实到班组和个人，并列表张贴；实际完成情况也要相应地按期公布，并用作图法，使大家看出各项计划指标完成中出现的问题和发展的趋势，以促使集体和个人都能按质、按量、按期地完成各自的任务。

图3-11　岗位责任制讲解

（3）与定置管理相结合，实现视觉显示资讯的标准化。采用清晰的、标准化的显示符号(包括标志线、标志牌和标志色)将各种区域、通道以及各种辅助工具(如料架、工具箱、工位器具、生活柜等)运用标准颜色划分出适当的放置场所,并确定物品的放置状态。

(4)生产作业控制手段的形象直观化与使用方便化。各生产环节和岗位之间联络时,可以设立方便实用的资讯传导信号,以尽量减少工时损失,提高生产的连续性。例如,在机器设备上安装红灯,一旦发生停机,即可发出信号,巡回检查时就会及时发现并组织修理;在各质量控制点建立质量控制图,清楚地显示质量波动情况,及时发现异常,及时处理;利用板报形式,将存在问题公之于众,提示作业人员,防止问题再度发生。

(5)物品的码放和运送的数量标准化。物品码放和运送实行标准化,可以充分发挥目视化管理的长处。各类工位器具,包括箱、盒、盘、小车等,均应按规定的标准数量盛装,这样,操作、搬运和检验人员点数时既方便又准确。

(6)现场人员着装的统一化、规范化与实行挂牌制度。现场人员的着装统一化、规范化不仅起劳动保护的作用,也可以体现职工队伍的优良素养,显示作业区域不同单位、工种和职务之间的区别,并使人产生归属感、荣誉感等。挂牌制度包括单位挂牌和个人佩戴标志。根据检查评比制度,将考评结果以形象、直观的方式挂牌,能够激励先进和鞭策后进。个人佩戴标志包括胸章、胸标、臂章、特殊作业许可标志等。

(7)色彩的标准化管理。目视化管理要求科学、合理、巧妙地运用色彩,并实现统一的标准化管理,各种安全色、图形、文字或符号的使用应符合 GB 2894—2008《安全标志及其使用导则》等有关标准的要求。

4. 基本要求

(1)要按生产的实际需要进行目视化管理,讲求实效,不搞花架子,少花钱、多办事,不搞形式的东西。

(2)视觉显示信号要做到简单、明了,一目了然,一看就懂,便于执行。

(3)各种视觉显示信号要清晰,应考虑夜间环境,位置适宜,现场人员都能看得见、看得清。

(4)现场所有人员都要严格执行、严格遵守、定期检查,违反了管理规定要严肃对待、严肃处置,加强目视化管理的权威性。

5. 方法

1)设备的目视化管理

设备的目视化管理以能够正确、高效率地实施清扫、点检、加油、紧固等日常保养工作为目的。

（1）在设备设施的明显部位标注名称或编号；用于照明、通风、报警等的电气按钮、开关都应标注名称与控制对象。

（2）对管道、阀门等分别用不同的颜色区别管理，清楚明了地显示出维护保养的部位。

（3）能清楚显示供给、运转是否正常。方法是在设备旁边设置连通玻璃管、小飘带、小风车等物体。

（4）在设备盖板的透明化上下工夫，特别是驱动部分，便于人们观察。

（5）标识出计量仪器的正常和异常范围、管理界限，如绿色表示正常范围，红色表示异常范围等。

（6）在设备上标注出应有的维护保养周期和运转速度。

2）工具的目视化管理

（1）用标记线或凹槽确定工具的摆放位置，不仅美观，更便于管理，易取易存，缺失一目了然，如图 3-12 所示。

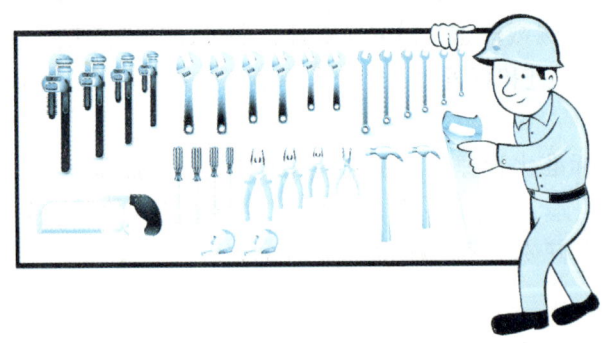

图 3-12　工具定置摆放，缺失损坏一目了然

（2）刷上或贴上颜色，辨别工具身份，用标签来区分工具检验是否合格。

（3）用台账或履历表来掌握工具的使用情况。

3）物料的目视化管理

在工作中，需要对消耗品、物料、在制品、产成品等进行目视化管理。对这些物品的放置，通常有以下四个地方：

（1）伸手可及之处。

（2）较近的架子、抽屉内。

（3）储物室、货架中。

（4）某个特定区域。

4）品质的目视化管理

（1）防止因"人的失误"出现质量问题。方法是合格品与不合格品要分开放置，用颜色加以区分。

（2）区分物品的检查状态时，从区域上分别设立待检区和已检区，将检查过的物品分区摆放。对于装箱物品，可以挂上合格证或书写检验员的工号。

（3）重要管理项点要一目了然，可以悬挂比较图，形象说明其区别和要点。

（4）能快速准确地进行判断。方法是采用上下限的样板判定方法，可以不用计算，快速测定，防止人为失误。

（5）张贴质量管理的宣传标语和质量谚语。

5）作业的目视化管理

（1）用生产动态板和外包工动态板、各类看板来标明实际进度与计划要求，核查是否一致。

（2）用作业指导书、误用警报灯来判定作业是否按要求在正确实施。

（3）用设备保养记录、设备负荷显示板标示设备负荷是否正常，状态如何。

（4）在异常早期发现上下工夫。方法是利用控制图、缺料预警、设备异常报警灯来反映。

6）安全的目视化管理

通过劳动保护用品、安全色、标签、标牌或符号等方式，明确人员的资质和身份，明确工具和设备设施的使用状态，提示生产作业区域的危险状态。

（1）在人员方面的安全目视化管理内容。

① 员工进入生产作业场所，应按照有关规定统一着装。

② 通过安全帽颜色和（或）标牌区分不同类型的人员。安全帽颜色要求如图3-13所示。

黄色
安全监督管理人员
佩戴黄色安全帽

红色
生产一线岗位操作人员
佩戴红色安全帽

白色
生产管理人员
佩戴白色安全帽

蓝色
承包商人员
佩戴蓝色安全帽

图3-13 安全帽颜色要求

③ 所有进入易燃易爆、有毒有害等生产作业区域的人员应遵守出入厂(场)安全要求,并佩戴入厂(场)证件(标牌)以便管理。入场证件如图 3-14 所示。

图 3-14　入场证件

④ 特种作业人员和危险作业相关人员(如监火人)应通过标签、标牌标明作业人员的资格。特殊作业资格标签如图 3-15 所示。

图 3-15　特殊作业资格标签

(2)在工具方面的安全目视化管理内容。

① 手持电动工具如电钻、电磨等入场时必须进行检查;长期工作使用,必须每季度进行一次检查。在显著位置张贴不同颜色且附有检查日期的标签(一季度

绿色；二季度白色；三季度黄色；四季度蓝色）。未粘贴标签,表明该工具检查不合格或未检查。手持电动工具检查状态标签如图3-16所示。

期限 EXPIRY DATE 31/3	期限 EXPIRY DATE 30/6	期限 EXPIRY DATE 30/9	期限 EXPIRY DATE 31/12
一季度使用 有效期至3月31日	二季度使用 有效期至6月30日	三季度使用 有效期至9月30日	四季度使用 有效期至12月31日

图3-16　手持电动工具检查状态标签

② 起重绳套应定期进行检查,检查合格后在铅封处刷绿色的油漆,检查不合格的在铅封处刷红色的油漆。

③ 压缩气瓶应采用标牌标明气瓶的状态(如满瓶、空瓶、使用中等)。

（3）在设备方面的安全目视化管理内容。

① 在主要设备明显部位标注设备名称、维护保养人、操作使用人、自重和尺寸。对因误操作可能造成严重危害的设备设施,应在其旁设置安全操作注意事项标牌。设备标识牌和安全注意事项提示牌示例见图3-17。

图3-17　设备标识牌与安全注意事项提示牌示例

② 使用状态提示牌提示设备当前状态。设备使用状态指示牌分为"禁止使用"和"正在维修"两种。设备使用状态指示牌示例见图3-18。

③ 标识出计量仪器的正常和异常范围、管理界限,如绿色表示正常范围,红色表示异常范围等,如图3-19所示。

④ 管线、阀门的着色应严格执行国家或行业的有关标准。同时,应在工艺管线上标明介质名称和流向。在控制阀门上悬挂含有设备位号(编号)等基本信息的标签。工艺管线安全目视化标记如图3-20所示。

图 3-18 设备使用状态提示牌示例

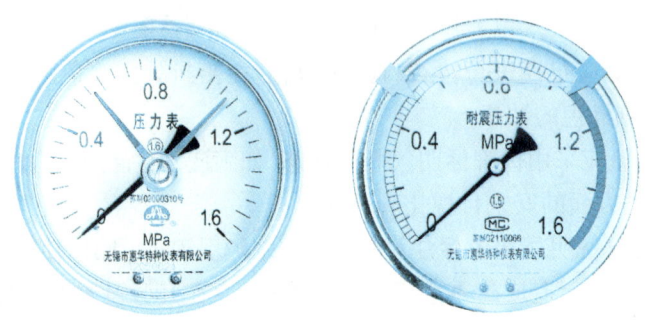

图 3-19 用颜色标记安全压力区域

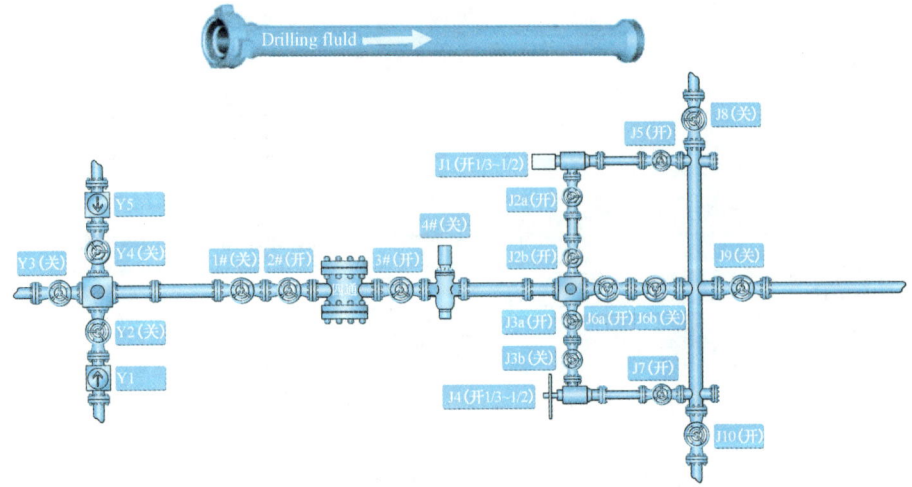

图 3-20 工艺管线安全目视化标记

⑤消防器材应根据需要放置在指定的位置,并做出标识(可在周围画线或以文字标识)。消防器材摆放、使用目视化管理示例如图 3-21 所示。

(4)在作业区域方面的安全目视化管理内容。

①让员工知道何处是安全禁区。井场大门安全提示看板如图 3-22 所示。现场危险区域提示如图 3-23 所示。

图 3-21　消防器材摆放、使用目视化管理示例

图 3-22　井场大门安全提示看板　　图 3-23　现场危险区域提示

② 让员工知道何处是易燃易爆物品区域、有毒有害区域、高压电区域等。钻井现场使用不同颜色指示牌指示硫化氢的危害程度示例如图 3-24 所示。

红色　　　　　　　　　　黄色　　　　　　　　　　绿色

图 3-24　钻井现场使用不同颜色提示牌警示硫化氢的危害程度

③ 制订应急响应和预案，在出现危机时知道如何正确应对。生产现场常见的安全逃生指示牌如图 3-25 所示。

④ 通过标志牌让员工进行正确辨认工作场所的安全风险及了解安全要求。生产作业现场常见的安全标识如图 3-26 所示。

⑤ 应根据施工作业现场的危险状况进行安全隔离，如图 3-27 所示。

图 3-25　生产现场常见的安全逃生指示牌

图 3-26　生产作业现场常见的安全标识

逃生滑道出口处　　　　　　　　钻井废液池

图 3-27　对相应区域进行安全隔离

（5）在物料方面的安全目视化管理内容。

盛装危险化学品的容器应分类摆放，并设置危险化学品安全技术说明书和安全标签，包括危险化学品名称、主要危害及安全注意事项等基本信息，如图 3-28 所示。

 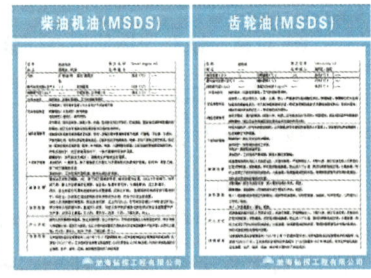

图 3-28　危险化学品分类摆放与信息标注

（三）看板管理

看板是班组管理的重要工具之一，起源于丰田生产方式，其主要内容是管理信息的即时化，被班组广泛采用。

1. 定义

看板管理是一种把希望管理的项目，通过标语、现况板、图表、电子屏等各类管理看板显示出来，以便任何人都可以及时掌握管理现状和必要的动态信息，使管理状况众人皆知的管理方法。管理看板是管理可视化的一种表现形式，是发现问题、解决问题的非常有效且直观的手段。

2. 作用

（1）将班组生产信息即时公示出来，实现一对多的沟通，统一认识，使信息传递既准确又迅速。

（2）将管理的要求和意图公示，起到时时提醒、时时强化的作用，形成一种自我约束力。

（3）将班组成员的绩效情况公示出来，营造相互促进、相互竞赛的"比学赶帮超"氛围，起到激励先进促进后进的作用。

（4）看板可以帮助班组成员更快地熟悉业务，明确操作要求，并可将班组成员的操作心得、经验、案例等透明化，起到学习、交流的作用。

（5）展示班组管理改善成绩、荣誉以及文化理念，形成良好的班组氛围。

（6）提示作业人员根据看板信息进行作业，使生产现场作业有条不紊地进行，保证班组生产现场作业秩序，提升班组的形象。

3. 核心内容

（1）班组名片：将班组的基本情况、组织结构图、班组文化等展示出来，此部分为固定模块，所占比例不超过10%。

（2）上传下达：通知、文件等及时传达。

（3）目标及绩效管理：每月绩效目标、绩效完成情况、绩效改善分析等。

（4）班组人员激励情况：班组之星评选、奖励公示等。

（5）班组学习模块：安全目标、安全格言、安全案例分析、风险预控、安全提示。

（6）班组文化模块：班组文化故事、班组活动掠影、班组人文关怀、沟通天地、生日祝福等。

4. 看板制作要求

（1）设计合理，容易维护。版面、栏面采用线条或图文分割，大方而又条理清晰；主次分明，重点突出；用透明胶套或固定框定位，更换方便；用计算机设计，更新容易。

（2）动态管理，一目了然。信息更换要及时；信息是员工所关心的；动态信息应以目标计划进度为主；用定量化的数据、图形，形象地说明问题。

（3）内容丰富，引人注目。体现全员参与；采用卡通、漫画形式，使版面活泼生动；多种看板结合，有利于体现内容的丰富。

四、5S 管理法

做一件事情，有时非常顺利，然而有时却非常棘手，这就需要 5S 来帮助我们分析、判断、处理所存在的各种问题。

（一）含义

5S 是指整理（Seiri）、整顿（Seiton）、清扫（Seiso）、清洁（Seiketsu）、素养（Shitsuke）五个项目，如图 3-29 所示。5S 是指在生产现场对人员、机器、材料、方法等生产要素开展以整理、整顿、清扫、清洁、素养为内容的管理活动。

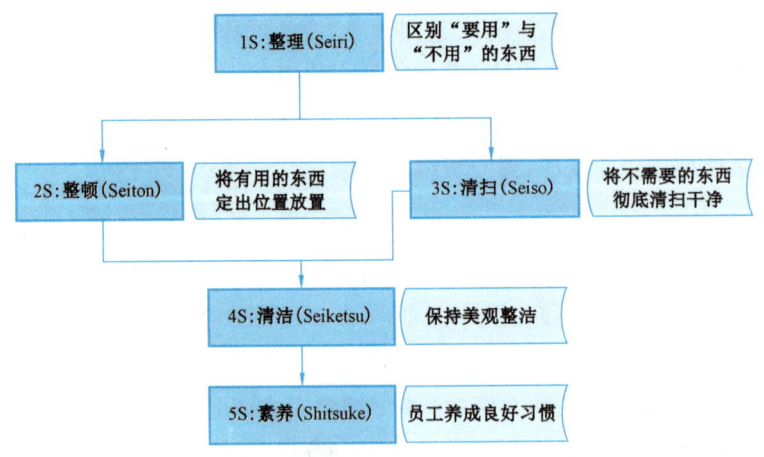

图 3-29　5S 管理基本内容之间的关系

（二）目的及作用

5S 管理是现场管理中重要的一部分。5S 管理是提高效率、保证质量的一种催化剂。

1. 目的

（1）员工作业出错机会减少,产品不良率下降,工作品质上升。

（2）进一步提高班组员工士气。

（3）避免不必要的等待和查找,提高工作效率。

（4）资源得以合理配置和使用,减少浪费。

（5）整洁的作业环境给领导留下深刻印象,提高班组整体形象。

（6）通道畅通无阻,各种标识清楚显眼,人身安全有保障。

（7）为其他管理活动的顺利开展打下良好基础。

2. 作用

（1）提供一个舒适的工作环境。

（2）提供一个安全的作业场所。

（3）塑造一个班组的优良形象,提高员工工作热情和敬业精神,形成良好企业文化。

（4）稳定和提高产品的质量水平。

（5）提高工作效率,降低消耗。

（6）增加设备的使用寿命,减少维修费用。

（三）内容与实施

1. 整理

1）内容

区别工作现场范围内"要"与"不要"的东西,只保留有用的东西,撤除不需要的东西。

2）目的

清除零乱根源,腾出"空间",防止材料的误用、误送,创造一个清晰的工作场所。

3）注意点

要有决心,不必要的物品应断然地加以处置。

4）实施要领

（1）对工作场所(范围)全面检查,包括看得到和看不到的。

（2）制定"要"和"不要"的判别标准,如表3-5所示。

（3）将不要物品清除出工作场所,如表3-6所示。

表 3-5　物品分类基准样例

类别		基准分类
需要的物品		（1）在用的机器设备、电气装置； （2）操作台、办公桌、材料架、板凳； （3）使用的工具、模具、夹具等； （4）原材料、半成品、成品等； （5）托盘/板、周转箱、防尘用具、劳保及急救用品等； （6）办公用品、文具等； （7）使用中的看板、宣传板、标语等； （8）各种清洁工具、用品等； （9）文件和资料、图样、报表、记录、档案等； （10）作业指导书、作业计划书、检验用的样品等
不需要的物品	地板上	（1）杂物、灰尘、纸屑、油污等； （2）不再使用的工具、模具、夹具等； （3）不再使用的办公用品； （4）破烂的垃圾筒、周转箱、纸箱等； （5）废弃物料等
	工作台	（1）过时的报表、资料； （2）损坏的工具、样品等； （3）多余的材料等； （4）私人用品
	墙上	（1）蜘蛛网； （2）老旧无用的标准书、指导书、计划书； （3）老旧的宣传图片、标语、月历
	空中	（1）不再使用的各种挂具； （2）无用的各种管线； （3）无效的标牌、指示牌等
	作业场所	废品、废料、纸屑、杂草、不用的工装、破布、废手套、废棉纱、生锈材料、废弃钻井液、不用的工具设备等

注：具体情况根据班组实际决定，制定标准、设计表格，再进行处理。

表 3-6　物品处置原则样例

标准	使用频率	处理方法
不用	一年或一年以上不使用	废弃
低	半年中，使用过一次	保存在较远的地方
中	每月，固定使用次数	作业现场集中摆放
高	每周，使用 每天，使用 每小时，使用	放在工位附近或随身携带

（4）对需要的物品调查使用频度，决定日常用量及放置位置。

（5）制订废弃物处理方法。

（6）每日自我检查。

2. 整顿

1）内容

对整理之后留在现场的有用物品按规定位置分门别类放置，排列整齐，并做好标识。

2）目的

物品定置存放，工作场所一目了然，工作环境整整齐齐，减少找寻物品的时间，实现随时方便取用。图3-30所示为现场材料房物品定置存放。

3）注意点

定位之后，要明确标示，用完之后，要物归原位，这是提高效率的基础。

图3-30　现场材料房物品定置存放

4）实施要领

（1）经前一步骤"整理"所留下的有用物品要定位存放。

（2）依使用频率与工作流程，按照易取用的原则，来决定放置场所和位置。

（3）物品100%按规定位置放置，保管要定点、定容（容器）、定量，明确方法，限定堆高高度。

（4）采用目视化管理，用标志漆颜色或胶带（根据行业习惯统一标准）明确物品的标示和放置场所的标示，划线定位，划分通道与作业区域。

（5）作业区域附近只能放真正需要的物品，禁止堵塞通道。

（6）看板要置于醒目的地方且不妨碍现场的视线。

（7）危险物、有机物、溶剂应放在特定的地方。

（8）临时将物品放于定置区域时，可悬挂"暂放"牌，并注明理由、时间。

3. 清扫

1）内容

将工作场所清扫干净，将不需要的东西清除掉，使工作场所保持在无垃圾、无灰尘、无脏污、干净整洁的状态，并防止污染的发生，最终实现企业生产零故障和零损耗。

2）目的

使员工保持良好的工作情绪,消除脏污,保持现场干净、明亮,提高设备的性能,并保证产品与工作的品质,防止环境污染,减少工业伤害。

3）注意点

工作要落实到人,确保清扫工作责任化、制度化。

4）实施要领

(1)建立清扫责任区(室内外),明确责任人。

(2)每个员工在岗位及责任范围内(包括一切物品与机械设备)对工作场所进行彻底清扫,清理脏污。

(3)对清扫过程中发生的问题及时进行整修。

(4)查明污垢的发生源,予以杜绝或隔离;

(5)制定清扫标准,明确清扫对象、方法、重点、周期、使用工具及达到的要求等,形成规范。

4. 清洁

1）内容

维持整理、整顿、清扫后的局面,将做法制度化、规范化,并贯彻执行及维持结果,使工作人员觉得整洁、卫生。图3-31、图3-32所示为现场作业人员工作时及时清洁作业现场。

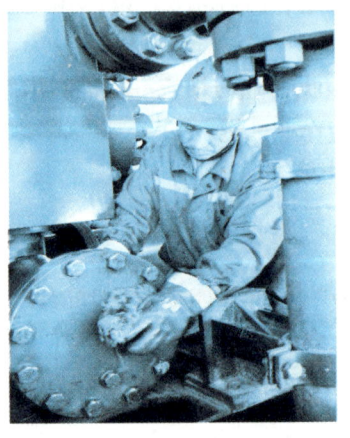 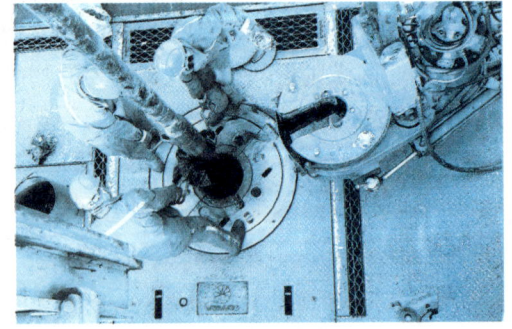

图3-31　作业时及时擦拭设备　　　图3-32　钻井工作业时养成清洁的习惯

2）目的

养成持久有效的清洁习惯,维持和巩固整理、整顿、清扫的成果。

3）注意点

通过制度化来维持成果,并坚持定期检查。

4）实施要领

（1）整理、整顿、清扫是"行为动作",清洁则是"结果",要落实整理、整顿、清扫工作。

（2）设定责任者,加强管理,制订考评方法。

（3）制定奖惩制度,加强执行。

（4）班组长随时巡查纠正,巩固成果。

5．素养

1）内容

通过进行上述活动与教育训练,让每个员工都自觉遵守各项规章制度,养成良好的工作习惯。

2）目的

提高人的品质,即素养。培养按章操作、依规行事、遵守规则、具有良好习惯的员工。

3）注意点

长期坚持,持之以恒,才能养成良好的习惯。

4）实施要领

（1）持续推动前 4S 至习惯化。

（2）制定共同遵守的有关规则、规定及礼仪守则。

（3）教育训练(新进人员强化 5S 教育、实践)。

（4）立刻改善问题点。

（5）推动方针、目标的实施。

（6）推动各种精神提升活动(作业前早会、作业后总结会、礼貌运动等)。

（7）鼓励、奖励有效的提议。

（四）基本步骤

第一步：宣传动员。班组在推行前,必须认真宣传 5S 的具体内容要求和推广的意义,让班组成员认识 5S,了解 5S 的作用意义。

第二步：设计 5S 实施计划。编制与设计以班组长为主要负责人的 5S 日常活动推行计划,明确责任人、责任划分,制定物品区分方法、相关规定(5S 时间等)、5S 活动考评与奖惩办法等制度,并设计相关表单。

第三步：5S业务培训。对班组成员进行全员培训，让大家熟悉 5S 管理的方法和技巧，学会制作和使用某些工具，并从深层次上了解 5S 对班组发展的意义，使员工有主动参与的热情和积极性。

第四步：实施 5S 管理活动。班组长带领班组成员按照 5S 活动实施规划与工作标准，在进行充分作业准备的基础上逐步开展 5S 管理活动。

第五步：检查监督 5S 活动。制定检查表并不定期、不定时组织巡查现场，发现缺失、形成记录，提出"5S 问题点改善一览表"，以推动活动深入开展。

同时，按照考评办法，将审核结果与绩效考核有效地结合在一起。

第六步：持续改善，挑战新目标。班组在成功地巩固 5S 的成效后，将会呈现出整洁、清爽、有序的新面貌。此时，班组长不能懈怠和停留，要成为继续推行 5S 的纽带，带领班组成员按照检查与审核结果进行不断纠正与完善标准、制度，持之以恒地开展 5S 活动，培育全员参与和持续改善的班组文化，实现不断提高。

（五）注意事项

（1）须做到事无巨细，长期改善推进，不可松懈。

（2）5S 考核必须按标准、制度执行，依靠法治，减少人治。以批评教育整治为主，以处罚为辅助，适当引入人性化管理原则。

（3）5S 管理必须加强组织领导，发挥全员参与的作用，以点带面，各负其责。

（4）5S 管理不可有漏洞和死角。

（5）5S 管理中出现不达标项目，不可以责骂员工的方式来解决，要加强宣传教育，让其明白 5S 管理的重要性和必要性，这样可以起到事半功倍的效果。

五、8D 工作法

（一）简介

8D 工作法是一种问题分析与解决的管理方法，又称团队导向问题解决方法、8D 问题求解法；8D 的意思是 8 个解决问题的固定步骤，每个步骤紧密相接；该方法是以团队运作为导向，以事实为基础，深究问题根本原因、解决问题的系统化程序，可使问题的解决能更具条理。

（二）适用范围

8D 工作法是当问题原因不明时用于解决问题的一种科学有效的方法。

（1）8D 工作法适用于解决各类可能遇到的简单或复杂的问题，这些问题包括：不合格的产品问题、顾客投诉问题、反复频发问题、需要团队作业的问题等。

（2）8D工作法适用于团队小组共享信息后，针对原因协作解决问题，一起努力达成目标，而不是某一岗位人员单独处理问题。

（3）8D工作法的实施应由班组的上层领导推动并对小组充分授权，保证小组成员有足够的时间从事活动。

（4）8D工作法本身不提供成功解决某一问题的具体方法或途径，但它是解决问题的一个很有用的方法。

（三）步骤

8D工作法主要包括八个步骤，但在实际应用中却有九个步骤，具体步骤见表3-7。

表3-7　8D工作法的具体步骤

步骤	名称	方法与措施
D0	征兆紧急反应措施	这一步是针对问题发生时候的紧急反应，主要是为了判断问题是否需要用8D工作法来解决，如果问题太小或不适合用8D工作法来解决，则不需要下面的步骤
D1	小组成立	确认需要使用8D法处理问题时，则在不合格发生时或问题产生后，组建一个小组。小组成员应具备充足的时间、权限、解决问题的能力和相关技术素质。小组应有一个被指定的负责人
D2	问题说明	小组成立以后，首先要用量化的术语详细说明，将问题尽可能清楚地表达，如地点、时间、程度、频率等，也就是要说明"什么东西出了什么问题"
D3	实施并验证临时措施	当面对的问题有可能在很短的时间内不能得到彻底解决，就必须要先对要处理的问题采取一个临时的应对措施，保证生产过程继续运行
D4	确定并验证根本原因	在临时措施制订的同时，小组需要分工合作，使用相关的统计分析工具找出产生不符合或者是绩效不达标的问题产生的根本原因。这个过程需要很多的实验和数据支持，来保证我们找到的原因是真正的原因
D5	选择并验证永久纠正措施	找到问题产生的真正原因后，需要对这些原因整理分类，并针对主要的原因制订相应的纠正预防措施，在制订纠正预防措施的时候必须要责任到人，并要明确完成期限。由专门的人员对这些纠正预防措施进行跟进，检查执行状况和对策效果
D6	实施永久纠正措施	制订一个实施永久措施的计划，实施D5步骤确定的永久性纠正措施，以确保根本原因消除，并确定跟踪期限，以验证其有效性
D7	预防再发生	修改现有的管理系统、操作系统、工作惯例、设计与规程，防止这一问题与所有类似问题重复发生。这个步骤可以采取如人员教育训练、改善案例分享、作业标准化、分享知识和经验等方式确保问题不会再次发生
D8	小组祝贺	若上述步骤完成后问题已改善，可通过座谈会等形式由领导对小组的集体努力和工作成果给予肯定，必要时进行表彰，实施一定的物质和精神奖励，提高其工作积极性，以鼓励小组做出新的贡献

(四)提交 8D 报告的时机

(1)在现场审核中发现不合格项或缺陷时,对于严重不良、主要不良及重复发生的次要不良应提交 8D 报告。

(2)出厂前的检验中发现严重不良、主要不良及重复发生的次要不良时,应提交 8D 报告。

(3)提交用户后,发现有重复发生的产品缺陷时,应提交 8D 报告。

(4)当性能、可靠性测试过程中发现产品缺陷时,应提交 8D 报告。

(5)当生产过程中在同一生产现场连续发现三个位置相同不良或三个原因相同不良现象时,应提交 8D 报告。

(6)对需要长期纠正措施来解决的缺陷采取行动时,应提交 8D 报告。

(7)被相关程序文件明确要求提交 8D 报告时,应提交 8D 报告。

六、5W2H 分析法

作为班组长,在对班组成员分配工作、制订计划、出台解决方案时,您有没有过这样的体验:自己觉得已经想得非常周到了,可事后才发现遗漏了很多关键环节,有时候工作不得不重新开始或反复强调。下面的案例讲的就是一个队长在日常工作中遇到的尴尬与困惑。

[案例 3-3]

拍大腿的队长

小王是某钻井队队长,工作标准较高。由于这几天连绵下雨,井场泥泞不堪,值班房地面也都是泥。接班后,小王告诉队里的场地工小杨:"记得把值班房卫生搞一下"。小杨领命而去。中午时,小王发现值班房地面还是老样子,地上的泥不但没有清理,椅子上和桌面也都蹭上了泥和机油,他生气地问小杨:"为啥没有打扫?"小杨解释道:"你也没告诉我啥时候完成,我以为在下班前打扫完就行呢。"小王一拍大腿说:"这还真怨我呀,行,吃完中午饭赶快打扫啊!"结果,交接班时小王一进值班房,就看到值班干部拉着脸指着桌面的油污说:"卫生太差了。"小杨委屈地说:"我按照队长的要求在下午1:00前就搞完了呀,你看地面我清理得多干净呀!"此时,小王一拍大腿说:"我忘了告诉你还得把桌面收拾干净!"

队长小王交给队里员工一个工作,没有清晰地告知完成的时间和内容,以至于安排的工作不但没有及时完成,还受到领导的批评,面对这样的问题,我们可以用 5W2H 分析法来解决。

（一）含义

5W2H 分析法是于二次世界大战时，由美国陆军兵器修理部首创。发明者用五个以 W 开头的英语单词和两个以 H 开头的英语单词进行设问，发现解决问题的线索，寻找发明与改善思路，进行设计构思，从而搞出新的发明项目和解决问题。该方法具有简单、方便、易于理解、实用、富有启发意义的特点，因而被广泛用于企业管理和技术活动，同时也适用于班组生产管理活动。

（二）内容

5W2H 分析法是一个提问并发现问题的过程，如图 3-33 所示。

图 3-33　5W2H 分析法示意图

具体来说，5W2H 分析法的基本内容如下：

（1）Why——何故？为什么要这么做？理由何在？原因是什么？

（2）What——何事？目的是什么？做什么工作？

（3）Who——何人？由谁来承担？谁来完成？谁负责？

（4）When——何时？什么时间完成？什么时机最适宜？

（5）Where——何处？在哪里做？从哪里入手？

（6）How——何去？怎么做？如何提高效率？如何实施？方法怎样？

（7）How much——几何？多少？做到什么程度？数量如何？质量水平如何？费用产出如何？

因此，5W2H分析法又叫七何分析法。

（三）优势

众所周知，提出一个好的问题，就意味着问题解决了一半。5W2H分析法就可以让我们掌握系统的提问技巧，以协助我们发现问题的真正根源所在，并设计出改善问题的方法与途径。5W2H分析法的具体优势包括以下几点：

（1）能够清晰、准确地表述问题，提高工作效率。

（2）把事件打回原形思考，较为全面地了解事物的本质，有效掌控工作的主要流程与关键环节。

（3）有助于安排工作、策划与设计产品时的思路条理、清晰，杜绝盲目性。有助于全面思考问题，从而避免在流程设计中遗漏关键点。

（4）方法应用范围广，无论是工作安排、班组管理，还是新产品开发，都可用5W2H分析法来思考。

（四）现场管理中的应用

第一步：检查现有工作。

（1）何故（Why）？

为什么现场有跑、冒、滴、漏、缺、损、松、堵、缠、脏现象？为什么采用这个技术参数？为什么采用这种形式、这个形状？为什么噪声大？为什么停用？为什么不采用机器代替人力？为什么要经过这么多环节？为什么通道不畅？为什么成本高？为什么非做不可？

（2）何事（What）？

此项工作的任务是什么？目的是什么？重点是什么？条件是什么？哪一部分工作要做？与什么有关系？做好的标准是什么？工作对象是什么？这个装置、现状、功能、目的或作用是否必要？

（3）何人（Who）？

为什么由他去做？换个人是不是更合适？现在的人数是多了还是少了？有无闲人？现有人员的能力与其承担的工作是否相称？谁是受益者？谁被忽略了？谁是决策人？

(4)何时(When)?

何时开始?何时完成?何时容易疲劳?何时效益最高?什么时间是做这项工作的最佳时间?必须在那个时间做吗?何时完成最为适宜?需要多长时间才算合理?

(5)何处(Where)?

在哪儿做这项工作?是室外吗?需要高空作业吗?是受限空间吗?必须在那儿做吗?在什么地方最合适?

(6)何去(How)?

如何做这项工作?工作流程是什么?这是最好的方法吗?还有其他方法吗?怎样做省力?怎样做最快?怎样做效率最高?怎样才能使产品更加美观大方?怎样使产品用起来方便?有无其他更合适的方法?

(7)几何(How much)?

任务指标达到多少?质量目标是什么?能源消耗是多少?成本是多少?效率多高?尺寸是多少?重量是多少?这些数据与标准相比是高了还是低了?现在的成本是多少?改善后将消耗多少成本?

这一步如图3-34所示,并可以用表3-8样式的表格形式进行记录,以便准确、清晰地分析问题的来龙去脉。

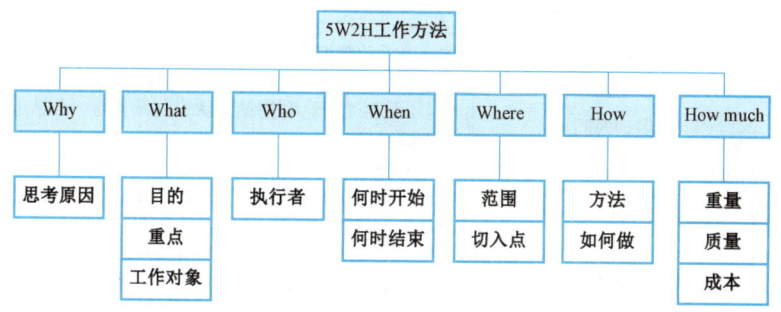

图3-34　5W2H法应用示意

表3-8　5W2H工具表

序号	现状及问题（Why）	工作项目（What）	主负责人/协办人（Who）	完成时间（When）	工作地点（Where）	实施方法/措施（How）	预期目标（How much）
1							

第二步：找出主要优缺点。

如果现行的做法或产品经过以上七个问题的审核已无懈可击，便可认为这一做法或产品可取。如果七个问题中有一个答复不能令人满意，则表示在这个方面还有改进与提高余地。如果哪方面的答复有独创的优点，则可以扩大这方面工作或产品的作用。

第三步：决定改进工作或设计新产品。

克服原有工作环节上的不足或产品的缺点，保持和发扬工作中的优势或扩大原产品独特优点的效用。

其实，做任何工作都应该用 5W2H 分析法来思考。5W2H 分析法的原则都可以帮我们梳理出一个清晰的思路，使我们在最短的时间内将计划和方案做得更周到细致，有助于弥补考虑问题的疏漏。表 3-9、表 3-10 为工作中应用 5W2H 分析法的案例。

表 3-9　案例一：钻井地质录井小队员工培训计划

步骤	问题	回答内容	备注
Why	为何培训？	新型综合录井仪器装备时间短，仪器操作不熟练，总出问题	
What	培训什么？培训哪些内容？	综合录井仪使用要点与常见故障处理，以及仪器使用规程	
Where	培训地点	综合录井仪仪器房	
When	培训时间	6月1日至15日，利用钻井队安装设备与一开钻进等有效时间段	
Who	哪些人该培训？谁来培训？	培训对象为录井仪器操作员，培训师以本队仪器技术员为主，辅以聘请公司仪修站高级工程师	
How	如何进行？如何检验成果？	集中演示＋实操，培训结束后一对一进行操作考核	
How much	花费多少？	聘请专家费用约 2000 元	

表 3-10　案例二：钻井班组更换钻井泵活塞缸套

步骤	问题	回答内容	备注
Why	为何要更换？	根据下部取心钻进工艺要求，需要大排量循环	
What	更换什么？	将现有的 140mm 缸套更换成 170mm 缸套，同时检查阀座与阀体，如有损坏一并更换	

续表

步骤	问题	回答内容	备注
Where	更换哪些部位?	一号泵	
When	什么时间开始更换,何时完成?	接班起钻期间全部拆卸与检查完毕,午饭后下钻到底前安装完毕	
Who	哪些人去更换?谁来验收?	副司钻带领场地工与钻井液工三人,请大班司钻进行安装质量验收	
How	如何领取?如何更换?如何检验安装质量?	副司钻接班后到库房领取三个 $\phi 170mm$ 缸套与配套活塞,领取时目测检验物品质量,同时安排场地工取液压拔缸器;更换时,在大班司钻的帮助下,采取边拆卸边安装的步骤进行;安装结束后打开阀箱检查部件,根据情况进行更换;全部安装完成后空负荷试运转检查安装质量	
How much	使用多少材料与工具?工作量有多大?	领取与更换三套活塞总成与缸套,领用拔缸器、套筒扳手、推车等工具,并有可能更换2~3套阀总成	

可以看出,作为一种工作思维或者说是一种做事情的方法,5W2H 分析法是使做事条理化的最佳工具,我们可以尝试在班组管理与技术创新的工作实际中加以灵活运用。

[案例 3-4]

典型发言

小王已经担任某钻井队队长一年多了。随着时间的推移,小王的工作热情不减,并且,他在工作实践中摸索和学习到了很多方法,工作能力有了很大提高。2015 年年底,小王带领的班组还被评为公司标杆班组。表彰大会上,小王作为标杆班组长代表进行了典型发言。在发言中,他说:"虽然我是一个较真的人,并且事事追求完美,但刚当司钻时,也常常因为对工作安排考虑不周而后悔,班组成员埋怨我,领导也没少批评我。后来,我就将所有的工作都提前使用列表的形式进行自我提问和梳理策划,问一问为什么、什么时间开始、什么时间结束、在什么地点操作、达到什么标准、用什么工具和材料、需要多少人来完成,等等。问多了,心里的思路就清晰了。这样做是要浪费点时间,但效果是惊人的!毛主席曾说过世界上怕就怕'认真'二字,确实,如果是'大概、差不多',是绝对不能出成绩的。"

案例中，班组长小王不经意间使用了5W2H分析法来改善班组管理生产组织的效果，使得他带领的班组各项工作都井井有条，取得较好的工作业绩。

七、三直三现管理法

在生产现场，每天都可能会发生大大小小的问题。此时，班组长最好尽快到现场进行处置，这种做法就是"三直三现"主义。

（一）含义

三直三现法即直接到现场、直接接触现物（实物）、直接了解现象（现实情况），如图3-35所示。意思是说当生产现场出现问题时，班组长应具有"马上赶到现场，马上检查出现问题的产品/机器设备，马上观察分析出现的不良现象"的工

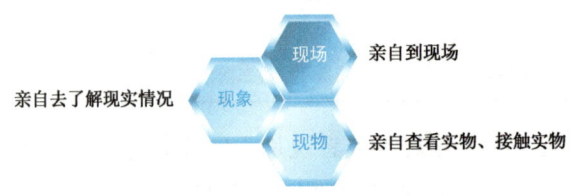

图3-35　三直三现主义图示

作作风，准确把握问题现状，查明真相，从而制订最有效的对策。

（二）作用

（1）第一时间进入问题的中心，找出问题就变得容易。

（2）短时间找到症结，并实施策略、解决故障。

（3）如果发生的问题不能解决，可以让厂家寻找根源、准备备品，为维修提供最直接的便利。

（4）节省了时间，缩短维修周期。

（三）实施步骤

（1）当问题（异常）发生时，要立即亲自去现场。

（2）检查现物（有关的对象）。

（3）当场采取暂行处置措施。

（4）发掘真正原因并将之排除。

（5）落实到体系，建立标准化的操作流程。

[案例 3-5]

一次生动的"三直三现"教育

某钻井技术服务公司生产管理部门发出通知:因进口固井车零件出现短缺,停工等料,请物资管理部门务必在7个工作日之内从美国购回(空运)此零件。公司某领导看到通知后,对在生产大忙季节对关键生产设备的7天等停心有不甘(损失太大),电话通知生产管理运行部主任和物资管理部门经理一起来到生产现场,他们一起查看了造成等停的零件。不看不知道,一看吓一跳,原来短缺的零件是一块磕碰变形的脚踏板,并不是什么复杂零件。根据大家的直觉,这样一个零件在本地应该可以加工。领导当场指示,物资管理部门必须设法以最快的速度找本地加工企业帮忙做出来。处理的结果令人满意,第二天上午便恢复了生产。

事实说明,有些基层管理者在遇到问题的时候,并没有遵循三直三现原则。因此,各级管理者一定要到现场去,了解现物和现实,真正有效地解决现场问题。

八、统计分析方法

在现代企业管理模式下,生产管理与质量控制均讲究科学性,一切凭数据说话。为此,班组长应该选择适用的统计分析工具并加以运用。

在班组管理活动中,常使用七种统计工具,见表3-11。这七种统计分析工具强调用数据说话,不仅科学,而且实用。由于直方图法、散布图法与控制图法在钻探企业班组中应用较少,下面不做重点介绍。

表3-11 质量管理七种统计工具

名称	作用
分层法	从不同角度、不同层面发现问题
排列图法	确定主要因素
因果分析图法	寻找引发结果的原因
调查表法	收集、整理资料
直方图法	展示过程的分布情况
散布图法	展示变数之间的线性关系
控制图法	识别波动的来源

(一)分层法

1. 概念与作用

分层法也叫分类法、层别法,是一种把记录的原始质量数据按照一定标志加以分类整理,以便分析质量问题及其影响因素的方法。

在实际生产中,影响质量变动的因素很多,如果不把这些因素区别开来,难以得出变化的规律。其办法就是将性质相同的、在同一条件下收集的数据归纳在一起,这样,可使数据反映的事实更明显、更突出,便于找出问题,对症下药。

通过分层法,可以将杂乱无章的数据归为有意义的类别,达到一目了然的目的,这种科学的统计方法可以弥补靠经验、靠直觉判定管理的不足。

2. 分类方式

(1)按不同时间分:如按不同班次、不同日期进行分类。

(2)按操作人员分:如按年龄、工龄、教育程度、性别、熟练度和岗位等分类。

(3)按使用设备分:如按机型、位置、新旧及工具、量具等进行分类。

(4)按作业条件分:如按不同的压力、温度、湿度、速度、环境、作业方法进行分类。

(5)按原材料分:如按不同的供料单位、不同的进料时间、产地、材料成分、等级等进行分类。

(6)按检测手段分:如按不同的测定者、检查员、检查方法、测量仪器等进行分类。

(7)按不良与错误状况分:如按不良项目、错误项目、发生地点或工况进行分类。

3. 应用程序

(1)确定研究的主题、分层的类别和调查的对象。

(2)设计收集数据的表格。

(3)收集和记录数据。

(4)整理资料并绘制相应分层图表。

(5)比较分析并确定最终的推论。

4. 应用示例

某钻井队在最近的起下钻作业过程中,经常发现有钻具粘扣的现象。通过现场调查发现,钻具上扣时操作人员不同(甲、乙、丙、丁四个内钳工按各自不同技术水平操作）；使用的螺纹脂厂家不同（由 A、B 两家供货商提供）。于是井队长收集数据作分层法分析（表 3–12、表 3–13）。

表 3–12　钻具粘扣调查表（按人员分类）

操作人员	粘扣次数	不粘扣次数	发生率
甲	6	13	0.32
乙	3	16	0.25
丙	10	9	0.53
丁	2	17	0.11

表 3–13　钻具粘扣调查表（按材料厂商分类）

供应螺纹脂厂	粘扣次数	不粘扣次数	发生率
A	2	15	0.12
B	10	10	0.50

结论：建议使用 A 供应厂商生产的螺纹脂，操作人员丁的操作技术水平较高，应组织其他人员学习。

（二）排列图法

1. 概念

对于一项特定的质量问题来说，虽然同时作用于它的因素很多，但起主要作用的仅是其中少数几项，即符合"关键的少数与次要的多数"这一规律。如果我们分因素统计它们发生的频数并按其发生的频数多少顺序排列，以直方块的形式画出来，即构成了所谓排列图。

排列图又称为柏拉图或主次因素法，是找出影响产品质量主要因素的图表工具。其形式用双直角坐标图表示。在排列图中，左边纵坐标表示频数（如件数、金额等），右边纵坐标表示频率（如百分比）。分折线表示累计频率，横坐标表示影响质量的各项因素，按影响程度的大小（即出现频数多少）从左向右排列。直方图形的高度表示某个因素影响程度的大小，曲线表示各影响因素的累计百分比，这条曲线就叫柏拉图曲线。通常把累计百分比分为三类：0～80% 为 A 类问题，是主要因素；80%～90% 为 B 类问题，是次要因素；90%～100% 为 C 类问题，是一般因素。具体应用实例见表 3–14 与图 3–36。

表 3-14 某油层套管扶正器产品的抽样检查结果统计表

原因	废品数	总计废品数	百分比（%）	累计百分比（%）
环内径不合格	182	182	72.8	72.8
材料回火后硬度值偏低	34	216	13.6	86.4
条孔与方孔尺寸不合格	15	231	6.0	92.4
铰链弯折不对称	13	244	5.2	97.6
其他	6	250	2.4	100
合计	250	—	100	—

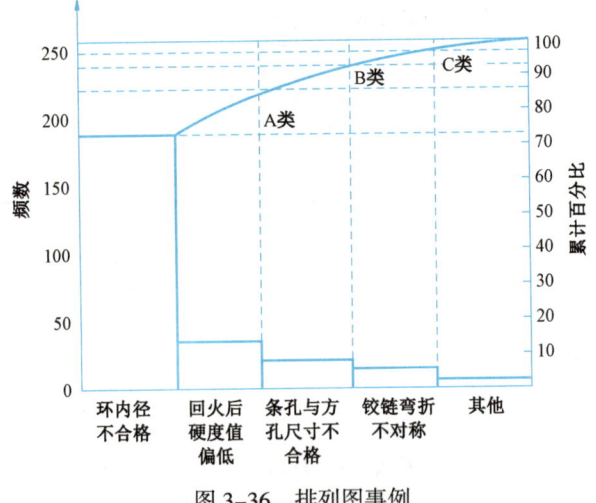

图 3-36 排列图事例

2. 制作步骤

（1）确定分析的对象：排列图一般用来分析产品或零件的废品件数、吨数、损失金额、消耗工时及不合格项数等。

（2）确定问题分类的项目：可按废品项目、缺陷项目、零件项目、不同操作者等进行分类。

（3）收集与整理数据：列表汇总每个项目发生的数量,即频数,项目按发生的数量大小,由大到小排列。最后一项是无法进一步细分或明确划分的项目,统一称为"其他"。

（4）计算频数 f_i、频率 P_i 和累计频率 F_i：首先统计频数 f_i,然后按式（3-1）、式（3-2）分别计算频率 P_i 和累计频率 F_i。

$$P_i = \frac{f_i}{f} \tag{3-1}$$

式中,f——各项目发生频数之和。

$$F_i = P_1 + P_2 + \cdots + P_i = \sum_{i=1}^{i} P_i \tag{3-2}$$

(5)画排列图。

3. 制作注意事项

(1)主要因素不应超过三个,否则就失去了寻找主要因素的意义。

(2)为了使横坐标不过长,不太重要的项目很多时,一般列入"其他"栏内。

(3)采取改进措施后,为了检验其效果,可用排列图来检查。若改进后的排列图中横坐标上因素频数矩形高度有明显降低,则说明确有效果。

(三)因果分析图法

1. 含义

因果分析图法是一种发现问题根本原因的分析方法。它是将造成某项结果的众多原因,通过因果图的方式表现出来。因果图又称特性要因图、鱼骨图,目的是寻找产生某种质量问题的原因,如图 3-37 所示。

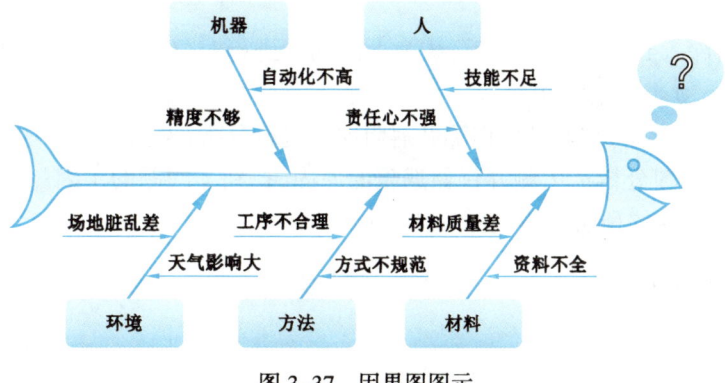

图 3-37　因果图图示

图 3-37 中,问题或缺陷(即后果)标在"鱼头"外。在鱼刺上面按出现机会多寡列出产生问题的可能原因。鱼骨图有助于说明各个原因之间如何相互影响,也能表现出各个可能原因是如何随时间而依次出现的。

2. 用途

(1)根据质量问题逆向追溯产生原因,由粗到细找出产生质量问题的各个层次、各种各样的原因以及各原因的传递关系。

（2）因果图可明确原因的影响大小和主次，从而可以作为制订质量改进措施的指导依据。

3. 画图注意事项

（1）影响产品质量的大原因，通常从五个大方面去分析，即人、机器、原材料、工作方法和工作环境。每个大原因再具体化成若干个中原因，中原因再具体化为小原因，越细越好，直到可以采取措施为止。

（2）讨论时要充分发挥民主，集思广益。别人发言时，不准打断，不开展争论。各种意见都要记录下来。

4. 使用步骤

（1）查找要解决的问题。

（2）把问题写在鱼骨的头上。

（3）召集同事共同讨论问题出现的可能原因，尽可能多地找出问题。

（4）把相同的问题分组，在鱼骨上标出。

（5）根据不同问题征求大家的意见，总结出正确的原因。

（6）拿出任何一个问题，研究为什么会产生这样的问题？

（7）针对问题的答案再问为什么？这样至少深入五个层次（连续问五个问题）。

（8）当深入到第五个层次后，认为无法继续进行时，列出这些问题的原因，而后列出至少20个解决方法。

案例：利用鱼骨图对某气田测井遇阻原因进行分析，见图3-38。

通过鱼骨图分析产生测井仪器遇阻的原因，找到了问题的主因。根据分析结果制订有针对性的预防措施，确保此问题不再发生。

（四）调查表法

1. 概念

调查表法也叫检查表法、核对表法、统计分析表法，是利用统计表对数据进行整理和对初步原因分析的一种工具，其格式可多种多样，方法简单、实用有效，是最为基本和常用的质量原因分析方法。统计分析表主要用于收集质量分析所需要的数据，常用于检测质量的缺陷位置调查、不合格品及原因调查、质量分布调查等。

在实际工作中，经常把统计分析表和分层法结合起来使用，这样可以把可能影响质量的原因调查得更为清楚。

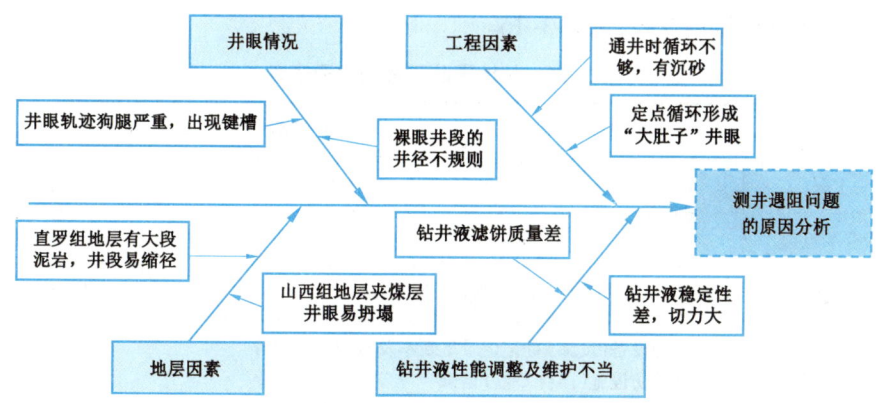

图 3-38　利用鱼骨图对某气田测井遇阻原因分析

2. 使用目的

系统地收集资料、积累信息、确认事实并对数据进行粗略的整理和分析，也就是确认有与没有或者该做的是否完成（检查是否有遗漏）。

3. 常用类型

（1）缺陷位置调查表，见表 3-15。

表 3-15　井控设备管理中心对防喷器维修后喷漆质量的调查表

设备型号	2FZ35-35 双闸板防喷器	检查部位	设备表面
工序	质量检验	检查日期	×年×月×日
检验目的	喷漆缺陷	检查数量	15

检验结果			
	部位	缺陷数	
	A 上	×2	○3
	A 下		○2
	B 上左	×1	
	B 上右		○1
	B 下右	×3	
	B 下左		○1
说明：× 表示流漆；○ 表示色斑；△ 表示尘粒	C 上		△3
	C 下	×3	△5
合计		9	7	8

（2）不良项目调查表，见表 3-16。

表 3-16　某地震队不良项目调查表

单位名称	某地震队	检查日期	×年×月×日
工况	作业施工	检查方式	全要素检查
检查项点数	85	检查者	
不合格种类	检验记录		数量（点）
基础资料	（1）特种设备（设施）登记记录更新不及时，签字不全； （2）无消防设施（器材）检查记录		4
安全间距	爆炸品 20m 以内有使用手机现象		1
安全设施	车辆后视镜损坏		1
安全标志	"防止静电"标识褪色严重		1
电气安全	营房车接地电阻应大于 4Ω		2
消防安全	灭火器检斤不及时		3
职业防护	钻机班员工安全帽不系下颚带		1
其他	部分员工未进行相应的 HSE 培训		5
总计			18

（3）不良原因调查表，见表 3-17。

表 3-17　某钻具配合接头加工班不合格原因调查表

设备	工人	周一		周二		周三		周四		周五		合计
		上午	下午	上午	下午	上午	下午	上午	下午	上午	下午	
甲	A	▲▲	■	…	…	…	…	…	…	▲▲	★	10
	B		▲									4
乙	A		●									16
	B	▲							■	▲		6
合计		3	3	4	2	5	3	5	6	3	2	36
说明	●表示尺寸不合格；▲表示外观不合格；■表示镀铜不合格； ◆表示材料不合格；★表示其他											

4. 应用步骤

（1）明确收集资料的目的。

（2）确定为达到目的所需搜集的资料（这里强调问题）。

（3）确定对资料的分析方法（如运用哪种统计方法）和负责人。

（4）根据不同目的，设计用于记录资料的调查表格式，其内容应包括：调查者、调查时间、地点和方式等栏目。

（5）对收集和记录的部分资料进行预先检查，目的是审查表格设计的合理性。

（6）如有必要，应评审和修改该调查表格式。

5. 应用注意事项

（1）对调查的问题分类要清楚，否则会造成记录混淆，产生分析、判断错误。

（2）应尽量简便地取得数据，记录要认真，使调查表的效果得到发挥。

（3）调查表必须针对要调查的具体产品、零部件的特点，设计出专用的调查表进行调查和分析。

（4）应事先规定对什么样的数据发出警告，什么情况下要停止生产或向上级报告。

（5）检查项目如果是很久以前制订现已不适用的，必须重新研究和修订，通常情况下归类中不能出现"其他问题"类。

第四章　班组管理主要内容

　　班组长是班组管理活动的主体,其管理行为的承受者即管理对象和内容,主要涉及人、财、物、时间、信息五大要素。简而言之,班组管理主要内容是管事、理人,管人、理事,把人管好、把事理顺;班组长在发出明确、清晰的指令后,员工能够明白在指定的时间、指定地方、做指定事,达到所要求的程度。同时,班组长应充分地尊重和满足班组员工的人格与精神需求,最大限度地激励员工以积极的心态、正确的方法做喜欢做且正确的事。

　　通过本章学习,将会掌握班组检查与交接班方法,了解班组人员管理、质量管理、设备管理、成本管理、资料管理的内容与技巧,并掌握班组培训组织要领。

第一节　班组检查与交接班

一、班组检查

(一)检查目的

　　班组检查是指对生产过程及安全管理中对可能存在的有害与危险因素、隐患与缺陷等进行查证,确定有害与危险因素、隐患和缺陷的存在状态,及它们转化为事故的条件,以便制订整改措施,消除有害与危险因素、隐患和缺陷。班组检查的目的是发现隐患,识别存在及潜在的危险,确定危害的根本原因,对危害源实施监控,最终采取纠正措施堵塞漏洞。班组检查是提升管理、落实班组生产组织的重要手段。

(二)检查任务与要求

1. 检查任务

查证班组各种有害与危险因素、缺陷和隐患,落实整改,监督各项安全规章制度的实施,杜绝违章指挥、违章作业。

2. 检查要求

应贯彻班组长与岗位员工相结合的原则,通过采取有组织的、个别的、日常的、定期的巡视方式来实现,进行经常性的现场生产检查。

班组检查必须有明确的目的、要求、内容和具体计划,并编制检查表。

(三)检查内容

班组检查对象的确定应本着突出重点的原则,对于危险性大、易发生事故、事故危害大的生产系统、部位、装置设备及工作环境等应加强检查,如现场动力设备、井控装备、游动系统、工作场地等。

由于石油钻探涉及设备类型多、作业工序繁杂,其检查内容差异较大,但其共同点是,重点检查项目要遵照生产责任制及各种制度来执行、落实。为了检查内容有重点、全覆盖,要根据班组作业实际、检查目的编制检查表。

检查表首先要内容全面,以避免遗漏主要的、潜在的危险;其次要重点突出、简明扼要,否则检查要点太多,容易掩盖主要危险而分散注意力,重要的检查条款可做出标记,以便认真查对。由于检查的目的、对象不同,检查的内容也有所区别,因而应根据需要编制不同的检查表。

月度检查表:内容主要包括现场各种工艺和装置的危险部位,安全装置与设施,危险物品的储存与使用,消防通道与设施,规章制度执行以及违章隐患管理情况等。

周检查表:内容主要包括安全、设备设施、井控、电气、工艺过程控制、环境管理等基础工作的落实情况。

岗位检查表:主要用作自查、互查及安全教育,应根据岗位的工艺与设备的防控要点确定,要求内容具体、易操作。其内容应包括员工安全防护、设备运行、通道、通风、照明、噪声、安全标志、消防设施及操作规程等。

(四)检查分类

班组检查的类型是按检查频次来划分的,分为日检查、周检查、月检查。

1. 日检查

1)班前检查

(1)目的与意义。

班前检查是进行岗位交接的准备工作,是每班安全生产管理流程的第一步,通过班前检查预先发现问题,以便事前控制事故。其意义如下:

① 预先发现问题,做出整改,避免事故。

② 能加强接班人员对施工状况的了解。

③ 提前准备好工具,检查好员工个人劳保穿戴情况,能提高工作效率,减少意外发生。

[案例 4-1]

班前检查发现井架拉环开裂

2014 年 7 月 6 日,某试油队在某井对井架作业,班前检查时,岗位人员发现一个主绷绳拉环开裂(图 4-1),随后机组人员将主绷绳倒换在备用拉环上。由于在班前巡查时发现主绷绳拉环开裂的重大隐患,现场及时采取了妥善的处理措施,消除了风险。事后公司组织了针对井架拉环的专项排查,并对拉环的焊接方式、焊接质量进行明确规定,确保施工安全。

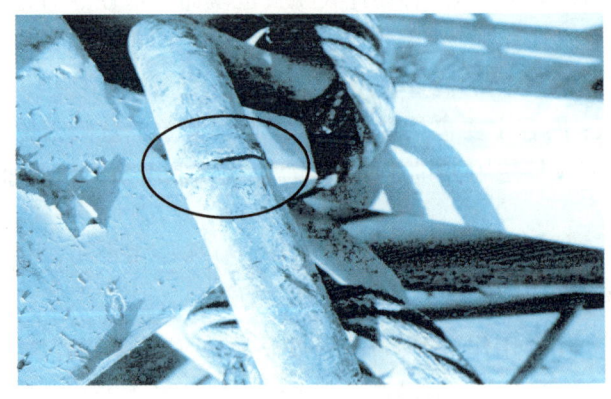

图 4-1 绷绳拉环开裂图

(2)检查内容。

班前检查内容包括但不限于设备运行状况、设施完整性、区域内的工具、个人防护用品、工作环境、岗位记录等。另外,班组长有检查员工特殊劳动防护用品的职责。

班组在接受生产任务的同时，就必须了解有关的注意事项，对即将作业的现场进行班前检查，具体来讲，要做到如下"四查"：

一查设备的安全防护装置是否良好，防止因设备的安全防护装置缺陷造成人身伤害事故。检查防护罩、防护栏（网）、保险装置、连锁装置、指示报警装置等是否齐全、灵敏、有效，接地（接零）是否完好。

二查设备、设施、工具、附件是否有缺陷，防止发生人身、设备安全事故。检查制动装置是否有效，安全间距是否合乎要求，机械强度、电气线路是否老化、破损，起重吊具与绳索是否符合安全规范要求，设备是否带"病"运转和超负荷运转。

三查易燃易爆物品和剧毒物品的储存、发放和使用等情况，是否严格执行相关制度；通风、照明、防火等是否符合安全要求，防止作业时发生事故。

四查生产作业场所和施工现场有哪些不安全因素，防止不良环境造成安全事故。检查生产作业场所和施工现场有无安全出口，登高扶梯、平台是否符合安全标准；产品的堆放、工具的摆放、设备的安全距离、操作者的安全活动范围、电气线路的走向和距离是否符合安全要求；危险区域是否有护栏和明显标志等。

（3）检查方法。

主持人：班组长。

参加人：班组所有员工。

各岗位人员持岗位检查表，按岗位巡回检查路线巡查：

① 班前检查应由各岗位人员在班前会前30分钟进行。

② 各岗位人员对照岗位检查表的检查路线和标准，对本岗位负责的设备、区域进行逐项检查。

③ 检查设备运行状况时，除观察各项仪表外，还应核对设备运转与维护报表。

④ 检查设施完整性时，除确认设备性能良好外，还应检查设备运转部位护罩是否缺失，区域内消防设备的数量和性能是否符合要求等。

⑤ 检查区域内的工具，应对工具的数量、性能和清洁状况进行检查。

⑥ 检查工作环境，应注意安全通道是否畅通、地面是否整洁、照明是否符合要求等。

⑦ 班前每个岗位员工应检查一遍自己的个人防护装备，如需进行高处、临时用电、动火和挖掘（动土）等特殊作业或者从事配液、酸化等工序时，还应按相关要求检查特种作业防护用品。

⑧ 班组长对各岗位负责的每项记录、报表进行审查、签字确认。

（4）注意事项。

检查时发现问题应立即与上一个班岗位人员进行沟通，了解情况，并在班前会中提出。

2）班中动态巡检

（1）目的与意义。

班中动态巡检主要包括岗位操作监察和工作环境巡检两部分内容，重在及时发现问题，把事故消灭在萌芽状态。其意义如下：

① 规范员工的岗位操作。

② 及时发现和解决本岗位区域内的隐患，避免引发事故。

③ 使属地管理的责任得到真正落实。

[案例 4-2]

液压油漏失，刹车失灵

2013 年 3 月 31 日，某钻井队副司钻操作刹把进行钻进作业，突遇泵压升高、柴油机负荷加重，副司钻停泵上提方钻杆，将滚子方补心提离转盘面约 1 米后，刹住工作钳，按下紧急制动。在开泵的同时，发现滚筒大绳上行，立即刹工作钳刹把，刹车不起作用，游车同方钻杆下溜，导致方钻杆立在井眼内，游车倒挂在水龙头上（图 4-2）。检查时发现左侧工作钳液压管线靠接头处刺漏，刹车盘油污较多，液压泵站液压油泄漏（图 4-3），油量少，无法启动，工作钳不能刹车；液压油喷溅到刹车盘上，安全钳打滑，刹车力矩减小，导致钻具及游车下溜。究其原因主要是班中动态巡查不到位，没有及时发现液压管线破损、接头处渗漏，对危害没能有效实施监控、及时消除。

图 4-2　游车倒挂图

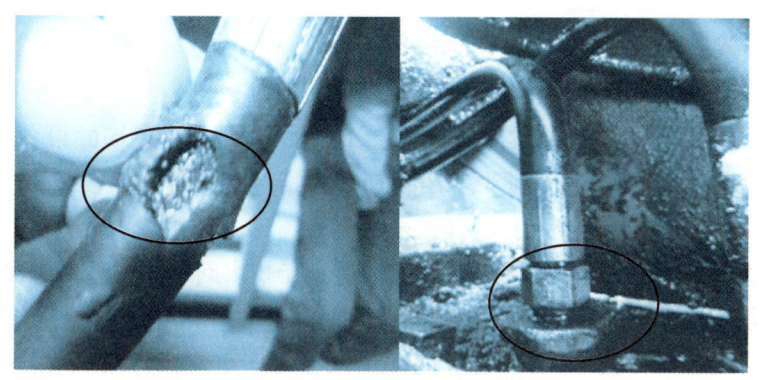

图 4-3　液压管线破损、接头处刺漏图

（2）巡检内容。

岗位员工操作规程的执行、属地关键点的隐患排查、班前会安全措施的落实。

（3）巡检方法。

主持人：班组长。

参加人：各岗位员工。

① 岗位自查、互查操作规程执行情况。

② 各岗位员工应对自己管理的区域进行动态巡回检查，每班检查次数不少于2次。

③ 应按照岗位检查表规定的检查流程逐点排查巡回检查点。

④ 班组长应对每班各岗位的巡岗检查情况进行抽查、审核。

⑤ 值班干部每班对施工区域的巡回检查次数不得少于4次。

（4）注意事项。

① 在巡检过程中发现隐患应立即排除，不能排除时应及时汇报直属主管。

② 巡检后要及时填写岗位检查表和相应的记录，如坐岗记录等。

3）班后检查

班后检查和班前检查内容、程序、方法基本一样，班后检查的内容侧重于检查工作现场和机械设备，做到工完、料尽、场清，防护用品用具摆放有序，机械设备处于完好状态，不给下一班留下隐患。如该岗位需进行交接班，应列入岗位交接内容；不需进行交接班，应当按规定的格式记录。

2. 周检查

1）目的与意义

每周生产班组巡回检查是由班组长组织，技术干部、生产骨干共同参与的检查活动，目的是消除在检查时所发现的问题，确保作业现场的设备、生产与生活区域处于良好状态，同时为生产管理过程指标考核提供重要依据。其意义如下：

（1）从管理和技术两个方面查找问题，有利于找出问题的共性，为班组周例会（安全例会、井控例会）等提供基础信息支撑。

（2）基层干部、技术人员、生产骨干共同参与安全检查，有利于相互沟通，明确各自责任。

（3）班组长组织周安全检查能体现有感领导，起到模范带头作用，推进基层生产管理。

（4）有利于岗位人员及时反映问题，及早解决问题，避免引发事故。

2）检查内容

周检查内容包括安全基础管理、安全防护设备设施管理、设备设施管理、井控管理、电气安全管理、工艺过程的安全控制、环境管理、清洁生产工作以及记录与报表等。

3）检查方法

（1）每周在召开班组周例会前进行。

（2）检查路线及要点：生产区域（关键设备、生产环境）→生活区域（生活管理、生活环境）→资料。

钻井、试油推荐检查路线及要点：工具房→发电房→钻台→井架→井场→油罐→发电房→排污坑→生活区（野营房、食堂）→生活水罐→值班室（会议室）。

4）注意事项

（1）如因特殊原因班组长不能参加，应委派临时负责人按期组织周检查，但事后应了解检查情况。

（2）参与检查的所有人员，必须佩戴好个人防护用品。

（3）应做好检查记录：检查中发现的隐患、班组的建议及意见。

（4）分析检查中发现的隐患，应确认整改措施、落实整改责任、上报不能整改的隐患、分析上周隐患整改情况。

（5）根据周检查情况确定下周工作安排，至少包括培训计划、应急演练计划、安全措施落实、生产经营与物资准备计划。

3. 月检查（针对一个基层单位含多个作业点）

1）目的与意义

每月基层单位检查是由班组长组织，干部、大班人员共同参与的检查活动，目的是通过检查重要生产场所、关键设备设施等单元和重点部位的安全生产运行状况，以及安全生产管理制度、工艺技术管理制度、设备维护保养管理制度、作业许可制度、变更管理制度执行情况，促进现场管理升级，考核月度 HSE 等绩效指标，制订次月生产计划，同时为月度综合考评提供依据。其意义如下：

（1）准确把握现场问题，通过统计分析，发现共性问题，制订有针对性的改进措施，为制订下步生产工作计划提供依据。

（2）发现制度执行、培训落实等深层次管理问题，为单位提升管理、完善制度提供基础支撑。

2）检查内容

（1）重要生产场所、关键设备设施等单元和重点部位的安全生产运行状况。

（2）安全生产管理制度、工艺技术管理制度、设备维护保养管理制度、作业许可制度、变更管理制度执行情况。

（3）动火作业、进入受限空间作业、动土作业、起重作业、高处作业、临时用电等高危作业安全管理制度执行情况，特别是进入受限空间作业、防中毒、高处作业制度的执行情况。

（4）应急器材的储备维护情况。

（5）岗位操作人员熟练掌握本岗位的职责、工艺流程、危险及有害因素、工艺技术指标、操作规程、设备仪表、应急处置方法。

（6）巡回检查制度的执行情况。

3）检查方法

（1）查事故事件：未遂事件、人身伤害事故、工程质量事故。

（2）查制度执行情况、文件传达落实情况。

（3）检查培训的效果以及不安全行为、不安全状态（观察与沟通）分析结果。

（4）回顾本月生产情况，生产现场负责人汇报本班生产情况：指标完成情况、安全隐患奖励与处罚、存在问题、建议等。

4）注意事项

（1）对上月问题落实整改不到位或者逾期不整改的，根据巡回检查制度进行处罚。

（2）在月度巡回检查评定中，对表现突出的进行奖励，及时表彰兑现。

二、交接班

（一）交接班内容及要求

1. 交班内容及要求

交班员工在交班前必须对本岗位设备运行情况、生产操作情况、公用工具用具情况及安全、文明生产情况等进行全面检查，并对以上内容认真交班。

设备运行情况的交班内容包括：当班期间设备开、停时间，停机原因。若遇设备故障，则必须说明故障发生时间、原因、处理情况、遗留问题以及其他注意事项。

生产操作情况的交班内容主要包括：工序产品的质量情况，生产控制参数况。

公用工具、用具的交班内容主要包括：工具、用具数量及完好情况，工具损坏或遗失要详细说明原因。

安全、文明生产情况交班内容主要包括：本岗位安全隐患排查及处理情况，岗位责任区清洁卫生情况。

2. 接班内容及要求

接班者在交接班时间内，应认真听取交班情况介绍，详细阅读交接班记录，逐项核对交班记录，全面巡视检查设备及生产等状况。发现交班者未按规定交班，应及时向班组长或值班干部反映，待班组长或值班干部处理后再按规定程序接班。接班者同意接班，必须在交接班记录本上确认签字。签字后出现的问题均由接班者负责。

（二）交接班程序

（1）交班员工在交接前应对岗位设备运行情况、生产操作情况、工具情况以及安全情况进行一次全面检查，并认真记录检查情况。

（2）交班人将岗位公用工具、用具清洁保养完毕，并仔细清点好数量；把岗位责任区清扫干净。

（3）交班人当面向接班人介绍岗位设备运行情况、生产操作情况、公用工具用具情况以及安全情况,特别注意应将发现的问题和处理情况以及注意事项交代清楚。

(4)接班人应认真听取交班人介绍的情况,并仔细与交接班记录进行核对,发现有不清楚或有疑问的应及时询问。

(5)认真清点工具、用具数理,并查看其质量。

(6)核对无误后确认签字。

(三)交接班注意事项

1. 特殊情况

交接班时发生事故或其他重大事项等特殊情况时,应待事故处理完毕、设备运转正常后才能交接班(但可以在事故告一段落时,经主管领导批准,进行交接班)。

2. 规范交接

接班人员必须按规定齐全、规范穿戴劳动保护用品,逐项逐点进行班前检查。

3. 充分准备

交班人员必须提前做好交班准备,随时解答接班人员提出的问题,对需要并能够整改的问题,立即整改,不把应该并能整改的问题留给下个班组。

4. 做到"五清"和"两交接"

(1)"五清"即看清、讲清、问清、查清、点清。

(2)"两交接"即现场交接和实物交接。

现场交接:指现场设备经过操作方式变更或检修、采取安全措施、存在缺陷,要在现场交接清楚。

实物交接:指具体物件如文件资料、公用工具用具、仪器仪表等物件要交接实物,不能只进行账面交接。

5. 做到"三一""四到""四报"

(1)"三一":对重点的生产部位要一点一点地交接,对重要的生产数据要一个一个地交接,对主要的生产工具、用具要一件一件地交接,并做好记录。

(2)"四到":对应当看到的要看到,应当摸到的要摸到,应当听到的要听到,应当闻到的要闻到,逐项、逐点面对面交接。

(3)"四报":交班人对每一个巡回检查项、点要一报名称,二报现状,三报问题,四报措施,向接班人交清。

6. 不得交接班的情形

有以下情况之一的,不得交接班:

(1)遇事故正在处理或正在进行重要的操作。

(2)接班人酒后上岗或精神状态严重不佳。

(3)接班人员未到岗。

(4)交班记录不清楚、不清洁。

(5)工具、用具、仪器仪表未清理或未点清,岗位责任区内卫生未清扫。

(6)工作状况、环境状况不清。

(7)设备按规定必须保养而未保养。

(8)配件要更换而未更换。

(9)准备工作应做而未做。

三、班前班后会

(一)班前会

1. 班前会意义

班前会是传达班组指令最便捷的途径;是强调劳动纪律、遵守安全操作规程、杜绝习惯性违章最响亮的警钟;是传授安全知识、分享安全经验最有效的方式;是把员工从比较松闲的生活状态迅速收拢,使之思想注意力集中最快速的方法;也是管理人员了解员工诉求、掌握员工动态最直接的渠道。

(1)快速收集各岗位在班前检查中发现的问题,有利于隐患及时整改。

(2)回顾上一班注意事项,使接班人员对上一班遗留的隐患有清楚认识。

(3)全班人员参与危害辨识,有利于安全措施得到确认并被员工接受,也为员工提供了一个学习交流的平台,营造企业的学习氛围,提高员工的知识水平。

(4)提前安排好工作,明确办理作业许可的要求,以减少意外。

(5)培养员工的时间观念、纪律观念、形象观念。从行为上进行规范,使员工养成良好的工作习惯。

2. 班前会内容

班前会议是在班前检查后,或交接班工作结束后,由班组长组织的工作会议,包括如下内容:

（1）通报班前各岗位属地检查情况。

（2）回顾上一班遗留的问题及注意事项。

（3）宣读任务书，并进行本班任务分配。

班组长对本班工作任务进行分配，交代作业任务，明确分工，指定负责人和监护人。班组长必须根据本班具体工作或作业指令来进行合理分工，分配工作时要充分考虑技术素质、文化素质、安全素质、职业道德、工作责任心、工作态度和身体素质等多种因素。交代任务要做到工作任务目标明确，员工对干什么、如何干、达到何种标准明明白白、清清楚楚，明确本班要完成的工作指标并分工到个人。对当天作业的工艺及技术要求进行交代，要求逐项、逐条、讲清、讲透，让员工掌握工作的要点。

（4）本班危害识别和风险控制措施。

班组长针对本班主要工作任务，结合班前各岗位属地检查情况，组织班组员工进行危害识别，讨论风险控制措施，干部和技术员对风险控制措施进行补充。班组长在布置工作时，要充分考虑不良作业环境影响，从改善作业环境的细节入手，排除产生不安全行为的不良环境因素，介绍当天作业的内容和部位，分析存在的安全隐患，制订风险控制措施，并落实责任人。做好危险点分析，明确可能发生事故的环节、部位和应采取的防护措施。

值班干部对风险控制措施进行确认后，明确办理作业许可的要求，班组长针对风险控制措施对所有作业人员逐项进行交底，提醒员工作业注意事项。

（5）班组长检查督促班组员工正确穿戴和使用劳动防护用品用具，交代使用的机械设备和工器具的性能和操作要领。

（6）班组员工明确本岗位工作任务、风险控制措施及应急措施后，在班前会记录上签名确认。

（7）涉及承包商及外来施工队伍时，要对相互的影响进行危害分析，要明确风险控制措施，指定责任人。必要时邀请承包商及外来施工队伍负责人参加班前会，签订安全生产管理协议，明确各自的安全生产管理职责和应当采取的安全措施，并指定专职安全生产管理人员进行安全检查与协调。

3. 班前会注意事项

（1）班组长必须清楚本班工况，回顾上一个班的交班事项，收集班前检查情况。

（2）人员分工是重点，布置任务清晰明确、落实到人。工作负责人应把工作任务、安全责任分配并落实到每个工作人员身上，对不同工作分别进行技术交底。

特别是多单元不同地点工作,应在班前会上指定工作负责人,并交代所应履行的责任。

(3)工作负责人要向作业人员现场交底,做到"四清楚",即作业任务清楚、现场危险点清楚、现场的作业程序清楚、应采取的安全措施清楚。此外,还要解答工作班成员对工作的所有疑问。

(4)班前会内容要翔实、针对性强,切忌笼统。班前会作为保证施工安全的第一环节,必须讲求实效。应指明工作现场高空作业、带电部位、电动工器具使用等危险点以及应采取的具体措施。

(5)危害识别应考虑以下几方面:本班的工作任务;上一个班遗留的问题及注意事项;各岗位巡回检查中发现的问题。

(6)签字的目的不仅是明确责任,更是让所有员工对本班任务和风险控制措施再确认,进而引起重视,增强全员责任感。

(7)班前会结束后,记录人员应将本班主要风险和控制措施摘录于本班风险控制提示面板上。

(二)班后会

1. 班后会意义

班后会是班组作业结束的最后一个环节,是交接班管理不可或缺的重要组成部分。班后会重在总结当日工作的经验和教训,防止类似错误的重复发生,是生产班组保证生产顺利进行的有效措施之一。总结当班工作完成情况和存在的问题,可以不断发现工作中的问题,为后续工作开展打下基础。

(1)总结本班问题,共同讨论、分析,以便问题得到及时解决。

(2)由工作负责人总结本班工作的措施落实和施工质量情况,特别要查找不安全因素,并举一反三,制订相应的防范措施,避免同类错误在今后的工作中发生。

(3)确认本班工作进度,指出岗位、区域中需要改进的地方,给表现好的员工以鼓励,并对好的行为进行分享,持续提高班组管理水平。

2. 班后会内容

召开班后会,就本班工作任务、安全措施执行情况进行总结、点评,加强沟通,将当天发现的问题汇总,以便从管理上找出原因,为改进工作提供参考,避免问题持续或恶化。

(1)交班后,班组长组织所有作业人员,总结本班任务完成情况。

(2)员工通报工作中本岗位存在的问题。

（3）值班干部点评许可证、风险控制措施执行情况。

（4）对班组员工表现好的方面提出表扬，分享好的经验；指出岗位、区域中需要改进的地方。

（5）明确下一班次工作需做准备的事项。

（6）将会议的结果记入班后会记录中。

3. 班后会注意事项

（1）组织班后会是班组长的职责，值班干部应尽可能地参加班后会。

（2）班后会讨论的主题应集中在生产组织、安全作业方面。

（3）班后会点评分析应针对性强，抓住要点，有解决办法和改进措施。

（4）班后会工作总结应盯紧关键员工、重点环节。

（5）班后会应充分体现民主，激励员工踊跃发言。对出现的问题或存在的隐患进行点评、分析；表扬、鼓励在工作中表现突出的员工，倡导大家向其学习。

第二节　质量管理

一、质量管理的概念

质量管理是指确定质量方针、目标和职责，并通过质量体系中的质量策划、质量控制、质量保证和质量改进来使其实现的全部活动。

钻探行业质量管理要立足为甲方服务的市场意识，既要做到加强员工培训，规范操作行为，又要严格执行工程设计和相关标准、规程，确保工程质量达到设计要求，依靠优质安全工程赢得甲方信任。

二、影响作业质量的主要因素

（一）人的因素

人是施工过程的主体。作业人员的专业理论知识、岗位技能水平以及生理、心理、态度等因素，决定了施工过程的安全和质量的优劣，施工时对人的因素的控制至关重要。工程质量受到所有参加工程项目施工的工程技术人员、操作人员、服务人员的共同作用，他们是影响工程质量的主要因素。

（二）材料因素

材料是工程施工的物质条件，材料质量是工程质量的基础，所以加强材料的质量控制,是提高工程质量的重要保证。

(三)设备因素

设备的配置、校准、调整、使用、搬运、防护和储存状态直接影响工程质量。生产班组在现场作业中应熟悉施工现场条件、施工工艺和方法,掌握设备的机械类型、性能和参数,正确操作,保障设备的零缺陷状态,实现设备运行中的低成本、低损耗、高效益、高性能。这是班组不可忽视的质量控制环节。

(四)方法因素

施工过程中的方法包含整个建设周期内所采取的技术方案、工艺流程、组织措施等。施工方案正确与否,直接影响工程质量控制能否顺利实现。实际施工过程中往往存在由于施工方案考虑不周而拖延进度、影响质量、增加投资的情况。

(五)环境因素

环境因素对工程质量的影响具有复杂而多变的特点,如气象条件就变化万千、温度、湿度、大风、暴雨、酷暑、严寒都直接影响工程质量,往往前一工序就是后一工序的环境,前一分项、分部工程也就是后一分项、分部工程的环境。

三、质量管理的主要措施与方法

(一)质量教育与培训

质量管理是以人为本的管理,班组应识别开展各项质量活动所必需的人员能力需求,通过教育培训或采取其他有效措施使各岗位人员具备所需的素质和能力。

质量教育与培训包括两个方面内容:一是质量意识和质量管理基本知识教育;二是技术和技能的培训。

1. 质量意识和质量管理基本知识教育

引导员工树立"质量第一""质量是企业的生命"等观念,认识质量的重要性、质量工作的艰巨性,提高员工参与质量管理的自觉性;开展好质量法制宣传,努力营造全员关注质量的良好氛围,提高全员质量意识和质量法制意识;开展好质量规划、目标管理、质量检查,并与个人绩效考核挂钩,激励全员参与质量控制。

2. 技术和技能的培训

做到全员培训后上岗(包括新员工培训上岗、转岗培训上岗),做好标准、工艺更新培训,以满足钻探工程施工所需的生产技术与操作技能。特殊工种、特殊工作和关键工序工作人员应按国家、企业等有关规定进行专门培训、资格考试与取证。

（二）物料管控

班组应对生产所需的一切物料进行有效管控，建立物料计划与实施台账，对实物进行收、发、储、运等各环节的技术管理，对物料进行编号分类，避免混料、过期、变质和不合格的原材料使用到生产上。建立进料品质管理流程，实施"谁验收谁负责、谁使用谁建账"的责任追究机制，把好材料入口关。

[案例 4-3]

金属软管爆裂事件

2007年1月3日23点，某海洋开发公司DB6D无人值守平台计量管线压力由1.8MPa骤降到0.2MPa，中控室两分钟内发现报警，并及时通过油井监控数据和图像核实，推断管线刺漏。中控室技术员立刻关停计量管线的两口井，关断该计量流程与海管连接的紧急控制阀，第一时间将损失和污染降到最小，并及时汇报，组织人员连夜从基地出发奔赴平台。凌晨3点到达平台发现计量管线金属软管破裂，造成原油泄漏，直接经济损失50余万元，教训十分深刻。

此次事故的直接罪魁祸首是采购了不合格的金属软管。由于该金属软管接头质量不合格，软管奥氏体不锈钢的氯离子腐蚀度不达标，造成管线达不到使用年限，提前爆裂。

通过多方分析这起事故，发现该公司在物料管控上问题很突出。该金属软管由河北某波纹管厂生产，该厂生产的波纹管，通过多个平台使用反映，以及波纹管材质抗腐蚀性检验，普遍质量不高，使用寿命达不到石油行业使用标准。该海洋开发公司在事故前已得到反映，但仍继续使用不合格、不达标的材料，导致发生此次事故。因此，班组长要收集产品质量信息，完善进料品质管理流程，杜绝使用不合格、不达标的产品，严把材料入口关。

（三）设备控制

对设备（生产设备、工艺装备）的配置、鉴定、使用、维修、备件供应、改造进行全寿命周期管理，保证设备满足生产要求，处于完好状态。对重点设备必要时进行设备能力确认。

（1）现场设备管理人员必须强化管理，加强责任心，做好三个到位：一是在班前会要明确当班人员应干的具体工作，把工作安排到位；二是在班组员工实施过程中要监督到位;三是在班组交接班时要落实检查到位。

(2)现场操作人员对设备要精心操作,认真巡检,精细保养,也要做好三个到位:一是操作设备时要集中精神,杜绝疲劳操作,关键时刻有专人监护,确保操作到位;二是在巡检过程中,要按巡检路线及检查要求,确保每个点都巡查到位;三是按设备保养要求,对所有设备的保养点都要进行保养,并且确保保养到位。

(四)完善技术标准

班组应参与制定符合工程实际、能解决施工难题、技术可行、经济合理,且有利于保证质量、加快进度、降低成本的技术标准。

(五)加强环境因素控制

班组是生产现场作业单元,要贯彻执行国家、地方政府有关环境保护的法律法规和规范标准,积极防治在生产经营活动中产生的废气、废水、废渣、恶臭气体、放射性物质以及噪声、振动、电磁波辐射等对环境的污染和危害,保护和改善生活环境与生态环境,防止污染和其他公害,保障人体健康。

(1)规范操作,对作业现场可能产生的噪声、废气、废水制订控制措施,如钻井柴油机可安装消音装置,滚动钻具可下铺棕垫,生产过程的废弃物进行分类码放或储存等。

(2)要对生产现场进行气象监测或实时关注当地气象信息,做好地质灾害应急预案等,防止因地质灾害扩大对环境的污染和危害。

第三节 设备管理

一、设备及设备管理定义

设备通常指可供人们在生产中长期使用,并在反复使用中基本保持原有实物形态和功能的生产资料和物质资料的总称。

设备管理是指对设备的选择、评价、建档、维护、修理、使用、改造更新和报废处理等全过程的管理工作。

班组在设备管理中的重点是设备的档案管理与使用管理。设备档案是设备的"身份证",从出厂时产生到使用报废后存档,始终显示着该设备的"合法身份"信息,需妥善保管。设备使用管理即设备的安装、检验、试运转、使用、维护、保养、检修等的过程管理。

二、设备的安装、调试、验收

设备全过程管理一般包括设备的前期管理、后期管理两部分。前期管理主要是指设备的规划、设计、选型、购置、安装、调试等。班组设备管理,主要是强化设备的安装、调试及验收管理。由于石油钻探企业野外流动作业的特点,设备的安装质量直接影响着设备后期的性能、效能、安全和使用。

(一)设备安装要求与程序

1. 设备安装要求

设备安装必须依据设备安装标准进行,做到"平、正、稳、全、牢、灵、通"和"四不漏"(漏电、漏油、漏气、漏水),钻井设备安装要做到"五不漏"(漏电、漏油、漏气、漏水、漏钻井液)。设备安装的基本要求如下:

(1)在安装过程中,由技术把关人员、质量控制人员、安全监管人员对安装过程进行管理。

(2)确定设备安装位置和安装顺序,检查设备安装条件,明确设备安装方法,准备安装工具、器具、机具和量具。

(3)测量安装基础,准确标注中心、水平、标高。

(4)利用中心线、纵横轴线对设备安装位置进行初步定位。

(5)在相邻机组全面定位后,再作准确定位。

(6)按照安装顺序和机组定位线对应安装;依据安装参数和质量控制数据连接固定机组;按照标识对油、气、水、电路对应安装。

2. 设备安装基本程序

石油钻探设备安装的基本程序:安装基础检查验收→检查与清点设备→设备吊装就位→设备固定→设备调整与精度检测→润滑与设备加油→试运转→验收。

(1)安装基础检查验收:检查测量设备基础平面位置、标高、水平度、几何尺寸;检查基础外观,表面有无蜂窝、麻面等;检查安装基础强度是否符合设计要求;检查重型设备、重载设备的特殊要求,如地基承载力、预压等。

(2)检查与清点设备:按照装箱单和技术文件逐一清点;检查说明书、出厂合格证等文件是否齐全;检查、检验后形成检查记录,签字确认。

(3)设备吊装就位:吊装前划定安装基准线;设备吊装就位,进行初步调整,如设备中心位置、初步水平等。

(4)设备固定:在设备精确调整后进行紧固与固定。

（5）设备调整与精度检测：设备调整与精度检测是机械设备安装的关键环节。设备调整是按照技术文件、规范要求调整设备的位置状态，设备的中心、水平和标高的实际偏差达到允许偏差之内。反复检测调整过程称为找正、找平、找标高（三找）。"三找"又称为"安装三要素"，是指安装中心位置、水平度、垂直度等。精度检测是检测设备、联机系统的相对误差，如垂直度、平行度、同轴度等的误差。

（6）润滑与设备加油：润滑与加油是机械设备正常运转的必要条件。工作油路、润滑油路和润滑部位要清洁、畅通；工作油、润滑剂符合技术要求，质量合格；工作油、润滑剂加入量符合设备说明书规定。

（7）试运转：试运转的目的是检验施工质量和设备质量。试运转一般按先空负荷、后负荷；先附属设备、后主机；先单机、后联动；先低速、后高速的顺序进行，全部完成并经验收符合技术要求和有关规范、标准的规定。

（8）验收：设备在试运行期运行稳定，参数在设备规定范围内，填写验收文件。特种设备经有关部门检测合格，并出具检测报告、合格证。

（二）设备试车及调试

设备调试是对设备安装质量的检验，也是对设备的工作性能和安全性能的检验，主要包括可靠性调试、负载性能调试、安全性能调试、环保性能调试等。

可靠性调试：主要指设备、机组的操作性能，是对其控制系统安装质量的检验，包括机械控制系统、液压控制系统、气控制系统、电控制系统和智能化控制系统等。

负载性能调试：主要是指设备、机组的性能，是对其工作能力的检验，包括空载试验、负荷试验、精度试验。

安全性能调试：主要是指设备、机组的安全性能，是对其安全保护能力的检验，包括安全护罩、报警装置、保险装置、紧急停车装置、互锁装置、监视监测仪器等功能性调试。

环保性能调试：主要是指设备、机组的环保性能，是对其环保特性的检验，包括降噪装置、减振设施、废气处理装置、废液回收装置等功能性调试。

（三）设备安装验收

设备安装验收涉及设备资料文件，设备制造厂的出厂产品合格证、质量证明书，以及有关的技术文件等方面的验收，主要包括如下内容：

（1）设备完整性验收：主体设备、配套设备完整，无缺失、缺损；设备验收清点记录。

（2）设备安全性验收：安全防护设施、安全防护装置、监视监测仪器仪表齐全、有效、灵活、可靠；设备检验检测记录；压力容器、管道试压记录。

（3）安装质量验收：设备安装位置、设备安装误差度符合设计或技术规范；重要工序交接记录；设备安装记录；其他施工记录；试运转记录等。

[案例4-4]

钻机安装偏差度导致的井控安全隐患

某钻井队安装设备过程中，天车、转盘、井口的安装偏差大于允许偏差，随着井深的不断增加，偏差越来越大。在起下钻柱作业、旋转作业时，钻具与防喷器发生刚性摩擦，导致防喷器内壁严重磨损（图4-4），造成井控装置重大安全隐患。

图4-4 井控防喷器内壁偏磨图

案例分析：由于井架左右滑架基础偏差超过允许误差，在负载较小时，井口误差并不大，随着井深的不断增加，负载越来越大，井口偏差也随之增大，严重影响起下钻速度，同时存在顿钻、防喷器磨损、井口套管磨损、人员伤害、井控安全等系列风险。

这是一起"差之一厘，失之千里"的安装精度教训。

三、设备检查、使用、维护保养

（一）设备检查

设备检查是指对设备运行状态、工作精度、磨损和腐蚀程度进行测量与校验，包括设备可靠性、完整性、安全性及效能检查。通过检查全面掌握设备的技术状况和零部件磨损程度，及时发现设备隐患，为设备修理做好前期准备工作，以提高设备修理质量，缩短设备修理时间。

设备检查分为日常检查和定期检查。日常检查分为交接班检查、启动前检查、巡回检查,指设备操作人员落实设备检查制度,依据设备检查表对设备进行逐项检查。定期检查由设备管理人员组织,操作、管理与维修人员参与,按一定周期进行的定时检查,通过检查全面准确掌握零部件磨损程度,为设备维修提供依据。

设备日常检查主要依靠操作人员的感官(眼、耳、鼻、手),遵循"看到、听到、摸到、闻到"的检查要求进行检查;设备定期检查主要依靠设备管理人员的感官和专用仪器仪表进行检查。

(二)设备使用

设备操作人员必须熟练掌握设备的操作规程、使用要求,必须做到"四懂三会",即懂性能、懂原理、懂结构、懂用途,会操作、会保养、会排除故障;必须认真执行"十字作业",即清洁、润滑、紧固、调整、防腐。

1. 重大、特种设备的使用

重大设备、特种设备的操作人员,必须进行操作前的培训,国家或行业部门规定必须持证上岗的工种,操作人员必须持有有效操作证。

2. 常规设备的使用

所有设备使用前,都必须建立设备操作规程,所有的设备操作人员必须掌握操作规程。使用中,要根据设备的使用工况,及时调整设备的运行参数,既要避免设备的超负荷运行,也要避免设备经常处于低负荷运行,要使设备经常处于经济状态下运行。

3. 设备异常状态的处置

设备异常状态是指因设备故障或油、气、水、电等原因导致的异常状态。异常状态分为潜在异常、持续异常、显现异常和突发异常。突发异常的处理原则:立即对异常设备停机,对异常设备进行标识,报告现场主管。

设备操作人员在设备发生突发异常时,启动紧急停止装置或按照紧急停止程序停机;对异常设备采取危险隔断、能量隔离措施;对异常设备进行标识与标注,防止误操作;立即报告现场主管;记录故障参数、现象及相关信息。

(三)设备维护保养

每台设备均有维护保养规程。设备的维护保养直接关系到设备的使用寿命、功能、经济性能、安全性能以及环保性能等。设备维护规程是对设备日常维护方面的规定和要求。

1. 设备维护保养分类及内容

设备的维护保养是维持设备功能、保障设备寿命的必要手段,设备寿命在很大程度上取决于设备保养的好坏。

设备维护保养分为日常维护保养、一级保养、二级保养、三级保养。

设备日常维护保养,又称例行保养,由设备操作人员来完成,一般是对设备的外部进行维护保养,其内容是清洁设备、润滑运动部件、紧固易松动的部位。

一级保养:主要内容包括普遍地进行清洁、润滑、紧固,部分地进行调整,由设备操作人员作业。

二级保养:主要内容包括内部清洁、润滑、局部解体检查和调整,由设备操作人员、维修人员作业。

三级保养:主要内容包括设备主体部分进行解体检查和调整,检测检验零部件磨损情况,并做好记录,更换达到磨损限度的零部件,由设备操作人员、维修人员作业。

2. 设备润滑管理

设备的润滑是设备维护保养的重要内容,加强设备润滑工作是保证设备正常运转、减少机件磨损、降低动能消耗、延长设备修理周期和使用寿命的有效措施。班组设备润滑管理须建立设备保养台账,严格执行保养规程,认真填写保养记录。除此之外,须严格落实以下保养规定。

(1)严格执行设备润滑技术标准。

(2)落实设备润滑"五定"(定员、定质、定量、定期、定人)和"三过滤""一沉淀"(油罐或油桶出口过滤、储油罐入口过滤、设备滤芯;油品在储油罐或油池中的沉淀)要求,做好在用设备的润滑管理。

(3)强化润滑油运输与储存的管理(润滑剂的采购、运输、储存、发放和废油处理等)和润滑技术管理(润滑剂的选用、维护、分析检测,润滑故障的分析处理等)。

四、设备油、气、水管理

正确选择、合理使用、规范管理油、气、水,是保证班组设备使用经济性、可靠性的重要手段。

(一)设备油品管理

1. 常用油料分类

勘探设备常用油料按照工作性质和主要用途可分为三类。

（1）燃油类。作为内燃机的燃油，通过燃烧，把热能转换为机械能，主要有柴油、汽油等。

（2）工作油。作为能量传递、能量储备的介质，传递、储备动力，主要有液压油、液力传递油、制动液等。

（3）润滑油。作为减少机件摩擦、散热、增加密封可靠性和防腐蚀的介质，起到润滑、冷却、密封、防锈蚀的作用，主要有汽油机油、柴油机油、齿轮油、各种润滑脂等。

实际上任何一种油料的作用是多方面的，例如工作油，主要作用是传递、储备动力，同时具备润滑、冷却、密封、清洁管道、防锈蚀、防现场冲击载荷等作用。

2. 现场油料使用管理中的常见问题

（1）油料选择不当。油料选择时必须考虑设备工况、使用环境、油料性能等诸多因素，否则，可导致设备严重损坏。

（2）油料污染。油料在运输、保管、使用、更换等过程中均可能发生油料污染，影响因素有环境因素、设备故障因素、管理因素和操作人员的行为因素，是油料质量的重要控制环节。

（3）油料泄漏。油料泄漏在现场极易发生，最常见的是油料内部泄漏和外部泄漏，其影响后果是环境危害、浪费资源、污染其他油料，泄漏造成油量不足，可能导致重大设备事故。

（4）定时不定质。按照传统的设备管理方法，不考虑影响油料质量的工况、环境、油料性能等因素，按时更换油料，不符合现代设备管理理念，容易导致油料性能不能满足设备需求，降低设备性能、寿命，增加设备故障。

（5）污染环境。设备存在跑冒滴漏现象，废油及油料包装不按危险废弃物管理与处置，对环境造成影响、危害。

3. 油料管理的基本原则

（1）正确选择油料。油料要根据设备使用说明书所规定的油品名称、型号，结合设备性能和使用环境选择，以保证设备安全运转为原则。

（2）各种油料要"专线、专泵、专罐（桶）"储存、运送，绝对避免各品种、各牌号的油料相互混杂，所有储存容器必须有明显标记，区别油品的名称和型号。

（3）燃料油、润滑油、工作油要实行"三过滤、一沉淀"的技术措施。

（4）确保油料运输、保管、使用及回收过程的安全。

（5）定期监测、化验油料，确保油料质量。

（6）规范废油回收处理，分类存放，合规处理。

（二）压缩空气

石油勘探设备特别是石油钻机广泛采用气压控制方法，压缩空气的基本参数主要有压力、排量，对压缩空气的总体质量要求是除尘、除油、干燥。

压缩空气中的粉尘、劣质油会导致气路堵塞，气控元件灵敏度下降，气动元件磨损；水含量高的压缩空气会导致气路、气控元件、气动元件的腐蚀，特别是低温（0℃以下）环境下，发生气路冰堵、气控元件失灵、气动元件冰固，易诱发设备、安全事故。

在班组设备使用管理中，通过空气表面过滤、深度过滤达到控制固体颗粒的目的；通过气水分离、过滤、干燥等控制水含量和油含量，保证压缩空气质量，保证设备的可靠性、经济性和安全性。

（三）冷却液

1. 冷却液作用及分类

冷却的作用是减少、降低设备运转过程中，由于机械运动摩擦和燃油燃烧产生大量的热量与温度，以减小热应力、保证机件强度、保持机件间隙与润滑，使其正常运行。

冷却液是一种冷却介质，主要有冷却水和防冻液。

2. 冷却水

冷却水多为淡水或经过软化后的"软水"，主要用于钻井泵、水冷式电磁刹车等低速机械设备。

"软水"也叫软化水，是相对于"硬水"而言的。通常把水中钙、镁离子的含量用"硬度"这个指标来表示，每升水中含有10毫克氧化钙，则硬度为1度。硬度低于8度的水称为"软水"，硬度高于17度的水称为"硬水"，硬度为8～17度的水称为"中度硬水"。

水在软化过程中，现场多通过煮沸、膜分离法（纳滤膜及反渗透膜）、加药法（向水中加入专用的阻垢剂）、离子交换法等方法，将水中的钙、镁离子去除或使其含量降低，从而降低水的硬度。

3. 防冻液

防冻液除具有冷却功能外，还具有防冻、防沸、防锈、防腐蚀、消除水垢、防止气泡产生的功能。

防冻液使用时，应根据设备使用说明书、技术特性、环境温度等正确选择防冻液，环境温度是防冻液（冰点）选择的重要依据，一般以最低温度附加 $-10 \sim -5 ℃$ 作为选择依据。

防冻液必须在规定的使用期内使用（一般为 2 年），到期必须更换防冻液。更换防冻液要彻底，并对冷却系统进行必要的清洗；禁止防冻液混合使用，在选择防冻液时尽量使用同一品牌的防冻液；定期检查防冻液量，及时补充同一品牌的防冻液。

[案例 4-5]

防冻液的妙用

某钻井队在青海高原进行钻井作业，所有的动力设备使用清水作为冷却液，水箱经常发生"返水""开锅"现象，不得不一再降低柴油机水温，其结果是动力输出越来越低，柴油消耗越来越大，在同等工况下，柴油消耗增加 20%。通过分析，首先解决柴油机"返水""开锅"的问题，提高柴油机工作水温，减少功率的损耗。当时采用了一种沸点达到 140℃的防冻液，将柴油机工作水温提高到 90℃左右，解决了"返水""开锅"的问题，柴油消耗降低了 7%~10%，输出功率有了显著提高。

案例分析：在高原作业，由于高原环境因素的影响，特别是气压、氧气浓度、环境温度的影响，直接影响内燃机的效率，通过改变冷却介质，合理选择冷却液，对设备安全、效率均有事倍功半的作用。

五、设备履历与记录

设备履历与记录即设备档案，是使用、检修、更换设备的重要依据，需随设备一并管理，并作为班组设备管理信息，做好日常更新与保管。

（一）设备履历与运行记录的内容

设备履历的内容：包括名称、规格、型号、厂家、生产日期、编号、安装时间、投入使用时间、设备类别、资产编号、外形尺寸及重量、使用时间、修理记录、改造及更新记录、故障记录、事故报告等。

设备运行记录的内容：包括设备累计运行情况记录、日常运行情况记录、保养记录、检查记录、验收记录、故障记录、事故报告与分析。特种设备还必须具有检测、检验记录和行政管理部门审批的证照。

（二）设备履历与记录管理的注意事项

在班组管理过程中,设备履历与记录管理主要从独立完整性、动态准确性、明晰责任三方面进行管理。

（1）确保独立完整性。这是确保设备履历与记录管理的前提条件,在设备投入使用的同时,收集、整理、建立设备履历与记录。

（2）确保动态准确性。建立设备履历与记录后,要求设备履历与记录的动态准确性贯穿设备管理的全过程,在设备使用过程中及时、准确记录设备变化,否则会导致对设备的错误判断、错误使用、错误维修等,甚至会导致因设备发生安全生产事故及生产损失,失去设备履历与记录的作用。

（3）明晰责任。把设备履历与记录的收集、整理、建立、填写、修改、审核、报告、保管等人员在履历与记录中确认,明确职责及要求,以便跟踪及追溯。

第四节　成　本　管　理

一、班组成本管理的作用

钻探行业班组成本管理是指在生产经营过程中各项成本核算、成本分析、成本决策和成本控制等一系列科学管理行为的总称。其作用主要体现以下几个方面。

（一）提高资源利用效率

在资源有限的情况下,班组成本管理的基本作用不仅仅表现在降低成本方面,还表现在提高资源利用效率方面。例如,在制订钻井施工方案过程中,每一开井深,对应不同的钻井设计、地层岩性、钻井液性能等,选择使用钻头时,不仅要考虑钻头在设计钻井液体系中对可钻地层可钻性、耐磨性,还要考虑钻头的成本。在钻头招标选型上,采用对比法则,对于成熟区块井必须满足能达到平均先进水平参数的要求;对于风险区块井(主要指风险探井、新区块井和开发井中的先导性试验井),必须满足经专家组测算的参数要求,以提高时效,减少钻头消耗,降低成本。通过有力的成本管理,提高资源利用效率。

（二）实现利润最大化

（1）在既定的班组立足市场战略模式下,利用成本、质量、服务等因素之间的联动关系,支持质量、服务、扩大市场份额等对成本的需要,促进单位最大限度获取利润。因此,作为钻探行业,对于一个工程、项目,以品质得到甲方满意,以真诚服务赢取甲方放心,以获取更多的工作量,扩大市场,实现利润最大化。

(2)建立单井(项目)管理承包体系,如钻井工程,将单井(或单平台)钻井(试修)工程作为一个项目,以单井效益为中心,按照责任体系分解落实周期、成本、收入等考核指标。基层队(车间、站)运用项目管理的先进管理思路、方法、工具和模板,对施工作业全过程、全要素进行管控、预警和纠偏,对所承包的项目指标分级负责,确保单井质量、井控、安全、环保、周期、成本、利润等目标的实现。

(三)获取竞争优势

班组作为为建设方提供工程技术施工或服务并创造价值的经济组织,不仅要借核算成本过程为其工程技术施工、服务等市场定价提供基础依据,而且通过经营分析和流程优化等发现引起成本变动的真正原因,控制成本以获取竞争优势。

二、班组成本管理主要内容

作为钻探行业班组,所发生的成本费用可以归纳为料工费。按照工程所需设备配置,钻井进尺所耗油料、钻头、钻井工具等的相关性,可以将料工费划分为固定成本和变动成本。

(一)固定成本管理

固定成本在一定范围或期间内成本总额不随产量(业务量)增减变化而变化,如钻机折旧、人工费用等。单位固定成本随着业务量的增加而减少,随着业务量的减少而增加,如图4-5所示。

因此,钻探行业班组在承接一项工程,如钻井工程、试油工程等,要对照工程设计,优化设备配置,满足工程施工需求即可,清理无效资产,将不参与生产经营活动的资产清理,减少设备资源的浪费及折旧等摊销成本。例如,一口井设计二开使用顶驱装置,在上一口井结束就应将顶驱装置送回设备租赁中心,直到二开开钻前送达新井,减少不必要的设备浪费。在钻井营房配置上,可

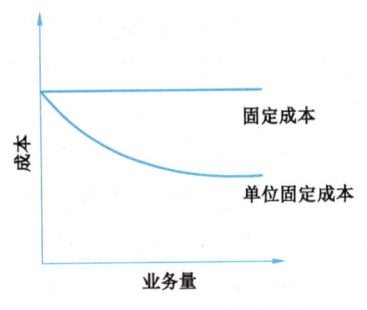

图4-5 固定成本示意图

根据人员倒班情况合理调节使用,共用营房等。

(二)变动成本管理

变动成本是成本总额随着施工项目(业务量)增减变化而成正比例变化,如钻井液材料、柴油等。单位变动成本不随产量(业务量)变化而变化,如图4-6所示。

因此,钻探行业班组在市场开拓中,既要对业务量不断去争取,又要对成本进行管控,可以降低原材料采购成本、对目标成本进行可控分解、制定绩效奖金以调动工人积极性、提速提效等方面入手。例如,在一口单井(项目)作业中,施工班组要将单井目标成本按照搬家安装(含拆设备)、每一开及完井作业等阶段进行分解,编制分阶段的物料清单,落实控制责任人和控制措施;坚持每周成本分析,对于超目标的项目要剖

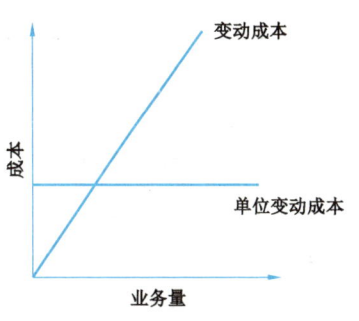

图 4-6　变动成本示意图

析原因,纳入工时工效量化考核,及时奖惩兑现。同时,施工班组要认真消化相关合同,做好其他成本的现场工作量签认,做到真实准确。

三、班组成本控制

成本控制是班组管理的重中之重,管不好、理不清成本问题,班组的绩效只是空谈。班组实施成本控制,是确保班组完成既定成本目标的重要手段,目标成本的完成必须要借助成本控制这一手段才能得以实现。通过成本控制,班组在生产过程中的成本指标与预定指标间存在的差异便可及时显现出来,这样就能便于及时纠正,从而确保完成既定目标。此外,通过成本控制,不仅仅是为了确保既定目标的完成,其更重要的是能使成本计划超额完成,以实现更好的效果。

(一)指标分解

钻探行业工程标准成本预算书规定的内容是班组实施单项工程成本控制的总体目标。为了有效实施工程成本管理,班组还需要将总体目标分解为各阶段(或井段)的计划开展控制,并把各阶段影响成本的关键项目(因素),如钻井工程的生产时效、钻头消耗、柴油消耗、运输费、环保费和其他费用支出,具体落实到关键班组、岗位或个人。相关项目预算分解后,制订保障措施,确保计划完成。下面介绍的指标分解以钻井工程为例。

(1)制订单井施工进度计划。施工总周期应确保在单井标准成本预算书下达的钻井周期预算内。

(2)围绕施工进度计划,制订各项费用进度计划。各项目费用计划与单井标准成本预算书下达的项目预算可以产生差异,但单井总成本计划不得超过单井标准成本预算。

(3)各项进度计划的制订应结合相关管理措施,提高进度计划准确性,各项费用进度计划编制完成后,汇总形成单井标准成本分期预算表,见表4-1。

表 4-1 单井标准成本分期预算表

序号	费用项目	合计	期间		
			第1个月	第2个月	……
一	钻井直接材料				
1	钻头				
2	……				
二	人工费成本				
1	工资及附加				
2	……				
三	其他直接成本				
1	折旧费				
2	……				
	合计				
	计划进尺				
	计划钻机台数				

（二）对标管理

钻探企业是按照工程建设方工程结算定额制订自己的工程标准成本的，如钻井工程、钻前工程、试油工程等标准成本。班组在施工过程中，既要对照工程设计科学组织生产，又要对工序发生的成本进行对标，制订控制措施，对于因工程设计等因素超出定额标准的部分进行写实调增。

以下为某单井钻井成本对标管理：

对标范围：根据目前国内专业化钻井技术服务公司的管理模式，钻井作业成本对标管理，可以分为地区公司、钻井公司和钻井队三个层面进行对标管理。有条件的，还可以与国际上的公司进行对标。

对标内容：一般就是成本对比成本，但更重要的是，还应从组织管理、技术措施、装备、人力、外购资源价格等方面进行全方位对标，因为这些都是构成钻井成本的作业链和价值链上的资源成本动因。

对标目的：通过与本单位历史井、钻井公司其他井队所钻井、地区公司其他井队所钻井的标杆进行对比，通过各个层级的对标，查找差距，并分析差距的原因，为今后改进管理、控制成本提供借鉴。

（三）班组成本写实

班组是成本管理和生产的最终执行者和落脚点，是实现成本管理目标强有力的支撑和保障。坚持把 PDCA 循环模式融入班组经营活动分析中，实现"预算—写实—分析—总结—考核"的螺旋提升。成本写实是班组成本控制的一项重要环节，就需班组将工程项目成本进行分解，建立目标成本与实际成本对比分析表，见表 4-2。

表 4-2　××井目标成本与实际成本对比分析表　　　　万元

序号	费用项目	目标成本	实际成本	差异	差异简要分析
一	井队可控费用小计				
1	钻机拆安费				
2	钻头				
3	钻井液				
4	柴油				
5	机油				
6	其他材料				
7	人工费				
8	运输费				
9	水电费				
10	通信费				
11	设备维修费				
12	健康安全环保费				
13	钻井专用工具使用费				
14	其他直接费用				
二	经济指标				
1	钻进进尺（米）				
2	钻井周期（天）				
3	柴油（吨）				

（四）成本考核

成本考核是实施成本管理的重要环节，主要包括两方面的工作：一是通过对工程实施标准成本绩效考核，激发班组员工参与成本管理的主动性、积极性；二是通过年度工程标准成本管理分析评价（包括对标管理），总结年度工程标准成本管理工作取得的成绩、经验和存在的差距，规划下一步如何提升班组作业成本管理水平和经济效益目标。

（1）月度考核。月度成本考核是对月度目标成本与实际成本的对比，分析总结班组成本管控措施及进行成本预警，节约额可按一定比例预考核提奖。

（2）阶段考核。对于周期长的工程，按阶段总结目标成本与实际成本，节约额可按一定比例预考核提奖，并对下一步成本管控制订措施。

（3）竣工考核。竣工结束后对工程的目标成本执行情况进行考核，节约额按一定比例提奖，并剔除预考核奖部分。

第五节　班组培训

一、班组培训的优势

班组培训是企业培训体系的重要组成部分，也是班组管理的基础性工作，更是提高班组员工综合能力的保障。班组培训具有得天独厚的优势，主要表现在以下几个方面：

（1）最明白班组管理的要求，知道需要具有什么态度、知识、技能的员工。

（2）最清楚员工短板和潜在能力，使培训组织更具针对性。

（3）最理解员工的需求与愿望，容易感召、影响员工的良好心态。

（4）最懂得企业的需求，班组培训是企业需求的落地点。

（5）最具有培训的实物与场景，现场具有设备、机械、器具、工具和实际工作环境，是不可取代的培训资源。

（6）最能学以致用，以用促学，起到立竿见影的效果。

二、班组培训的原则

（1）全员培训的原则。全员覆盖，对所有班组成员都要组织应知应会的培训，不断提高技术素质和职业素养。

（2）按需施教的原则。务实避虚，基于能力评估、调查，编制培训矩阵，结合持证需求,编制培训计划。紧密结合生产实际、管理要求,根据工种、岗位的实际需要确定培训内容,做到学为所需、学以致用、学用结合。

(3)突出能力的原则。抓住关键,以提高技术能力、安全能力为重点,增强实际应用能力的培训,突出培训的实践性、操作性、应用性。

(4)讲究时效的原则。注重方法,依据成人学习的特征和现场培训的特点,在传承传统的同时,充分利用网络技术、影像、现场实操,使培训更加生动、灵活、有效。

(5)评估效果的原则。培训后通过观察、沟通、交流、考试、考核等方式,对培训效果进行评估,总结经验与教训,以促进班组培训工作持续提升。

(6)反馈效果的原则。培训后要巩固所学,强化应用,并定期检查,适时考核,及时纠正错误和偏差。

三、班组培训的内容

班组培训主要包括三个方面,即态度培训、知识培训和技能培训。

(1)态度培训包括企业文化、行为规范、人际关系、价值观、职业道德等方面,是以组织需求为主要目的的培训。

(2)知识培训包括岗位专业知识、HSE知识培训,使员工具备完成本职工作所必需的知识,并不断学习和掌握所需的新知识。

(3)技能培训包括岗位职责、工艺流程及相应操作规范的培训,使员工具备完成本职工作所必需的技能,同时包括绝活、绝技培训。

四、班组培训的有效方法

现场常用的培训方法有集中讲授法、技能示范法、专题培训法、干中学法、案例分析法、师带徒法等,由于各种培训方法具有各自的优缺点,在实施中往往需要将多种方法配合起来。

(1)集中讲授法。即培训师通过语言表达或利用幻灯片、电影、录像、录音等多媒体,系统地向受训者传授知识,期望员工能记住其中的重要观念与特定知识。集中讲授法适用于解决认知方面的问题,如法律法规、企业文化、规章制度、专业理论及新设备、新工艺、新技术、新材料知识等。

(2)技能示范法。即培训师运用现场的设备、工具、材料等实物和场景,操作示范、讲解要领,让员工模仿操作。技能示范法适用于解决操作技能类问题,如操作规程、绝技、绝活等。

（3）专题培训法。即针对性的专项培训方法，班组可以结合生产实际，组织"一事一物"的专题培训，以查违纠偏、提升专项能力为主要目的。专题培训法适用于解决生产中遇到的个案问题或新规程的宣贯，如起下钻遇阻处理、应急预案学习等。

（4）干中学法。即在干中学、在学中干的培训方法，适用于解决岗位技能提升的问题，如员工岗位晋级后的适应性培训等。

（5）案例分析法。即培训师对典型案例进行描述，员工参与原因分析与控制措施讨论，进而引起感性共鸣、达成认识统一，最终形成以案例为警示、遵守操作规程、规范作业的好习惯。案例分析法适用于解决员工普遍存在的不规范操作或心存侥幸地违章作业等问题，如违章操作引发的事故分析学习。

（6）师带徒法。即由班组安排一名技能素质高、工作责任心强、善于沟通的员工担任师傅，结合岗位职责、工作流程、操作规程，采用言传身教的方法，给徒弟传授专业知识、岗位技能。师带徒式培训法是一种传统的、行之有效的、广泛应用的培训方法，尤其针对新员工培训效果更为突出。

[案例4-6]

示范培训排头兵

川庆川东钻探公司有一支以示范培训为主，集中讲授为辅，采取"一对一"培训为一体的巡回教导队，常年深入在钻井、试修第一线，按钻井、试修队岗位设置配备教导员。在进入作业现场前，教导员与岗位员工"配对"，从个人防护用品穿戴起到班后会止，全程陪同，由岗位员工按常规方法工作，教导员肯定正确的操作，纠正非标准的操作，并示范标准操作。

案例启发：川东钻探教导队6年长途移动式的上门培训，根据培训需求，拟定培训重点，有效解决了工学矛盾，夯实了一线员工的技能基础，提高了安全生产能力。这既创新了培训方式、改进了管理，又非常"接地气"，深受员工欢迎和管理者肯定。

五、培训效果评价

培训效果评价一方面是对学习培训效果的检验，另一方面是对培训工作的总结。效果评价的方法分为过程评估和事后评估，可采用问卷调查、访谈、对比分析等方式。

（一）培训有效性评价

（1）员工专业知识增加。员工具备了完成岗位所必需的基础知识、专业知识、HSE 知识，而且员工能很好地了解企业的基本情况，如企业的发展前景、战略目标、经营方针、规章制度等。

（2）员工岗位技能提升。员工具备了岗位工作所需技能，如操作技能、检查维护技能、应急处置能力等。

（3）员工劳动态度改观。员工适应并融入企业文化，增强了职业精神，培养了团队合作意识，企业与员工之间建立了相互信任的关系。

（4）员工行为意识改善。员工知识技能的提高和工作态度的积极转变，是通过岗位工作体现的，把知识、技能运用到实践中，用积极的态度更好地完成本职工作。

（5）组织效益逐步增加。员工将培训结果及时运用到工作中，提高工作质量和安全环保质量，降低组织的生产成本，最终增加了组织的效益。

（二）培训工作总结

（1）培训方式——员工对此方式是否感兴趣？
（2）培训内容——员工岗位工作中是否有用？
（3）培训师能力——员工是否认可？
（4）培训激励——是否对学习认真且效果明显的员工给予表彰和激励？

六、班组培训注意事项

（1）持证培训必须列入班组培训计划，提供必需的培训条件。

（2）班组长要积极参与培训。班组长在班组中最具有权威性、影响力，是培训师，是教练，更是学员，切不可只组织不参与、只动口不动手。

（3）培训的基本目的是为了胜任当前工作，最终挖掘员工潜能。班组培训应立足于基本目的，即员工的应知、应会、应能，务实避虚，"接地气"，避免"跟风""走形式"，在达到基本目的的前提下，根据员工个体潜质，挖掘其能力。

（4）班组培训不仅要"培"更要"训"。培养、培育是传授态度、知识的方法，训练、训导是传授正确操作、规范行为的方法。班组在"培"的同时，更需要"训"，手脑结合，把知识变成行为，把态度变成行动。班组培训切忌"动口不动手"或"动手不动口"。

（5）班组培训不仅要考评更要激励。班组培训管理要建立考核评估机制，以考促训,以考促学,考评与考试相结合;建立培训激励机制,将培训考试考核成绩与个人创优评先、奖金分配等挂钩,并记入个人档案;大张旗鼓地表彰和奖励培训中的优秀员工,激发员工学习的内在动力和积极进取、力争上游的热情,营造一种想学习、爱学习、学习有出路、学习有奔头的良好氛围。

[案例 4-7]

终生学习,成就钻机领域的"杏林高手"

在川庆川东钻探公司重庆市渝北区石油基地,有一个冉鹏电工技能专家工作室,这个工作室被誉为钻机"神医"。

工作室"掌门人"冉鹏,20 世纪 80 年代毕业于石油技校,是集团公司技能专家、全国"五一劳动奖章"获得者,享受国务院特殊津贴。

冉鹏工作室专治钻井装备疑难杂症,就连厂家解决不了的装备故障也被他们攻克了。2010 年 10 月 15 日,雪佛龙项目电动钻机 SCR 电控系统在广汉宏华厂调试时发生故障,厂家表示"没有能力处理,需要从美国买配件,最快也要两个月才能到"。为迅速恢复生产,公司安排冉鹏带领工作室人员赶往广汉宏华厂。他们到达后,不到两个小时,就从 SCR 电控系统 AC 控制模块中查出损坏的故障元器件,并采用国产器件替换,彻底排除了故障,不仅节约了购买配件的费用,更为项目建设赢得宝贵时间。厂家工程师连声说:"这才是真正的专家!"

冉鹏工作室成立 5 年来,数十次快速排除设备疑难问题,多次使严重损坏的设备"起死回生",累计为企业节省采购资金 600 多万元,挽回因设备故障停产造成的间接经济损失几千万元。冉鹏工作室总结形成的排除井场电气设备故障方法,被公司命名为"冉鹏井场电子电气设备故障快速排除法"。

案例启发:冉鹏从钻井队一名柴油机助手、司机、大班司机到集团公司技能专家的职业生涯道路,是一条终生学习的道路,在最平凡的岗位上成就了自己不平凡的职业生涯,是"干中学"的典范。

第六节 班组人员管理

一、班组人员的选配

相对而言,石油钻探企业班组,是一个能够独立运行的作业单元,即配套完整的生产设备,配备齐全的管理、技术、操作人员,按照自己固有的作业方式运行生产,完成既定的生产任务。一般来说,一个完整的班组是由管理、技术、操作、服务四个层面的、按照一定比例的员工构成。较为典型的如石油钻井施工队伍,设置队长、副队长、党支部书记等管理层;由工程技术员、钻井液技术员、电气与机械工程技术人员等组成技术层;由钻井司钻、副司钻、井架工、内外钳工、场地工、柴油机工、钻井液工等组成操作层;由卫生服务员、餐饮服务人员等组成服务层。

班组作业人员的配备,应根据班组作业需要,为各种不同的工作配备相应工种和等级的员工,使人尽其才、人事相宜,高效率、满负荷、保质保量地完成生产任务。

(一)班组人员配备的要求

(1)能发挥班组人员的专长和积极性。班组人员的配备要根据员工工种、技术水平等级、劳动态度、身体素质乃至兴趣爱好、个性特点等方面的差别,安排他们到适合的工作岗位上去,扬长避短、发挥所能、彰显所好。尽量避免某一工种的人去做另一工种的事,核心员工去做辅助员工的事,技术级别高的员工去做技术等级低的工作。对于某些技术复杂、要求高的关键性工作岗位,就需要配备责任心强、技能熟练、技术水平高、经验丰富的员工,必要时,要考虑为其配备合适的助手或学徒,使其将自己的技术技能传递下去、传播开来,最终培养出一支高技术、高技能的班组团队。

(2)能保证班组人员有足够的工作量。班组人员配备使每个员工都有足够的工作量,适当扩大工作范围,保证员工有充分的工作负荷。配备员工时要考虑工作量的大小以及技术难易程度。石油钻探企业因其特殊的作业环境和生产过程,需考虑岗位员工在胜任本岗位工作的同时,学习掌握其他岗位的知识技能,如外钳工学习内钳工岗位的知识技能、内钳工学习井架工岗位的知识技能,实现技能互通或岗位兼职,以备相邻岗位员工休假时顶其岗位工作。员工长期从事一种简单、重复的工作,不利于其操作技能、专业技术的提升,更影响其工作主观能动性。岗位交流是激励人才成长的关键因素,一个优秀的班组若缺乏岗位交流的空间和机会,其业绩势必滑坡。

(3)能使每个班组人员都有明确的责任。班组配备员工时,对工作任务的数量、质量、完成期限等方面,都要有明确的规定,以利于建立并落实岗位责任制,消除无人负责的现象。如班组生产定额、质量要求、时间节点,在班组年度工作目标或具体的班前会上都要有明确的要求。如果是一个员工能独立完成的工作,尽量安排一个人负责,避免配合作业中出现的失误造成质量、安全等问题。如果需要两人或两个以上人员合作方能完成的工作,应设置作业小组,指定组长专人负责,并明确规定小组成员的职责范围,有助于团结、协作。

（二）班组人员配备的方法

一般而言，班组人员配备的方法主要有以下几种：

（1）按劳动率定员。按劳动率定员是指根据工作量和劳动定额来计算班组人员的人数。如果能实行劳动定额管理的工种，都可以采用这种方法计算班组员工数量。

（2）按岗位定员。按岗位定员是指根据工作班组岗位多少来计算班组员工数量。目前石油钻探企业生产班组员工定员多采取此种方式，对于那些不宜制定定额的工种、工作则不宜采用此方法。

（3）按比例定员。按比例定员就是指按与员工总数或某一类人员总数的比例来计算班组员工人数。班组员工人数随着员工总数或某一类人员总数的增减而相应增减。这种方法一般适用于非直接生产员工、辅助岗位员工。

（4）按设备定员。按设备定员是指根据看管设备岗位的多少或看管定额来确定班组员工数量。

（5）按机构定员。按机构定员是指根据组织机构、职责范围和业务分工来确定班组员工数量。这种方法适用于管理人员和工程技术人员的人员配备。

（6）其他方法。如相关与回归分析法、最佳判断法、良好工作人员法等。

（三）班组人员配备应考虑的因素

班组人员配备应考虑以下比例关系因素：

（1）生产与非生产人员的比例关系。工作和从事产品设计与制造的专职工程技术人员，一般定为企业生产人员，其他各类人员则为非生产人员。非生产人员是保证企业生产经营正常进行所不可缺少的，但因为他们不从事产品生产，所以这类人员配备过多，就会使机制臃肿、人浮于事，既不利于降低人工成本和提高生产率，也不利于加强经营管理。而配备过少，又将影响生产的正常进行。这两类人员的配置必须保持合理比例。

（2）基本人员与辅助人员间的比例关系。这两类员工都是从事产品生产的，都属于直接生产人员，但他们在生产中所起的作用却不相同。如果基本员工配备过多、辅助员工配备过少，就会使基本员工负担过多的辅助工作，影响基本员工专业技术的发挥；反之，辅助员工配备多了，也会影响劳动生产率的提高。他们之间的比例关系，应当根据各个行业的生产特点和技术要求拟定。

（3）管理人员与非管理人员的比例关系。管理人员是企业经营管理的重要力量。一定数量和品质的管理人员，对于企业的发展起着十分重要的作用。但管理人员也有一个数量的上限,以管理人员占全员总数的6%～7%为宜。过少则会出现顾此失彼的现象,过多又会出现一事多人管理的混乱局面,同时,会让员工感到讲话的人多、干活的人少,反而会激化矛盾、埋下隐患。

(4)男女员工的比例关系。由于石油钻探企业特殊的工作性质,在班组员工配置上,往往会出现清一色的男员工的现象,虽然从体能、精力等方面保障了班组生产,但由于班组女性员工的缺失,会导致男性员工在工作过程中"野性"过于张扬,容易引发安全问题,同时会导致其情绪的不稳定和性格上的缺陷。如果允许,应合理配置适当比例的女性员工。

(5)年龄结构比例关系。一般而言,大龄是表示能力的尺度,年龄增加就意味着经验和知识的增加,意味着由此而产生的能力的增强;但在另一方面也意味着班组人员吸收新知识、获得新技能的弹性降低,同时也意味着体能降低、精力不足、反应迟缓等。因此,年龄对劳动效率和生产安全影响也很大。实践证明,30岁左右的员工,在正常状况下,生产效率最高。

总而言之,班组员工的配备原则是将合适的人放到合适的岗位上去;将工作安排给喜欢做且能做好的员工去做;让优秀的员工影响、带动个别相对在技能、工作态度上有差距的员工。最终营造人人有事做、事事有人管和工作有标准、操作有规范、过程有监督、结果有考核的良好工作氛围。

二、班组人员的使用

班组人员使用的目标是最大限度地激发其活力,做到人尽其才。班组长在管理、支配班组员工时应考虑其年龄、文化背景、身体状况、技能水平、工作态度以及家庭等因素,从而采取不同的策略。尤其对不同用工形式、不同性别、不同年龄的员工使用是否恰当,不仅仅是班组长能力的体现,更决定着班组生产力。

(一)合同化员工的使用

合同化员工是早期以部队转业军人、院校毕业学生、企业内招子弟等身份进入企业的,由于其进入企业早、工龄长、贡献大,往往以企业的主人自居,有较强的优越感。这部分员工的最明显特点是:(1)逐渐呈大龄化趋势,基本上都在45岁左右,体能、精力与年轻员工有差距;对学习新知识、新技能不够积极,习惯老做法、老经验,对技术含量高的工作不易胜任。(2)工作中容易情绪化,因同龄人大多都提拔到管理、技术岗位,由于心理的原因,对不合自己心情的工作,喜欢摆老资格、讲条件、随着性子干。(3)与年轻员工间交流缺乏热情。目前,很多班组的合同化员工比重不到10%,基本有自己独特的社交圈子和生活方式,与年轻员工的兴趣、爱好不同,在交流上或多或少存在障碍。

基于此,对于合同化员工的使用,首先要肯定和尊重其长期以来对企业的贡献,认可他们的价值;其次,鼓励其继续发扬石油人的优良传统,一如既往地发挥作用并影响和带动身边的员工,最大可能地将自己的技能、经验传授给新员工;再次,引导其尊重其他员工,以平等的身份、宽容的心态与班组员工和睦共处,最终使班组成员能够融为一体、形成合力。同时,作为班组长,既要有宽容的胸怀,也要有担当的精神,在使用合同化员工时,需考虑其成长的心路历程,进而换位思考,给予最大的关怀和支持。

（二）女性员工的使用

石油钻探企业班组尤其生产一线班组的人事、劳务管理以及主要作业实施者大多是男性员工,必然会出现从男性立场出发来实施管理、组织生产的倾向,但在生产二三线的班组,又往往以女性员工居多。作为班组长,在人员管理过程中,既要考虑男性员工的主力作用,更要考虑女性员工的协作价值。

（三）大龄化员工的使用

随着企业对员工经验和资历、专业化生产、专业化管理重视程度越来越高,势必将有更多的大龄化员工继续坚守岗位,发挥专长和特有作用。班组长应特别重视大龄化员工的使用,在使用过程中应考虑如下因素:

（1）发挥大龄化员工的优点。有研究显示,人身体的各种素质以20岁为顶点,随后就呈现下降趋势,并且随着年龄的增加,视力、听力、脑力、精力、运动机能、记忆力等逐渐衰退。但随着年龄的增长而不断成长的功能有注意力、判断力、协调力等,并且所掌握的知识、技术、技能随着年龄的增加而越丰富。同时,在石油钻探企业,尤其实行倒班作业的班组中,大龄化员工的优势更为突出,一是夜班中相对瞌睡少、精力充沛;二是岗位生产间隙,习惯在施工场所巡回,适时了解设备运转状况,能够及时避免设备故障而引发的事故;三是耐力好,能够持久地、不折不扣地完成岗位工作。所以,在使用大龄化员工的过程中,应注意发挥其优点,并充分考虑其存在的不足,如体力不足、学会新工作要花费时间、有拘泥过去工作经验的倾向、对需要迅速判断力的工作不擅长、对获取新知识不擅长等。

（2）改善工作内容。在使用大龄化员工时,尽量考虑可以发挥其经验的工作、离开生产线的援助性工作、与青年员工组合的工作等。

（3）安排适宜的劳动时间。如限制加班、导入弹性时间、奖励每年一次的带薪休假等。

（4）改善现场工作环境。如尽可能改善照明、室温、噪声、湿度等。

（5）给予最大的尊重和爱护。班组长在关爱大龄化员工的同时，应教育班组员工尊重、爱护大龄化员工，鼓励大龄化员工发挥优势、积极投入。

[案例 4-8]

一次险兆事件的处理

川庆钻探公司某钻井队零点班，正常钻进。由于已经到了凌晨四点多，钻工们干完岗位工作就坐在旁边休息。刘司钻在司控房正在操作刹把送钻，突然，场地工老张跌跌撞撞地跑了进来，由于年纪大，上气不接下气地对刘司钻说："不好了，柴油机冒油了……"刘司钻赶紧鸣喇叭、停转盘、上提方钻杆、排查整改。由于处置及时，避免了一次柴油机拉缸事件，保证了井筒安全。

原来，负责看护柴油机的员工在检查完柴油机正常工作后，就坐在气瓶房休息，不想离开不久，带钻井泵的 2 号柴油机机油管线突然爆裂，机油一下子喷了出来。而此时，场地工老张正在场地上巡视，发现了问题，避免了一起事故。

案例分析：员工老张虽然在体力上、精力上不如年轻人充沛，但他们的优点也较多，如经验丰富、技能过硬，对异常的响动会有敏锐的警觉，对工作中所遇到的疑难杂症有巧妙的判断和解决方法。尤其在夜班工作中，大龄化员工的瞌睡少、耐力好、善操心的作用就能得以最大彰显。

（四）市场化用工的使用

随着企业的发展，市场化用工基本已是石油钻探企业用工形式的一大趋势。完全可以想象，在不久的将来，合同化员工将会退出企业的舞台，而在实践中逐渐成长起来的市场化员工，也势必将肩负更重要的企业使命和责任。在当前市场化员工成长阶段，在与企业合同化员工一道推进石油钻探企业发展的进程中，市场化员工也因其身份的特殊性，需酌情特殊对待。

据初步统计，目前，某钻探公司钻井队员工中，市场化员工比例已占到 80% 左右。

1. 市场化员工增加的原因

可进行简单的作业；人工成本更低；容易指挥。

2. 市场化员工使用中存在的问题

市场化员工可能会认为自己从事的是临时职业，缺乏对工作的热情和通过学习提高技能的动力;流动性大,自身的去留完全取决于企业效益好的好坏,对企业的认同度和归属感明显不高;认识存在偏差,认为自己即使努力工作,也没有晋升的机会,似乎自己总是局外人,永远不会被企业所吸纳;薪酬不断提高,市场化员工的人工成本优势逐渐消失。

3. 班组使用市场化员工的要点

聘用时的要点:了解家庭情况及文化背景(在不侵犯隐私的程度内);了解工作经历与动机;了解兴趣爱好。

上班时的要点:在其技能熟练之前要指定师傅;请假要让其事先提出申请;说明时间规则和组织上的命令并要求其遵守;一视同仁、相互尊重,最大限度地彰显其工在工作、生活中所享有的民主权和享受公平、公正的待遇。

作业时的要点:以工作经历为参考,努力做到才尽其用;让其从事实际作业前就作业方法进行必要的培训;使其融入班组文化;培养其对危险的警惕及对事故的认识,树立安全防范意识,提高安全操作技能。

[案例 4-9]

"不安分"的小张

小张在进入钻井队前,在社会上从事了很多工作,多的时候一年能换三四家公司,来到钻井队当钻工后,没干一个月又"不安分"了。他认为,钻井队苦、累、环境不好他都能接受,就是总觉得自己是局外人,干得再好,也永远不会有升迁的机会,到干不动的时候,就会被毫不留情地辞退,那时候,他就和钻井队没有一毛钱的关系了,公司也不会关心他养老等问题。

司钻小田了解小张的"光荣历史",也认可其聪明、勤快等优点,觉得他是个能培养起来的好苗子,应该帮助他打消疑虑。小田帮小张分析,现在钻探企业市场化用工已成为常态,每支钻井队现有的合同化员工,由于年龄的关系,退休的退休、转岗的转岗,仅有的几个,也基本都快到了退休年龄。那个时候,钻井队员工就成了清一色的市场化临时用工,队长副队长谁干、书记谁干、技术人员谁干?怎么能说你们没有升迁的机会呢。问题是,你准备好了吗?到需要提拔一名副队长的时候,你的能力具备吗?

小张豁然开朗,不再提跳槽的事情了,反而更热心、更投入地工作,还利用工余时间学习钻井专业知识了。

案例分析:当前,石油钻探企业在员工用工形式的选择上,基本上多倾向于市场化用工,但是,市场化员工也具有极大的不稳定性,他们自认为没有前途,容易丧失上进心。作为班组长,不仅仅是带领员工工作,更应关注其身心需求和职业愿景,尽可能地帮助、指导、培养其成长为企业生产骨干。

(五)新员工的试用

新员工试用期一般为3~6个月,根据工种不同,在聘用之后,即应决定试用期的长短。

1. 教导期

对新员工应进行必要的教育和培训,使其掌握应知应会事项,如公司规章制度,公司生产、生活环境与性质,基本技能与基础知识,相关国家法律法规,拟任工作的操作规程与安全事项,其他必要的知识、技能。

2. 适应期

新员工经过必要的岗前培训后,可以安排简单的操作工作使其在实践中逐步适应,注意工作难度应由浅入深、循序渐进,并由基层干部或资深员工进行必要的指导、监督,同时签订师徒协议,明确专人负责其日常的工作辅导。

3. 稳定期

当新员工逐渐融入团队后,掌握了必要的工作技能,进入了稳定发展的阶段,此时不胜任者与优秀者就可以区分出来,班组长应及时协助、指正,对不胜任者可尽早决定解聘或延长试用时间。

第七节　资料信息管理

一、资料信息管理的概念

所谓资料信息管理,是指对人类社会信息活动的各种相关因素(主要是人、信息、技术和机构)进行科学地计划、组织、控制和协调,以实现信息资源的合理开发与有效利用。

资料是一个相对性、动态性极强的概念,外延极宽。只要对我们研究解决某一问题有信息支持价值,无论其具体是什么,均视为资料。基层班组在工程技术服务过程中的每个环节都要涉及大量资料,如工程技术方案、过程控制方案等生产、管理信息,均以纸质、电子信息的形式存在我们日常管理的各个层面。从某种意义上来说,资料管理过程实际上是对生产经营活动管理的过程。因此,班组长在日常管理工作中,应充分学习、分析并应用好现场各种资料。

钻探工程技术服务企业可以统计分析基层班组填写的生产日报表、周报表,及时掌握生产动态,通过系统自动生成不同需求的报表,为生产经营者提供决策依据,确保生产有序运行。

同样,通过制定完善的信息管理制度,采用现代化的信息技术,保证信息系统有效运转的工作过程也是信息管理的过程。信息管理既有静态管理,又有动态管理,但更重要的是动态管理。它不仅仅要保证信息资料的完整状态,而且还要保证信息系统在"信息输入—信息输出"的循环中正常运行,确保信息的有效性和及时性。

二、资料信息管理的意义

班组在生产经营活动中产生大量资料信息都是按规范要求积累而形成的完整、真实、具体的工程技术资料,是工程技术服务企业竣工验收交付的必要条件,也是工程在后期进行检查、维护、改造、扩建的重要依据。由于信息技术的发展,使班组生产信息向上集成的时效性更高,对固有的经营思想和管理模式产生了强烈冲击。同时,信息作为一种资源已不再仅仅支撑企业战略,而且还有助于决定企业战略,信息战略成为企业战略不可分割的一部分。企业竞争优势也不再仅限于成本、差异性和目标集聚三种形式,企业信息化形成的独特竞争优势逐渐成为企业竞争的优先级竞争优势,企业信息化成为不可阻挡的必然趋势,其意义主要体现在以下方面:

(1)推动业务流程重组、促进组织结构优化。

(2)有效降低成本,扩大竞争范围。

(3)加快技术创新,提高差别化。

(4)提高企业的整体管理水平。信息化促进安全生产管理精细化、规范化、标准化,确保石油钻探企业生产安全、稳定、受控运行。

目前,中国石油天然气集团公司建立完善的三级信息管理机制,一级面向集团公司工程技术分公司;二级面向地区公司,一般为局级单位;三级面向专业化公司,如钻井、测井、录井、固井等专业化服务公司。不同层级关注信息的侧重点不同,基础班组主要通过资料信息应用,实现现场作业数据快速共享,为上级部门准确、快速做出科学的决策提供依据。

现阶段,班组主要依托以公司专业数据库系统为代表的工程技术生产运行管理系统，以数字地面、数字地下、数字井筒为代表的工程技术物联网系统，以数字化井场、运输动态监控系统、井场信息远程实时传输为代表的现场信息远程传输管理平台等一系列专业信息应用系统。依托这些信息平台，不断提升班组长作业现场安全监控能力、生产运行管控能力、市场开拓能力、技术把关能力、质量保障能力和成本控制能力，为本班组的生产经营提供科学的决策依据。

三、信息管理分类

（一）生产信息管理

班组在生产过程中会涉及诸多生产信息。一口油气井项目从设计到最后投入生产，钻探工程技术服务企业班组涉及的生产信息主要包含区块地质勘探信息，地质及工程设计方案，钻井及钻井液、录井、测井、固井等施工作业方案及生产报表、设备运行报表、安全报表等各类信息。此类生产信息及时汇总并在内部单位共享，有利于各分包商及时掌握施工时间节点，合理安排施工周期，提高运作效率。同时反过来可以为下步勘探开发提供依据，有利于决策层对勘探开发投资有效监管，逐步提高钻探企业工程技术服务能力。因此，班组长只有管理好班组生产信息，才能为企业的发展提供真实的决策依据。

钻探工程技术服务企业由于作业性质，基层单位或班组分布在不同区域或长期从事野外作业，班组每天的生产动态情况只能以班组日报表的形式及时向上级部门汇报，以达到信息共享的目的。对于班组日报表，一般要求上午九点之前完成前一天的生产动态信息的报送。班组在报表中汇报的每项都会涉及不同的作业，例如，作业内容、作业井段、测射井次累计可以结合其他报表，为市场开拓方面服务；计划作业方案、施工工艺、弱点设置、弱点使用情况为生产运行方面服务；主要风险及控制措施落实情况、异常情况说明为安全方面服务；接交井时间、是否返工为成本控制方面服务；通过日报表自动生成年报表后，运用大数据分析，最后为企业生产经营提供科学的决策依据。

（二）办公信息管理

1. OA 系统

OA 是 Office Automation 的简写，即办公自动化，是指通过先进的计算机技术、有线和无线等网络通信技术，处理单位内部的工作，实现协同审批，辅助办公管理，提高办公效率。该系统既可轻松完成基层班组现场信息发布、车辆管理、油料管理等，也可以实现联网办公、移动办公和无纸化办公，实现资源共享、知识积累、数据智能分析，同时充分掌握现场第一手资料，辅助管理人员运筹帷幄，提前做好生产安排。

2. 电子邮件系统

电子邮件系统是集团公司信息系统中基础设施类项目的一个重要组成部分，该系统安全、稳定并采用集中方式部署，同时满足等级保护、容灾要求，为集团公司员工提供满足企业信息安全要求的电子邮件服务。员工可通过访问邮件系统登录页面、在内网通过企业定制 PC 邮件客户端、企业定制的手机邮件客户端进行邮件的收发。目前基层班组主要是通过内部邮箱的方式向公司发送相关工作报表、设备运转统计及生产准备等各方面生产信息。

3. 远程考试与培训系统

员工只要输入本人 ERP 编号和相应密码就可以登陆中国石油远程培训学习平台进行学习和考试。有效解决基层员工培训资源匮乏、培训效率低下、培训效果差等诸多客观存在的问题，为落实人才强企战略奠定了坚实的基础。

(三)HSE 信息管理

根据木桶原理，HSE 能力低下的员工决定了班组 HSE 综合能力。班组长可结合班组员工实际，采用自评、互评、定期考评及理论测评与日常操作观察等多种方式进行综合评估，合格一项通过一项，并将评估内容及结果以文档形式记入员工 HSE 信息管理档案。班组 HSE 信息管理的重点就是对员工 HSE 能力评估全过程的记录性文件的管理，并参照以下基本程序进行。

(1)以班组长为第一责任人，成立评估小组，制订评估方案，明确职责和分工，形成完善的评估体系并记录在班组 HSE 信息管理体系中。

(2)根据班组实际，采取纸版试卷或计算机答题等方式进行操作技能笔试测试，按 HSE 基本能力评估清单规定项目、内容和方法进行面试评估，并将考核载体留底备查，作为员工 HSE 信息的一部分记入员工 HSE 档案。

(3)查阅个人事故、违章等资料。员工在岗期间的违章等不良记录将是员工 HSE 考核的重要依据之一。

(4)对被评估员工进行综合打分，将最终的打分结果存入员工 HSE 档案记录中，并将作为员工年度 HSE 考核的重要依据之一。

(5)根据综合打分对被评估员工进行总体评估，统计分析项目合格率和技能短板。

(6)汇总、总结、评审评估工作，建立评估登记，存档备查并上报有关部门。

（四）培训信息管理

1. 培训档案

基层班组培训档案主要包括员工培训档案、培训管理档案、培训课程档案三类。员工培训档案是为体现员工在一定时期内参加培训项目的记录性文件，主要内容应当包括员工姓名、培训项目、培训方式、培训课时、培训结果（笔试及实操评估成绩）、培训日期、授课人、培训地点等信息，实行动态管理。

培训管理档案是指基层班组培训管理过程中形成的一些过程性文件档案，包括基层班组培训计划、培训试卷、培训签到、培训效果验证、培训总结、内外部培训师资档案等资料信息。

培训课程档案主要包括基层班组培训课件、培训教程、操作规程等资料信息。

2. 培训档案信息管理

基层班组培训档案应当由人事部门统一管理，由基层班组进行信息采集与记载，按年度报人事部门汇总存档。其中，员工培训档案、培训管理档案是法律和企业制度规定的痕迹化管理内容，而培训课程档案则是企业传承、累积专业知识与技能的核心。随着石油钻探企业的发展，班组培训档案信息将与员工的绩效考核、薪酬调整、职务晋升等建立档案间的关联，合力推进基层班组培训发挥重要作用。

四、资料信息录入要求

（一）资料信息录入的及时性

信息的管理必须最迅速、最敏捷地反映出工作的进程和动态，适时地记录下已发生的情况和问题，并及时传递信息，才能高效地为决策、指挥和控制提供依据。

（二）资料信息录入的准确性

信息录入不仅要求及时更要求准确。准确的信息才能使决策者做出正确的判断，失真甚至错误的信息，不但不能对管理工作起到指导作用，相反还会导致管理工作的失误。为保证信息准确，首先，要求原始信息采集可靠，只有可靠的原始信息才能加工出准确的信息。班组信息工作者在收集和整理原始材料的时候必须坚持实事求是的态度，克服主观随意性，对原始材料认真加以核实，使其能够准确反映实际情况。其次，保持信息的统一性和唯一性，一个管理系统的各个环节，既相互联系又相互制约,反映这些环节活动的信息有着严密的相关性。系统中许多信息能够在不同的管理活动中共同享用,这就要求系统内的信息应具有统一性和唯一性。因此,在加工整理信息时,要注意信息的统一,也要做到计量单位相同,以免在信息使用时造成混乱现象。

五、资料信息保密管理

(一)资料信息定密管理

保密工作实行统一领导、归口管理、分级负责、分级管理的原则,确保国家秘密和商业秘密在一定时间内只限定一定范围人员知悉。

(1)国家秘密。国家秘密的密级分为绝密、机密和秘密三级。国家秘密的保密期限,除另有规定外,绝密级不超过30年,机密级不超过20年,秘密级不超过10年。经国家机关授权后,集团公司及相关企业具有国家秘密定密权,相应负责人及指定人员为定密责任人。被授权单位不得再行转授。国家秘密标志的具体形式为"密级★保密期限""密级★解密时间""密级★解密条件"。

(2)商业秘密。商业秘密分为核心、普通两级。核心商密是重要的商业秘密,泄露会使企业经济利益遭受严重损害,保密期限一般不超过10年。普通商密是指一般的商业秘密,泄露会使企业经济利益遭受损害,保密期限一般不超过5年。

商业秘密事项按照集团公司商业秘密分级保护目录确定。目录由总部部门、专业分公司编制修订,集团公司保密办统一发布。总部部门、专业分公司和所属企业具有核心商密、普通商密定密权,所属二级单位具有普通商密定密权,相应的负责人及其指定人员为商业秘密定密责任人。商业秘密定密权不得转授。确定、变更和解除本单位的国家秘密、商业秘密,应当经定密责任人审核批准。秘密事项一经确定,应在载体上做出秘密标志。秘密标志与载体不可分离,明显并易于识别。商业秘密标志的具体形式为"石油核心(普通)商密☆保密期限""石油核心(普通)商密☆解密时间""石油核心(普通)商密☆解密条件"。

(二)资料信息保密的重要性

2013年的出版的《国家泄密案件通报》中有这样一句话:因缺乏保密知识和保密常识导致的泄密案件居高不下,一些基层技术涉密人员不知不会,拱手送密,此类案件占全部案件的96.6%。因此,了解信息保密管理的相关知识对防止信息泄密有举足轻重的意义。

[案例 4–10]

三万口油井数据被出卖的"薛峰案"

2010年,集团公司通报了国家有关部门查处的薛峰窃密案:美籍华人薛峰,是美国一家HIS石油公司东北亚地区经理,利用其在中国石油某单位同学的关系,窃取了3万多口油气井的数据资料,后被判处有期徒刑8年并处没收个人财产20万元。

集团公司参与的多项国家能源战略项目都涉及国家战略,而一线班组管理人员,特别是班组长,又是这些项目的直接实施者,对项目情况了如指掌,如果班组长保密意识不强,随意或不经意将油气井地质资料、地理坐标、试油及生产等重要信息透露给自己的同学、朋友等,将会给企业造成巨大的经济损失。

(三)资料信息保密要求

分析近年来信息泄密案件可知,信息泄密主要方式是随口说出去、随手发出去、随身带出去、随意拷出去、随便扔出去。为防止泄密事件发生,涉密单位要签订保密责任书,落实领导责任;签订保密协议,落实管理责任;做好涉密人员管理。

[案例 4–11]

随意惹的祸

2014年6月,国家保密局接到关于中国石油某公司违规销毁涉密地形图纸的举报后,立即责成四川省保密局、测绘局和集团公司开展联合调查。虽然调查结果不能表明已造成了失泄密,但集团公司仍对该单位的违规行为进行了严肃处理。

案例分析:从案例中我们可以看到,涉密人员在处理废旧物品时没有严格执行相关处置程序,随意将涉密图纸销毁,最后让自己麻烦缠身。

针对石油钻探企业的特殊性,结合一线班组长工作环境及自身情况,防范资料泄密的手段主要有以下措施:

(1)涉密人员按不同涉密等级,实行任用、上岗、离岗(离职)、出国(境)全过程管理。

(2)购置、报废、捐赠涉密计算机(含便携式计算机)、复印机、传真机、扫描仪等办公设备和移动存储介质等,应当由保密办按有关规定审核、登记建档、技术认证。维修工作应由内部信息技术服务单位承担,内部单位无法维修的应选择具有相应保密资质的单位承担并签订保密协议。

（3）制作涉密载体,优先在集团公司内部单位进行,确需在外部制作的应选择具有秘密载体印制资质的单位。制作涉密载体的网络、设备等配置应符合相关保密规定。

（4）阅读和使用涉密载体,应当在具有安全保密措施的环境中进行。国家秘密载体的阅读和使用,应当在符合保密要求的办公室或机要阅文室进行,不得横向传递。绝密级载体应当在机要阅文室阅办。复制涉密载体应按规定履行审批程序,经授权后方可复制,复制件视同原件管理。绝密级载体严禁复制。

（5）存放涉密载体应有安全的专门场所和设备。涉及国家秘密的文件、资料,个人不得私自留存,应及时上交单位由专人负责管理。

（6）涉密载体应当按照制发机关和单位的要求,按照有关规定进行清退和销毁。销毁涉密载体应由使用单位登记造册,经本单位领导批准后,送交具有保密资质的单位集中销毁,或者使用符合保密要求的专用设备自行销毁。

（7）涉密会议活动的主办单位应当履行保密管理职责,制订保密方案。协办单位应当签订保密协议,采取相应保密措施。涉密会议应当在内部单位召开,涉及国家秘密和核心商业秘密的会议,不得通过普通电视电话会议形式召开。

（8）对外合作、交流、交易活动不得涉及国家秘密。涉及商业秘密的咨询、谈判、技术评审、成果鉴定、合作开发、项目验收、技术转让、合资入股、外部审计、尽职调查、清产核资等活动,应当根据实际需要限定信息范围和内容,经单位领导审批并与相关方签订保密协议。

（9）对外公开信息不得危及国家安全、公共安全、经济安全和社会稳定,不得涉及国家秘密、商业秘密、内部资料和个人隐私。信息公开坚持"谁公开、谁审查"和"先审查、后公开"的原则,未经解密审核、保密审查、技术处理不得公开。

（10）外部人员到集团公司及所属企业参观或参与公务活动,接待单位应向对方明确提示保密事项,按照确定的内容和范围进行,不得允许外部人员擅自记录、拍照、录音和摄像。涉及军工用品、国防科工项目等国家秘密的场所和保密要害部门部位应当采取严格保密措施,不得擅自决定对外开放、安排外部人员参观。

（11）使用普通电话、手机、传真机等设备,不得涉及国家秘密和商业秘密,不得存储、处理和传输涉密信息,不得连接涉密信息系统、涉密信息设备。

第五章 班组 HSE 管理

基层班组长在组织完成工作任务的前提下,要确保从业人员生命健康安全得到保障,要确保作业环境不受到污染和破坏,实现安全生产、清洁生产。因此,作为班组长,要对员工健康、安全和环保风险防控具备相应的管理知识,要了解和掌握生产作业活动中各类危害因素的识别与防控措施,并对现场各类突发事件具备相应的应急组织能力。

通过本章的学习,将会了解到:中国石油 HSE 管理体系;危害因素辨识与风险防控措施;班组应急管理知识和井控管理知识等。

第一节　中国石油 HSE 管理体系概述

一、HSE 管理体系的特点

(1)注重系统管理与过程控制相结合,突出现代企业管理的科学性和系统性。

HSE 管理体系将各管理要素有机结合,形成系统的、程序化的管理体系,克服了经验型、粗放型管理弊端。管理方式由过去分散型的制度化管理向系统化的科学管理转变,并逐渐形成以 HSE 文化建设为主导的管理体系。

(2)注重文化引导和制度规范相结合,突出现代社会人文精神。

HSE 管理体系强调标准化、规范化管理,它是健康、安全、环境管理的基础和底线。同时也注重安全文化建设,旨在培育企业良好的安全文化氛围,引导全体员工形成良好的 HSE 习惯。

(3)注重风险防范和应急处理相结合,突出全过程、全方位控制。

HSE 管理体系突出强调了风险管理的核心作用,通过风险识别,采取控制措施,将风险控制到可接受程度,最大限度地防范事故的发生。同时也高度重视防范措施失效后事故的应急处理,防止事态扩大,将损失降低到最低限度。

（4）注重业绩评估和持续改进相结合，突出过程监控和自我完善机制。

HSE 管理体系强调了目标指标管理的重要性。通过定期评估目标指标完成情况，考察企业 HSE 管理体系运行业绩。同时不断调整、更新这些目标指标，采取更加有效的措施，促进企业 HSE 管理体系持续改进。

（5）注重健康、安全与环境管理相结合，突出系统化、一体化要求。

石油天然气产业属于高风险产业，因健康、安全、环境管理与事故的关联性，必须控制健康、安全、环境方面的危害因素，杜绝事故的发生。HSE 管理体系正是将健康、安全与环境管理结合为一体的管理体系，符合现代企业的管理要求。

二、HSE 管理体系运行模式与框架

集团公司 HSE 管理体系框架由七个一级要素和 26 个二级要素组成，既包括了体系标准所需要的一些共性要素，又包括了一些具有集团公司特色的个性要素。新的规范标准满足了各级组织健康、安全与环境管理的需要，既保持了继承性又体现了很好的兼容性。集团公司 HSE 体系模式和框架如图 5-1、图 5-2 所示。

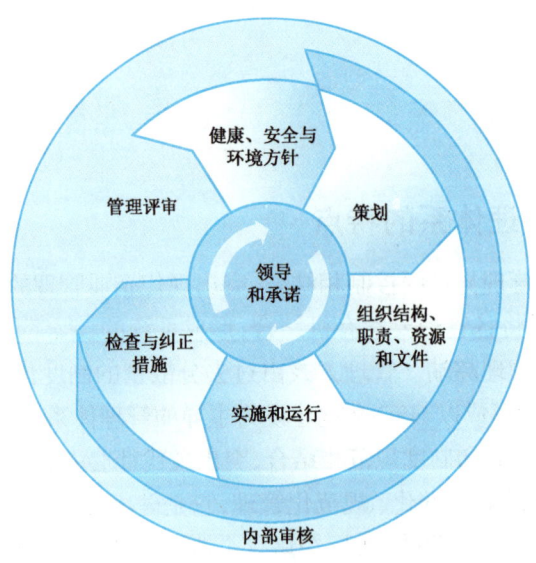

图 5-1　集团公司 HSE 体系运行模式

领导和承诺是 HSE 管理体系建立与实施的前提条件。各级最高管理者是建立实施 HSE 管理体系的第一责任人，应确保 HSE 管理责任的落实，并对持续改进 HSE 管理提供强有力的领导，履行承诺。

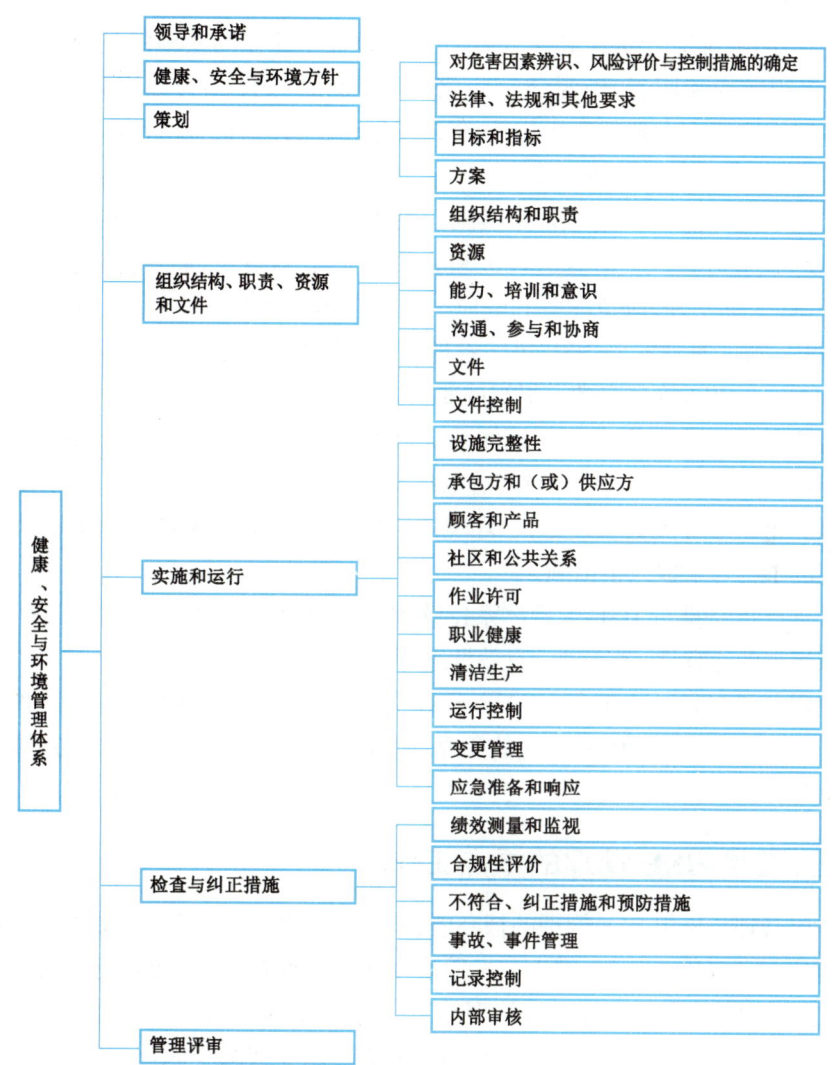

图 5-2　集团公司 HSE 体系框架

健康、安全与环境方针是 HSE 管理体系建立和实施的总体原则。统一的 HSE 方针是各级组织的行动原则和指南。组织应依据 HSE 战略目标建立层层负责的 HSE 目标责任制。

策划是 HSE 管理体系建立与实施的输入,包括 4 个要素：对危害因素辨识、风险评价和控制措施的确定,法律、法规和其他要求,目标和指标,方案。组织应制订 HSE 发展规划和年度计划,确定目标、指标；应针对活动任务开展危害因素辨识、评价和风险控制策划,编制管理方案。

组织结构、职责、资源和文件是 HSE 管理体系建立与实施的基础,包括 6 个要素:组织结构和职责,资源,能力、培训和意识,沟通、参与和协商,文件,文件控制。组织应建立合理的组织构架,促进员工广泛参与,确保资源合理配置,落实HSE 职责,并实施文件化的管理。

实施和运行是 HSE 管理体系实施的关键,包括 10 个要素:设施完整性,承包方和(或)供应方,顾客和产品,社区和公共关系,作业许可,职业健康,清洁生产,运行控制,变更管理,应急准备和响应。组织在运行的所有环节,贯彻 HSE 方针,履行 HSE 责任,有效实施 HSE 风险管理;控制设施、人员、过程(工艺)等变更风险;承包方的 HSE 管理应满足组织的要求。

检查和纠正措施是 HSE 管理体系有效运行的保障,包括 6 个要素:绩效测量和监视,合规性评价,不符合、纠正措施和预防措施,事故、事件管理,记录控制,内部审核。组织应开展健康、安全、环境监测和检查活动,定期组织内部审核,及时对发现的不符合采取纠正措施。

管理评审是推进 HSE 管理体系持续改进的动力。组织的最高管理者应定期对体系运行的适宜性、充分性、有效性进行评审,实现持续改进。

集团公司在其 HSE 政策的指导下,建立了一系列与每一要素相关联的绩效准则,它是形成企业良好 HSE 文化的需要,通过 HSE 管理绩效准则的成功实施促进HSE 管理体系的持续改进。

三、班组 HSE 管理的重点工作

风险管理是班组 HSE 管理的核心内容。在实际生产过程中,通过对生产安全、职业健康和环境因素辨识,并对其危险发生的可能性及其后果的严重程度进行评价;通过采用工程技术、教育和管理等手段消除或削减风险;通过制订和执行具体的方案(措施)实现对风险的控制,可以有效地防止或减少职业病危害以及安全和环境事故的发生。

由于石油天然气行业的危险性,以及体系管理中存在的缺陷或其他原因,都可能导致预防与控制措施失效,从而导致事故的发生或出现紧急情况。为能保障在突发情况下能够迅速、有序采取应对措施,防止事态扩大,把损失降低到最低,班组必须事先做好充分的准备,即应急管理工作。

井控工作是石油与天然气勘探开发过程中的重要风险管控环节,也是钻探企业安全生产工作中的重中之重。作为基层班组,要充分做好井控工作,把增强员工的井控意识、提高井控操作技能作为班组管理的重要内容进行落实,确保达到安全生产的目的。

四、常用 HSE 管理工具方法

(一)安全目视化管理

安全目视化管理是指通过安全色、图形、文字或符号等方式,明确人员的资质和身份、工器具和设备设施的状态,以及生产作业区域的状态的一种现场安全管理方法,以提示危险和方便现场管理。安全目视化管理分为人员目视化管理、工器具目视化管理、设备设施目视化管理、生产作业区域目视化管理等方面。

通过对安全目视化管理的推行,目的是提高现场管理水平,有效提升工作现场的安全管理绩效,营造安全的环境氛围。

(二)作业许可管理

作业许可是指在从事高危作业及缺乏工作程序(规程)的非常规作业之前,必须取得书面授权许可方可实施作业的一种管理制度。作业许可办理分为作业申请、作业批准、实施作业、作业关闭四个步骤。

通过推行作业许可制度,落实非常规作业、高危作业的安全工作方案,为作业人员提供控制风险和相互协调的指导方法。使员工养成作业风险未控制在允许承受的范围内不许作业、安全措施不到位不许作业、按标准作业的良好行为习惯。

(三)工作前安全分析

工作前安全分析是一种事先或定期对某项工作任务进行风险评价,并根据评价结果制订和实施相应的控制措施,最大限度地消除或控制风险的方法。工作前安全分析通常分为 6 个步骤:识别工作任务、划分作业步骤、识别每个步骤中的危害、评估每一危害的风险、研究制订风险防范措施、沟通与审批。

通过实施工作前安全分析,让参加作业的所有人员共同识别风险,共同研究制订风险的预防、控制与应急措施。同时,分析的过程也是大家主动参与的过程、互相提示的过程、作业前培训教育的过程。通过大家对风险辨识的参与,让大家带着任务、带着措施去施工,最大限度地减少工作的盲目性、不安全性,从而避免事故的发生。

(四)工作循环分析

工作循环分析是以专业技术人员/班组长和操作人员合作的方式,对已经制定的操作规程与操作人员实际操作行为/模拟操作行为进行分析和评价的一种方法。工作循环分析可分为五大步骤：准备阶段、初始评估、现场评估、最终评估、跟踪和分析。

工作循环分析的作用就是让基层员工全面参与规程的修订完善，通过对作业步骤的划分，再次识别各步骤中存在的危害，以及规程对风险的控制能力，从安全的角度重新审视操作规程的适宜性和可操作性，以便进一步修订和完善。

（五）安全经验分享

安全经验分享就是将本人亲身经历或看到、听到的有关安全、环境、健康方面的经验做法或事故、事件、不安全行为、不安全状态等教训总结出来，通过介绍和讲解在一定范围内使事故教训得到分享，典型经验得到推广的一项活动。

通过开展安全经验分享，能够启发员工互相学习，激发员工积极参与HSE管理，掌握正确的HSE做法，使其自觉纠正不安全习惯和行为，促进全体员工的HSE意识不断提高，提高员工的安全工作技能，形成良好的安全文化氛围。

（六）安全观察与沟通

安全观察与沟通是为各级管理人员特别设计的一种对安全行为和不安全行为进行观察、沟通和干预的安全管理方法。通过该方法的应用，能够养成员工良好的安全行为习惯。安全观察与沟通管理流程通常分为6部分：观察、表扬、讨论、沟通、启发、感谢。

通过观察与沟通，肯定员工的安全行为，纠正不安全行为，可以不断提高员工安全意识和技能，同时，通过分析观察与沟通的信息建立，可为管理人员提供管理决策，从而减少不安全行为和事故的发生。

（七）上锁挂签

上锁挂签是在检维修作业或其他作业过程中，为防止人员误操作导致危险能量和物料意外释放（如进入循环罐，电动机意外运转造成机械伤害；起下钻作业，转盘意外转动造成伤害；管网维修，管网内物料意外涌出等）而采取的一种对动力源、危险源进行锁定、挂签的风险管控措施。上锁挂签管理流程通常分为5部分：辨识、隔离、上锁挂签、测试确认、解锁。

上锁挂签的目的是强化对能量和物料进行隔离管理。上锁的目的是防止误操作，挂签的目的是起提示警告作用，以便保证工作人员、相关人员免于安全和健康方面的危险。

第二节　危害因素辨识与风险防控

一、生产安全危害因素辨识及其风险评价与控制

开展生产安全危害因素辨识与风险评价工作,可有效预防和减少生产安全事故,确保生产施工过程中的风险处于受控状态,保障生产施工作业安全、平稳、快速、高效推进。

班组长应当了解生产安全危害因素辨识的范围、方法及流程,熟悉风险评价的准则与方法,掌握风险控制的相关要求,组织班组成员开展生产安全危害因素辨识与风险评价。

(一)班组生产安全危害因素辨识的范围与方法

1. 危害因素辨识的范围

为保证辨识结果的全面性,危害因素辨识范围一般包含以下几个方面:

(1)班组可能从事的所有作业活动,包括常规作业项目(如拆搬安作业)和非常规作业项目(如井场内动火)。

(2)班组从事作业活动时可能用到的所有设备设施、工具材料等,如钻井泵、电焊机等,还包括钻井液不落地装置、以电代油设备等外部提供的设备设施。

(3)班组作业活动所处的作业环境,如清理钻井液循环罐的封闭空间,吊装作业时附近的高压电线等。

(4)班组内参与作业活动的所有成员及本班组作业期间进入作业区域的所有外部人员。

2. 危害因素辨识的方法

危害因素辨识的方法有很多种,如头脑风暴法、现场观察法、工作前安全分析(JSA)、安全检查表法(SCL)、可操作性分析法(HAZOP)、故障树分析法(FTA)、事件树分析法(ETA)等。

班组实际使用最多的是现场观察法、工作前安全分析(JSA)、安全检查表法(SCL)。

(1)现场观察法是一种通过检视生产作业区域所处地理环境、周边自然条件、场内功能区划分、设施布局、作业环境等来辨识存在危害因素的方法。在现

场施工作业中,对识别出的危害因素进行归纳分类,执行管控工具中对应的控制措施;对于新增危害,通过评估风险,形成"HSE作业计划书"进行有效控制。

(2)工作前安全分析(JSA)是指事先或定期对某项工作任务进行风险评价,并根据评价结果制订和实施相应的控制措施,最大限度地消除或控制风险。在生产作业过程中,针对新工作任务,均应组织工作前安全分析,制订有针对性的控制措施,传达给班组每名员工。

(3)安全检查表法(SCL)是指为检查某一系统、设备以及操作管理和组织措施中的不安全因素,事先对检查对象加以剖析和分解,并根据理论知识、实践经验、有关标准规范和事故信息等确定检查的项目和要点,以提问的方式将检查项目和要点按系统编制成表,在设计或检查时,按规定项目进行检查和评价以辨识危害因素。

(二)开展班组生产安全危害因素辨识

班组长应结合上级要求,组织全员开展危害因素辨识,班组辨识的范围主要涉及设备设施、生产作业活动和生产作业环境三个方面。

1.设备设施危害因素辨识

设备设施危害因素辨识可从两个方面进行,一方面是设备设施的完整性;另一方面是设备设施的操作与维护保养过程。

设备设施的完整性危害因素辨识是将单台(套)设备(设施)按结构分为一级单元,再将其划分为若干细小的二级单元(若有需要,可继续划分),可先划分本体再划分附件,先划分功能性附件再划分安全环保附件,针对每个最小单元开展危害因素辨识,最后形成设备设施的危害因素清单。

设备设施操作与维护保养危害因素辨识是针对设备设施的操作,按照启动前检查、启动运行、停止与维护保养等环节,逐级划分辨识单元,识别存在的危害因素。主要包括启动前的设备设施状态检查,启动运行过程中人员的操作要求,设备设施停止运行后的保养维护,最后形成设备设施操作与维护保养的危害因素清单。

在设备设施危害因素辨识过程中需要注意的是对辨识单元要划分明确,对问题的归类要准确,不要重复识别相同风险。

2.生产作业活动危害因素辨识

生产作业活动危害因素辨识是以工艺流程为基础,将生产作业活动划分为相互关联、相对独立完整的作业项目,如钻井队拆搬安作业、起井架作业。

班组长组织班组成员针对每个作业项目,按照工作前安全分析的方法细化为作业步骤,辨识每个步骤中存在的危害因素,最后形成生产操作活动的危害因素清单。需要注意的是,对于一些相似的、其风险几乎完全相同的作业步骤,尽可能合并识别,如钻井队拆搬安作业中的拆甩钻台附件、拆甩钻台偏房等,可考虑合并为拆搬安拆甩作业,避免重复性识别同一风险,以提高工作效率。

3. 生产作业环境危害因素辨识

生产作业环境危害因素辨识是针对作业现场及周边的环境,识别可能对生产作业造成不利影响的风险,包括恶劣天气对生产作业活动的影响,如低温天气造成柴油机供油管路结蜡、大风天气影响正常作业、大雾天气遮挡视线等;还包括施工区域及周边地貌环境,如井场照明、可能造成作业场所积水、可能因降雨形成泥石流等。

班组长需要注意的是,在此识别出的环境危害因素指作业现场及周边环境对生产作业的影响,而非生产作业对周边环境的影响。

4. 其他要求

危害因素的辨识大多在上级主管部门组织下进行,基层队要全力配合,要做到全员参与。

对于危害因素的描述要做到简洁、细致、明了,如气源气压不足、润滑油变质等,一次只描述一条,不要将数个危害因素融为一条;对于可能造成事故的描述要尽可能详细、准确,如液气大钳气源压力不足会导致钳头抱合不牢,磨损钻具接头,不要泛泛地形容为可能对人员造成伤害、可能对设备造成损失或可能影响生产作业进行等。

班组长除按上级要求开展常规的生产安全危害因素辨识外,更要对动态危害因素及时进行识别与评估,如对于作业场所的变更、设备的变更及班组作业人员员的变更等,识别其是否可能产生新的风险。

(三)生产安全危害因素的风险评价方法

基层班组按照本企业规定的风险评价方法和要求组织开展风险评价,在此,仅介绍两种常见的风险评价方法:作业条件危险分析(LEC)和风险评估矩阵法(RAM)。

1. 作业条件危险分析

作业条件危险分析(LEC)是针对在具有潜在危险性环境中的作业,用与风险有关的三种因素之积来评价操作人员伤亡风险大小的一种风险评估方法。

危险性　　　　　　　$D = LEC$

式中　L——事故或危险事件发生可能性；

　　　E——暴露于危险环境的频率；

　　　C——危险严重度。

三个主要因素的评分方法见表 5-1，评价结果分类及控制要求见表 5-2。

表 5-1　LEC 主要因素分值表

分数值	事故或危险事件发生的可能性分数值（L）	分数值	暴露于危险环境的频率分数值（E）	分数值	危险严重程度（可能后果）分数值（C）
10	完全会被预料到	10	连续暴露	100	特大伤亡
6	相当可能	6	每天数次暴露	40	重大伤亡或特大财产损失
3	不经常，但可能	4	每周几次或偶然暴露	15	伤亡事故或重大财产损失
1	完全意外，极少可能	3	每周一次暴露	7	永久的全残或财产局部损失
0.5	可以设想但高度不可能	2	每月一次暴露	5	重伤或永久性局部残疾或财产轻度损伤
0.2	极不可能	1	每年一次暴露	2	轻伤或轻度残疾或财产轻微损伤
0.1	实际上不可能	0.5	非常罕见地暴露	1	轻微伤害或中毒

表 5-2　评价结果分类及控制要求

分数值（D）	危险程度（级别）	控制要求
>320	极其危险	不能继续作业
160~320	高度危险	需要立即整改
70~160	显著危险	需要整改
20~70	可能危险	可接受，需要注意
<20	稍有危险	可被接受

D 值大，说明系统危险性大，需要增加安全措施，或改变发生事故的可能性（L），或减小人体暴露于危险环境中的频繁程度（E），或减轻事故损失（C），直至调整到允许范围。

2. 风险评估矩阵法

风险评估矩阵法是一种表格式的危险事件或者事故发生可能性和事故后果严重程度的表示方法。

$$风险(R) = 发生可能性(L) \times 后果严重程度(C)$$

将事故事件发生的可能性、后果严重程度定性分为若干级,然后以严重性为表列,以可能性为表行,制成表。根据行列的乘积及一定的赋值要求,将每个单元赋予一个定性的指数,形成一个表格矩阵,不同的指数代表了不同风险等级,见表5-3。

风险矩阵中风险等级划分标准见表5-4,事故发生概率等级见表5-5,事故后果严重程度等级见表5-6。

表5-3 风险矩阵

事故发生概率等级	5	II 5	III 10	IV 15	IV 20	IV 25
	4	I 4	II 8	III 12	IV 16	IV 20
	3	I 3	II 6	II 9	III 12	IV 15
	2	I 2	I 4	II 6	II 8	III 10
	1	I 1	I 2	I 3	I 4	II 5
风险矩阵		1	2	3	4	5
		事故后果严重程度等级				

表5-4 风险等级划分标准

风险等级	分值	描述	需要的行动	改进建议
IV级风险	16 < IV级 ≤ 25	严重风险 (绝对不能容忍)	必须通过工程和/或管理、技术上的专门措施,限期(不超过六个月)把风险降低到级别II或以下	需要并制订专门的管理方案予以削减
III级风险	9 < III级 ≤ 16	高度风险 (难以容忍)	应当通过工程和/或管理、技术上的控制措施,在一个具体的时间段(12个月)内,把风险降低到级别II或以下	需要并制订专门的管理方案予以削减

续表

风险等级	分值	描述	需要的行动	改进建议
Ⅱ级风险	4＜Ⅱ级≤9	中度风险（在控制措施落实的条件下可以容忍）	具体依据成本情况采取措施。需要确认程序和控制措施已经落实，强调对它们的维护工作	个案评估。评估现有控制措施是否均有效
Ⅰ级风险	1≤Ⅰ级≤4	可以接受	不需采取进一步措施降低风险	不需要。可适当考虑提高安全水平

表5-5 事故发生概率

概率等级	硬件控制措施	软件控制措施	概率说明/年
1	（1）两道或两道以上的被动防护系统，互相独立，可靠性较高。 （2）有完善的书面检测程序，进行全面的功能检查，效果好、故障少。 （3）过程始终处于受控状态。 （4）稳定的工艺，了解和掌握潜在的危险源，建立完善的工艺和安全操作规程	（1）清晰、明确的操作指导，制定了要遵循的纪律，错误被指出并立刻得到更正，定期进行培训，内容包括正常、特殊操作和应急操作程序，包括了所有的意外情况。 （2）每个班组都有多个经验丰富的操作工，所有员工都符合资格要求，员工爱岗敬业，了解并重视危害因素	现实中预期不会发生（在国内行业内没有先例）。 $<10^{-4}$
2	（1）两道或两道以上防护系统，其中至少有一道是被动和可靠的。 （2）定期检测，功能检查可能不完全，偶尔出现问题。 （3）过程异常不常出现，大部分异常的原因被弄清楚，处理措施有效。 （4）合理地变更，可能是新技术带有一些不确定性，进行高质量的工艺危害分析	（1）关键的操作指导正确、清晰，其他的则有些非致命的错误或缺点，定期开展检查和评审，员工熟悉程序 （2）有一些无经验人员，但不会全在一个班组。偶尔出现短暂的班组群体疲劳，有一些厌倦感。员工知道自己有资格做什么和自己能力不足的地方，对危害因素有足够认识	预期不会发生，但在特殊情况下有可能发生（国内同行业有过先例）。 $10^{-4} \sim 10^{-3}$
3	（1）一个或两个复杂的、主动的系统，有一定的可靠性，可能有共因失效的弱点。 （2）不经常检测，历史上经常出现问题，检测未被有效执行。 （3）过程持续出现小的异常，对其原因没有全搞清楚或进行处理。较严重的过程（工艺、设施、操作过程）异常被标记出来并最终得到解决。 （4）频繁地变更或应用新技术，工艺危害分析不深入，质量一般，运行极限不确定	（1）存在操作指导，没有及时更新或进行评审，应急操作程序培训质量差。 （2）可能一个班半数以上都是无经验人员，但不常发生。有时出现短时期的班组群体疲劳，较强的厌倦感。员工不会主动思考，有时可能自以为是，不是每个员工都了解危害因素	在某个特定装置的生命周期里不太可能发生，但有多个类似装置时，可能在其中的一个装置发生（集团公司内有过先例）。 $10^{-3} \sim 10^{-2}$

续表

概率等级	硬件控制措施	软件控制措施	概率说明/年
4	（1）仅有一个简单的、主动的系统，可靠性差。 （2）检测工作不明确，没检查过或没有受到正确对待。 （3）过程经常出现异常，很多从未得到解释。 （4）频繁地变更及应用新技术，进行的工艺危害分析不完全，质量较差，边运行边摸索。	（1）对操作指导无认知，培训仅为口头传授，操作规程不正规，口头指示过多，没有固定成形的操作程序，无应急操作程序培训。 （2）员工周转较快，个别班组一半以上为无经验的员工。过度的加班，疲劳情况普遍，工作计划常常被打乱，士气低迷。工作由技术有缺陷的员工完成，岗位职责不清，员工对危害因素有一些了解	在装置的生命周期内可能至少发生一次（预期中会发生）。 $10^{-2} \sim 10^{-1}$
5	（1）无相关检测工作。 （2）过程经常出现异常，对产生的异常不采取任何措施。 （3）对于频繁地变更或应用新技术，不进行工艺危害分析	（1）对操作指导无认知，无相关的操作规程，未经批准进行操作。 （2）人员周转快，装置半数以上为无经验的人员操作。无工作计划，工作由非专业人员完成。员工普遍对危害因素没有认识	在装置生命周期内经常发生。 $>10^{-1}$

表 5-6　事故后果严重程度

严重程度等级	员工伤害	财产损失	环境影响	声誉
1	造成 3 人以下轻伤	一次造成直接经济损失人民币 10 万元以下	事故影响仅限于生产区域内，没有对周边环境造成影响	负面信息在集团公司所属企业内部传播，且有蔓延之势，具有在集团公司范围内部传播的可能性
2	造成 3 人以下重伤或者 3 人以上 10 人以下轻伤	一次造成直接经济损失人民币 10 万元以上 100 万元以下	（1）造成或可能造成大气环境污染，需疏散转移 100 人以下。 （2）造成或可能造成跨乡镇级行政区域纠纷。 （3）非环境敏感区油品泄漏量 5 吨以下	负面信息尚未在媒体传播，但已在集团公司范围内部传播，且有蔓延之势，具有媒体传播的可能性

续表

严重程度等级	员工伤害	财产损失	环境影响	声誉
3	一次死亡3人以下或者3人以上10人以下重伤或者10人以上轻伤	一次造成直接经济损失人民币100万元以上1000万元以下	（1）造成或可能造成大气环境污染，需疏散转移100人以上500人以下。 （2）造成或可能造成跨县（市）级行政区域纠纷。 （3）Ⅳ类、Ⅴ类放射源丢失、被盗、失控。 （4）环境敏感区内油品泄漏量1吨以下，或非环境敏感区油品泄漏量5吨以上10吨以下	（1）引起地（市）级领导关注，或地（市）级政府部门领导做出批示。 （2）引起地（市）级主流媒体负面影响报道或评论。通过网络媒介在可控范围内传播，造成或可能造成一般社会影响。 （3）媒体就某一敏感信息来访并拟报道。 （4）引起当地公众关注
4	一次死亡3~9人，或者10~49人重伤	一次造成直接经济损失人民币1000万元以上5000万元以下	（1）造成或可能造成河流、沟渠、水塘、分散式取水口等水体大面积污染。 （2）造成乡镇以上集中式饮用水水源取水中断。 （3）造成基本农田、防护林地、特种用途林地或其他土地严重破坏。 （4）造成或可能造成大气环境污染，需疏散转移500人以上1000人以下。 （5）造成或可能造成跨地（市）级行政区域纠纷。 （6）Ⅲ类放射源丢失、被盗或失控。 （7）环境敏感区内油品泄漏量1吨以上10吨以下，或非环境敏感区内油品泄漏量10吨以上100吨以下	（1）引起省部级或集团公司领导关注，或省级政府部门领导做出批示。 （2）引起省级主流媒体负面影响报道或评论。引起较活跃网络媒介负面影响报道或评论，且有蔓延之势，造成或可能造成较大社会影响。 （3）媒体就某一敏感信息来访并拟重点报道。 （4）引起区域公众关注

续表

严重程度等级	员工伤害	财产损失	环境影响	声誉
5	一次死亡10人以上或者50人以上重伤	一次造成直接经济损失人民币5000万元以上	（1）造成或可能造成饮用水源、重要河流、湖泊、水库及沿海水域大面积污染。 （2）事件发生在环境敏感区，对周边自然环境、区域生态功能或濒危物种生存环境造成或可能造成重大影响。 （3）造成县级以上城区集中式饮用水水源取水中断。 （4）造成基本农田、防护林地、特种用途林地或其他土地基本功能丧失或遭受永久性破坏。 （5）造成或可能造成区域大气环境严重污染，需疏散转移1000人以上。 （6）造成或可能造成跨省级行政区域纠纷。 （7）Ⅰ类、Ⅱ类放射源丢失、被盗或失控。 （8）环境敏感区内油品泄漏量10吨以上，或非环境敏感区内油品泄漏量100吨以上	（1）引起国家领导人关注，或国务院、相关部委领导做出批示。 （2）引起国内主流媒体或境外重要媒体负面影响报道或评论。极短时间内在国内或境外互联网大面积爆发，引起全网广泛传播并迅速蔓延，引起广泛关注和大量失控转载。 （3）媒体来访并准备组织策划专题或系列跟踪报道。 （4）引起国际或全国范围公众关注

评价方法应用的难点在于对各种因素的定性、定量分级，不同的分级直接影响风险评价的结果。这些评价因素及评价结果的分级可参照本企业相关风险评价管理文件。

（四）制订生产安全危害因素风险控制措施

班组要针对识别出的危害因素，结合评价结果，从消除风险和降低风险两个角度入手，采取相应风险防控措施。

1. 考虑消除风险

（1）人员风险：对于人员能力不足、身体不适、带病工作或服用容易导致瞌睡药物的作业人员，应适当调整人员，从而消除人员能力不足风险。

（2）设备风险：对于不能满足施工要求的设备、工具等，考虑更换设备、工具等，从而消除设备带来的风险。

（3）调整作业方式：通过调整作业方式削减风险，如将高处安装设备调整为在地面安装，从而消除高空坠落风险。

（4）其他消除风险的方法。

2. 考虑降低风险

基层作业队更多采取降低风险的措施，如设置屏障阻止人员靠近；利用安全色、标牌、标签和警戒带等方式，对现场风险进行标识和提示；利用上锁挂签对危险能量进行隔离；开展作业前工作安全分析；召开班前会对风险管控措施进行沟通；对高危作业派驻安全监督实施全程监管等。

（五）风险控制措施的评审

风险控制措施制订后，班组长要再次组织作业人员进行评审，确保辨识、评价的各类风险均降低到可接受状态，否则，不允许施工作业。

（六）监控措施

基层班组要通过岗位练兵、导师带徒、班前班后会、巡回检查、安全观察与沟通等多种形式，加强对班组职业安全管理的检查力度。重点检查内容包括人员的持证情况、人员的身体健康状况、人员的作业行为、个人防护用品的配备及使用情况、防护设施的配备及完好情况、设备设施的完整性、作业环境是否符合相关规范制度等，以便及时发现问题，制订改进措施，控制和消减作业过程的职业安全风险。

二、职业健康危害因素辨识及其风险评价与控制

（一）职业健康危害因素的辨识

在实际生产过程中，职业健康危害因素辨识就是通过组织有关人员进行项目危害因素调查，从生产工艺、设备设施和原材料及作业环境等方面，尽可能查找生产作业过程中产生职业健康危害的根源，辨识出职业健康危害的因素。

1. 职业健康危害因素辨识的范围

职业健康危害因素辨识的范围包括：企业常规和非常规的活动、所有进入工作场所人员的活动、工作场所的设备设施和材料等。

常规的活动中的职业健康危害因素的辨识是指在企业正常运行状态下，发生或可能发生某种对员工产生职业健康危害的因素，如在钻井、修井作业过程中设备产生的噪声、野外作业的高温（或严寒）天气，电气焊作业时产生的粉尘、电弧光、一氧化碳、高温等。

非常规的活动中的职业健康危害因素的辨识是指企业在非正常运行状态下，发生或可能发生某种对员工产生职业健康危害的因素。这种危害具有突发性、不可预见性的特点，而且造成职业健康危害的后果很难预料，这也是该类危害因素辨识的难点。

所有进入工作场所人员的活动的职业健康危害因素辨识是指在实施危害因素辨识时，不仅要识别企业自身活动所产生的职业健康危害因素，也要识别相关方为企业提供产品或服务活动时所生产的职业健康危害因素，如钻修井过程中配合测井公司进行射孔、测试作业时放射源辐射的风险等。

工作场所的设备设施和材料的职业健康危害因素辨识是指产品或服务实现过程中的设施设备或材料所带来的职业健康危险因素，如钻修井机、发电机产生的噪声风险，化工料产生的中毒风险等。

2. 职业健康危害因素的分类

职业健康危害因素通常可按其来源划分，一般将其归纳为以下四种因素。

1）职业病危害因素

（1）粉尘类：矽尘、煤尘、炭黑尘、滑石尘、水泥尘、电焊尘、铸造尘等。

（2）工业毒物类：有毒气体（如硫化氢、氯、氨、一氧化碳等）、铅、锰、汞、苯及苯系物、氯乙烯、丙烯酰胺等。

（3）物理因素类：噪声、高温、高气压、低气压、局部振动、放射类（X射线、γ射线等电离辐射，紫外线、激光、微波等非电离辐射）等。

（4）其他因素：可导致职业病的其他危害因素。

2）传染病因素

传染病因素包括致病微生物、致害动植物和传染病媒介物。

3）食物中毒因素

食物中毒因素包括变质食物、饮用水污染。

4）其他因素

其他因素包括与劳动状况有关的危害，如作业时间过长、劳动负荷过重等；生产环境中的危害，如厂房狭小、通风和照明不合理等。

3. 职业健康危害因素识别的方法

职业健康危害因素的识别方法有许多，每种方法在危害分析过程中都有其各自特点和应用范围。基本的识别方法有询问和交谈、查阅相关的记录、现场观察、检测检验法、类比法、检查表法等。通常使用一种方法还不足以全面地识别企业所存在的职业健康危害因素，所以在实际的辨识工作中往往是几种具体方法结合起来应用。这里仅针对最常用的检查表法进行举例说明。

检查表法通常为检查某一系统、设备设施、各种操作管理及组织措施中的职业健康危害因素，事先要对检查对象加以剖析、分解，并根据理论知识、实践经验、有关标准规范和事故情报等进行周密细致的思考，确定检查的项目和要点，以提问的方式将检查项目和要点按系统编制成表，按规定的项目进行检查和评价，逐项予以回答"是""否"或"有""无"，凡不具备的条款均是问题所在，据此就可辨识出已经存在的职业健康危害因素。

检查表的应用十分广泛，各行各业都有不同的特点，要编制符合本企业、本专业特点的检查表，其内容及重点要符合实际需要。另外，检查表的表单格式没有定式，各企业可根据自己的检查目的、检查对象的特点和实际需要来自行设计。

表5-7以井下作业现场发电机房为一个检查单元，编制了职业健康安全检查表，仅供参考。

表5-7 井下作业现场发电机房职业健康安全检查表

序号	检查内容	检查结果 是（√）	检查结果 否（×）	备注
1	企业是否为基层员工进行了职业健康知识的培训	√		符合
2	作业场所是否进行了职业病危害因素监测	√		符合
3	发电房内是否有"戴好护耳器"等警示标识	√		符合
4	是否将监测结果及时公告	√		符合
5	企业是否为基层员工配备了护耳器、耳塞等防护用品	√		符合
6	工作人员的健康防护用品是否都在合格期内	√		符合
7	员工是否清楚护耳器、耳塞的使用方法	√		符合
8	工作人员进入发电机房是否劳保齐全，是否戴好护耳器	√		符合
9	工作人员是否提示进入发电机房的外来人员有噪声风险	√		符合
10	工作人员是否清楚噪声的危害	√		符合
11	是否对接害员工开展定期的职业健康查体	√		符合
12	岗位员工的职业健康查体结果是否正常	√		符合

4.职业健康危害因素辨识的频次

钻探企业必须定期组织开展职业健康危害因素辨识及风险评价活动,通常固定作业场所每年至少进行一次新增职业健康危害因素辨识及风险评价;或当固定作业场所情况发生改变时,进行新增职业健康危害因素辨识及风险评价;移动作业场所在开工前进行职业病危害因素辨识及风险评价。

班组长必须懂得运用适当的辨识方法,积极主动地开展与班组相关的作业区域、设备设施、工艺流程等的职业健康危害因素辨识工作,纳入职业健康危害因素清单,并及时地将辨识结果上报上级职业健康主管部门。

(二)职业健康危害因素的评价

1.风险评价准则

评价准则是评价职业健康危害因素的危害和影响程度的依据,表述了与企业活动或设施有关的目标,可以是定性的,也可以是定量的。企业的职业健康表现应符合相应的评价准则的要求。评价准则主要来自以下几个方面:国家、地方或有关部门制定的法律、法规;公司的方针和战略目标;有关合同、协议的规定;相关技术标准等。

2.风险评价方法

风险评价是指评估风险的大小以及确定风险是否可容许的全过程,即确定某一特定危害事件的可能性和后果的严重性;与确定的判别准则(分级标准和可容许的程度)相对照,进行风险分级。

风险评价的方法分定性和定量两种,有安全检查表、作业条件危险分析法(LEC)、矩阵法、危险性预分析(PHA)、事故树分析、事件树分析等。在职业健康管理中常用的是作业条件危险分析法(LEC)和矩阵法,作业条件危险分析法已在上节进行了介绍,此处不再赘述,下面将定性风险矩阵法进行简要的介绍。

定性风险矩阵法是一种在石油企业内被广泛应用的定性评价方法。所谓定性风险矩阵,就是在矩阵中,以后果对应的概率作图画出折线,与所导致的风险类型相对应,分别用不同的阴影表示。风险类型分为不可容忍风险的区域、需要考虑削减风险的区域和可正常操作但仍需继续改进的区域,见表5-8。

表 5-8 风险矩阵

严重性	后果	可能性				
	人员	行业内未发生过	行业内发生过	本企业内发生过	本企业发生过多次	企业每年发生多次
0	没有伤害					
1	轻微伤害	可正常操作但仍需继续改进的区域（绿色）				
2	小伤害			需要考虑消减风险的区域（黄色）		
3	重大伤害					
4	单独伤害			不可容忍风险的区域（红色）		
5	多种伤害					

矩阵是按一对一的配对方式来判定风险的，可以通过仔细地配对来提供一个设施或一项作业的风险评价结果。但对于十分复杂的系统和影响风险有多个变量的链式事件，矩阵法就难以适用了。作为定性判别，该方法通常用于相似操作或作业的风险级别比较上。

（三）职业健康风险控制

职业健康风险控制是指利用工程技术、管理手段消除、削减和控制职业健康危害因素，防止发生职业健康危害的工作。

对于石油钻探行业来讲，风险总是时刻存在的，基层班组长必须要采取和制订合理措施，减少和控制职业健康危害的发生。

1. 制订风险控制措施

在完成职业健康危害因素风险评价后，就要确定控制措施。控制措施的制订应遵循关于控制措施层级选择顺序的原则，即可行时首先消除危险源，其次是降低风险，将采用个体防护装置作为最终手段。应用控制措施层级选择顺序时，宜综合考虑相关的成本、降低风险的益处、所选方案的可靠性。职业健康危害因素控制措施分技术措施和管理措施两种。

1）技术措施

技术措施一般情况下有消除、替代、工程控制措施、标志（警告）、个体防护等一种或其几种组合，并应针对具体危害因素制订具体的措施。

消除就是直接消除职业健康危险源。

替代就是用危险性小的职业健康危险源替代危险性大的危险源,使危险性降低。

工程控制措施就是通过某种工程措施使得职业健康危险源得到隔离,危险源的量或者诱发因子减少,如在管焊车间内设置排风扇、除尘器,为发电机安装消音器等。

标志(警告)就是在存在或产生职业病危害因素的工作场所、设备设施的醒目位置设置警示标牌及警示标识,以达到警醒、提示风险的目的。例如,在各队站进站大门处竖立进站须知,提示职业健康风险;在相关设备、区域设置"必须穿防护服""戴好护耳器""必须戴防护眼镜""必须戴防护口罩"等警示标识(图5-3)。

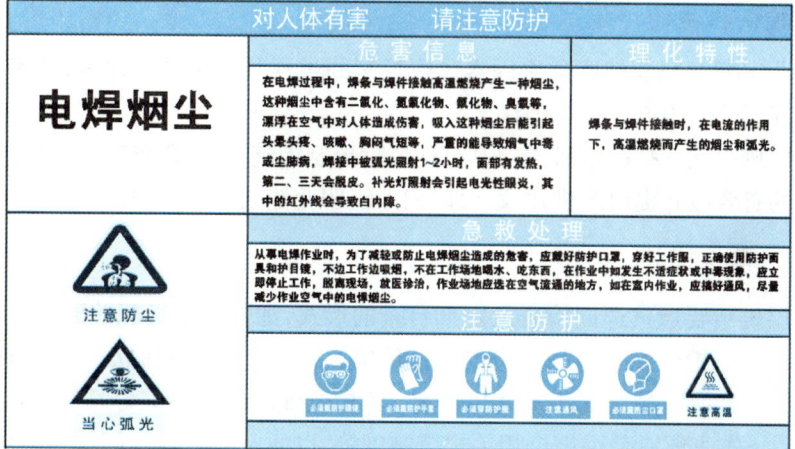

图5-3 警示标识

个体防护就是指员工在职业活动中个人随身穿(佩)戴的特殊用品,这些用品能消除或减轻职业病危害因素对员工健康的影响,如放射性防护服、防护口(面)罩、防护耳罩(塞)等。

2）管理措施

职业健康危害因素控制的管理措施包括但不限于以下几个方面：

（1）设置职业健康管理机构，配备职业卫生专业人员。基层班组设置专（兼）职管理人员，负责本班组的职业健康管理工作。

（2）细化管理制度，明确接害时间。企业细化管理制度，明确限制接害员工的数量、接害的时间等。

（3）加强员工的职业健康体检工作。按规定对公司涉及的接害员工开展职业健康查体，并及时将健康查体的结果告知基层班组。基层班组及时建立班组人员的职业健康监控台账，做好动态观察，发现异常及时向上级职业健康主管部门汇报。

（4）加强员工培训，提高技能和意识。企业为各级员工开展职业病危害、防护、应急等职业健康知识培训，基层班组利用自有资源对班组人员开展职业健康知识培训，并保留相关记录。

（5）加强应急演练，提高应急水平。基层班组定期组织应急知识培训，开展应急演练，提高发生职业健康危害时的应急水平。同时加强对应急物资的管理，定期检查保养，发现问题及时整改。

（6）加强职业健康危害场所的监测与告知。由取得资质的检测机构定期对工作场所进行检测、评价。检测结果以公告栏等方式及时向班组人员告知。

2. 控制措施的评审

企业定期对职业健康危害因素风险控制的过程及效果进行评审，评审时对控制措施的有效性等方面进行确认。

基层班组认真执行上级部门制订的风险控制措施，并经常检查、分析、总结控制措施的有效性并提出改进建议，及时向上级职业健康主管部门汇报。

（四）监控措施

基层班组要通过巡回检查及定期自查的形式，加强对班组职业健康管理的检查力度。重点检查内容包括人员的持证情况、人员的身体健康状况、人员的作业行为、个人防护用品的配备及使用情况、防护设施的配备及完好情况、设备设施的完整性、作业环境是否符合相关规范制度等，以便及时的发现问题，制订改进措施，控制和消减作业过程的职业健康危害因素。

三、环境因素辨识及其风险评价与控制

在生产作业活动过程中，存在着许多环境危害因素，如果班组不能准确识别这些因素并进行削减和控制，就可能会造成环境污染或环境破坏。因此，班组长应了

解和掌握环境因素辨识、评价及控制的有关方法及相关要求,组织班组成员对环境因素进行辨识、评价,并制订相应的风险削减和控制措施。本部分内容将重点阐述生产作业活动对周边环境造成的影响,旨在提升班组人员在此方面的风险管控水平。

(一)环境因素的辨识

1. 辨识的范围及内容

环境因素识别的范围非常广泛,考虑环境因素时,不仅要注意过去、现在对环境造成的影响,还要对将来的潜在影响给予关注,并识别出其中的"重要环境因素",以便把它们作为"优先事项"加以削减和控制。

1)识别范围

(1)固定作业场所。

在油气勘探开发领域,有许多相对固定的作业场所,如车间、工房、化验室以及办公场所等,在这些场所中同样存在着这样或那样的环境因素。例如,这些场所可能存在以下环境因素:

①人员的操作失误所带来的环境影响。

②使用带缺陷的设备设施或不成熟的工艺技术所带来的环境影响。

③使用有毒有害材料所带来的环境影响。

④作业活动中产生的废气、废液、固体废弃物所带来的环境影响。

⑤可能带来的其他环境影响。

值得注意的是,即使是相对固定场所,在一定的条件下,也可向移动场所转化,如电气焊班组,在工房内日常作业时可能是固定场所,而一旦到临时场所进行服务时,它又变成了移动作业场所,这一点应引起班组长及相关作业人员的注意。

(2)移动作业场所。

油气勘探开发领域还有许多移动作业场所,如钻井、试油、修井、测试、固井、录井等作业场所,这些移动作业场所往往存在着更多的环境因素。例如,钻井、试油、修井等移动作业场所就可能存在以下环境因素:

① 地层的产液性能、使用的设备设施及工艺技术等可能带来或存在潜在的环境影响。例如,井喷;可燃气体溢出;H_2S 和 CO 等有毒有害气体泄漏;废液及固体废弃物;设备设施跑冒滴漏等。

② 井场及周边条件可能带来或存在潜在的环境影响。例如,周边注水井可能导致本井发生井喷,进而带来环境污染或破坏;施工作业与周边居民住宅、学校、养殖场、厂矿、国防设施、地下隐蔽物及其他环境敏感区带来的关联影响;在天气恶劣、通信不畅、交通不便地区作业带来的关联影响等。

③ 与社会环境产生的关联影响,如传染病及地方病等。

(3) 其他活动。

固定作业场所和移动作业场所没有严格的界限,除一般所说的相对固定作业场所和移动作业场所外,还有许多其他作业活动,如组织会议或集体活动等。无论任何活动,均应在活动开始之前,进行环境因素识别,并制订相应的风险削减控制措施。

2) 识别内容

环境因素识别的内容应尽可能充分、广泛,在环境因素识别时应注意"一个过程、三种时态、三种状态、六个方面",见表 5-9。

表 5-9 环境因素识别的内容

事项	方面	说明和解释
一个过程	生命周期	产品、活动和服务整个生命周期的全过程
三种时态	过去	以往遗留的环境影响可能仍然存在
	现在	考虑现有的污染及环境问题
	将来	将来或出厂后可能产生的环境影响
三种状态	正常	污染物的常规排放、资源能源的正常消耗
	异常	开机、停机、检修、维修
	紧急	突发性事故、环保设施的突然失效
六个方面	大气排放	涉及点源排放和无组织排放的各类污染因子
	水体排放	生活废水与工业废水各类污染因子的产生与排放
	废物管理	工业废物,特别是危险物和有害废物的产生、堆放与处理;生活、办公废物的产生与排出
	土地污染	各类化学物质、有害废物、重金属物质等对土壤的污染;污染物质的积累和进一步扩散;土地的占用和景观的破坏
	原材料、自然资源、能源	各类原材料、自然资源、水、电、气、汽、油、煤等各类能源的使用、消耗
	对社区和周边环境的影响等其他环境问题	对当地社区和周边环境的影响大体包括噪声、灰尘、振动、恶臭、光污染和景观破坏,也包括对物质文化遗产的影响;能量释放通常包括光、热、辐射、振动、噪声等;所用材料或生产产品自身物理能力方面对环境可能造成的影响;此外,与野生环境及生物多样性有关的因素也应加以考虑

3）环境因素的描述方法

环境因素是指一个组织的活动、产品和服务中能与环境发生相互作用的要素。环境因素可带来有益或有害的环境影响,在实际工作中我们更关注那些能够带来有害变化的环境因素,即环境危害因素。

环境因素的描述应简洁、准确,环境因素的表达形式通常应是"名词+动词"。描述举例见表5-10。

表 5-10 环境因素描述举例

类型	名词	动词
污染物或污染因子	废水、废气、固体废弃物、噪声、可燃气体,H_2S、CO等有毒有害气体、危险品、化学品等	排放、溢出、泄漏、处置、遗弃等
能源、资源	水、电、气等能源,物料物质、土地、耕地等自然资源等	浪费、消耗、利用等
环境友好物质	植物、各类动物、文物、古迹、遗迹等	破坏、砍伐、捕杀、挖掘、盗掘等

在环境因素描述时应尽量细化,如"H_2S的泄漏"比"有毒有害气体的泄漏"的描述更细化、更具有针对性。

2. 环境因素识别的方法

环境因素识别有许多方法,由于适用对象不同,采取的方法就有所不同。下面就介绍几种与班组作业紧密相关的环境因素识别方法。

1）岗位巡回检查法

班组在作业前召开班前会并依据"HSE现场检查表"进行岗位巡回检查,识别存在的环境危害因素,对本单位环境因素清单中相关环境危害因素是否在本现场存在进行评估确认。在班前会上针对作业内容、存在的环境危害因素及其风险削减控制措施进行安全讲话,明确具体作业程序和工作目标,整改查出的问题和隐患。

在岗位巡回检查进行环境因素识别时,应重点关注如下内容:
（1）废物的产生和处置对环境的影响。
（2）有毒有害物质的排放（泄漏）对环境的影响。
（3）各种资源、能源的使用对环境的影响。
（4）生产工艺流程的水平对环境的影响。
（5）异常状态（如事故、事件）对环境的影响。

（6）环境管理中的缺陷对环境的影响。
（7）其他有关的环境问题及影响。

[案例5-1]

通过岗位巡回检查来查找隐患

某班组长，严格落实班前会制度，依据"HSE现场检查表"，认真组织岗位员工进行岗位巡回检查，在配压裂液前发现某压裂罐的阀门关闭不严，于是及时地更换了阀门，避免了压裂液渗漏污染环境。

从案例中可以看出，岗位巡回检查非常重要，它往往能够及时地发现问题、整改问题。

2）工作前安全分析法

对于新的作业、非常规作业、改变现有的作业及风险较大的作业等，班组应通过工作前安全分析，充分识别环境危害因素并制订相应的风险削减控制措施。在进行环境因素分析时，可重点关注以下几个方面：

（1）产生哪些有毒有害气体？危害程度如何？如何处置？
（2）产生哪些液体泄露物？危害程度如何？如何处置？
（3）产生哪些固体废弃物？危害程度如何？如何处置？
（4）使用哪些化工料？如何加入？危害程度如何？如何控制？
（5）是否对员工及周边居民造成影响？如何控制？

[案例5-2]

对配压裂液作业存在的环境影响进行分析

某班组需进行现场配压裂液，经过对配液工艺进行分析，认识到罐内残留物可能与所用化工料产生反应形成有毒有害气体，进而对大气造成污染；清罐污液漫流及其他液体泄漏对土壤和水体造成污染；化工料洒落及丢弃包装物对环境造成污染等。于是班组逐一采取了清罐去除残留物、罐前挖导流沟并铺垫防污染物品、对清罐产生的污液（污物）进行回收、压裂罐无跑冒滴漏、平稳操作确保化工料不洒落、包装物及时回收、工完料净场地清等措施。

从案例中可以看出，工作前安全分析应结合工况，对存在的危害因素认真进行识别并制订相应的风险削减控制措施。

3）其他注意事项

（1）在岗位巡回检查时，不能走马观花，要时刻记住每到一处都要把存在的问题找到，绝对不能遗漏重要环境因素。

（2）应力求全面、真实，不仅要覆盖生产区，还要覆盖其他相关区域。

（3）应注重观察现场细节，必要时还要进行询问（交谈）、查阅相关记录、获取外部信息等。

（4）应注意环境因素与其他影响因素的相互影响、相互作用、相互转化，以及有关法律法规对环境标准的制约和要求。

（5）除了要弄清楚环境因素的性质、影响、时间、场所、数量、成分外，还要弄清原因以及可能采取的对应措施。

（6）对有些现场，可能还要携带必要的仪器设备（如气体检测仪），通过检测获得准确的数据资料。

（7）所发现的问题一定要有记录，必要时还要进一步核实。

（8）对一时不能整改的隐患，应采取监控措施，及时进行反馈，以便上级单位调动资源进行整改，切忌放任不管。

3. 环境因素辨识的频次

环境因素辨识应覆盖产品、活动和服务整个生命周期的全过程。

由于每个企业（或单位）都会定期组织有关人员对环境因素进行识别并建立环境因素清单，因此，作为班组来说，主要是在现有清单基础上，针对具体的作业，于每次作业前对环境因素进行识别和确认，重点关注新增环境因素及重要环境因素，并在作业过程中注意环境因素的动态变化。

（二）环境因素的评价

1. 评价准则

环境因素评价是指依据一定的方法和原则，对识别出的环境因素所造成的环境影响进行分析和考量，从中评价出那些对环境具有或可能具有重大影响的环境因素，即重要环境因素，排出优先次序，以此作为下一步工作控制的重点。

通常的做法是将风险限定在一个合理、可接受的水平上。对于那些不可容许的风险，应采取有效的控制措施加以消除、削减和控制。

以下风险可判定为不可接受风险：

（1）目前控制状态不符合法律法规及其他要求的。

（2）发生过事故，仍未采取有效控制措施的。

（3）相关方有重大合理的抱怨或要求的。

（4）其他可导致不可接受后果的风险。

需要指出的是，判定重要环境因素，只是为了更好地进行削减和控制，并不是不再关注一般环境因素，所有的环境因素均应得到关注。

2. 评价方法

环境因素的评价方法有许多种，唯一的判别方法是不存在的。下面介绍几种对班组来说常用的环境因素评价方法。

1）重要性准则法

重要性准则法也叫"是非判断法"，事先规定一些用于判定的项目和准则，然后进行对比，衡量判定是否为重要环境因素。例如，可规定以下为重要环境因素：

（1）违反环境法律法规和其他要求的，如污油、污水落地排放等。

（2）有毒有害气体及其他有毒有害介质泄漏的，如 H_2S 泄漏等。

（3）有放射性物质的，如辐射、丢失等。

（4）造成保护动物伤害、植物破坏、土地污染的。

（5）容易对员工及社区居民产生较大伤害，甚至危及人类健康及生命的。

（6）相关方高度关注或有明确要求的。

（7）在异常和紧急状态时可能产生的，如井喷导致环境影响等。

（8）其他一旦发生，其环境影响可能造成相关方投诉或诉诸法律的。

2）矩阵法

矩阵法是将识别出的环境因素分别从违反法律法规标准要求、污染物排放、安全隐患或危害员工健康、资源和能源浪费、生态影响、相关方等方面进行评估分级，从环境因素产生环境影响的严重性和可能性，以及投入管理技术措施的可行性等角度确定重要环境因素，见表5-11。

表 5-11 重要环境因素评价矩阵表

分级	违反法律法规标准	"三废"排放		噪声污染	安全隐患或危害员工健康		浪费资源、能源	生态影响	相关方
		环境影响大	环境影响小		环境影响大	环境影响小			
加强管理或优化操作，可改进和控制	★	★	★	★	★	★	★	★	★
改进的方案技术可行，有低费方案	★	★	☆	★	★	☆	★	★	☆

分级	违反法律法规标准	"三废"排放		噪声污染	安全隐患或危害员工健康		浪费资源、能源	生态影响	相关方
		环境影响大	环境影响小		环境影响大	环境影响小			
近期改进有难度（技术不成熟或中费方案）	★	☆	☆	☆	☆	☆	☆	☆	☆
没有改进可能性（没有成熟技术或高费方案）	★	○	○	○	○	○	○	○	○

注：★重要环境因素；☆一般环境因素；○未来控制环境因素。

[案例 5-3]

某单位建立的环境危害因素清单见表 5-12。

表 5-12 环境危害因素清单

作业活动及作业场所名称	环境因素名称	环境因素描述	可能导致事件或环境影响	级别（一般/重要）	控制措施

从案例中可以看出，对识别出的环境危害因素的级别进行了定性描述（一般/重要）。

（三）环境因素控制措施

辨识环境因素的目的在于控制环境风险，即危害因素辨识→风险评价→削减与控制。环境因素控制的技术措施有消除、预防、减弱、隔离、警告等。

对班组来说，以下几种做法有助于实现对环境风险的管控。

1. 认真实施 HSE "两书一表"管理

HSE "两书一表"指 HSE 作业指导书、HSE 作业计划书、HSE 现场检查表，以及引申出的"一书一表""两书一表一卡""两书一卡"的统称。

班组人员通过实施 HSE "两书一表"，能够实现对专业常规环境风险以及新增环境风险的有效管控，也就是说，HSE "两书一表"是基层班组（队、站、车间等）进行风险管控的有效工具之一。

2. 严格进行安全交底和对相关方进行告知

只有让参与作业的人员了解和掌握存在的环境风险和相对应的控制措施，才能使环境风险得到有效管控，可以说，进行交底和告知是班组进行风险管控的关键环节之一。

3. 强化落实班前班后会和岗位巡回检查

班组在作业时召开班前班后会并进行岗位巡回检查,能够及时地发现并整改存在的环境风险,可以说,班前班后会和岗位巡回检查是班组进行风险管控的有效手段之一。

4. 积极推广新工具、新方法

"作业许可""目视化管理""上锁挂签"等新工具、新方法与其他风险管控工具并不矛盾,而是互为补充、各有侧重,这些新工具、新方法有利于对环境风险进行管控。

5. 加强应急演练,提升应急技能

应急处置是风险管控的最后一道防线,班组人员应加强应急演练,提升应急技能,以便对突发事故(事件)及时处置,避免事态的进一步扩大和发展。

总之,班组长和岗位员工应强化直线责任和属地管理,积极参与环境因素辨识,制订相应的风险削减控制措施,做到各负其责,实现对环境风险的有效管控。

第三节　班组应急管理

一、应急预案编制方法

(一)相关定义

1. 应急管理

应急管理是在应对突发事件的过程中,为了降低突发事件的危害,达到优化决策的目的,基于对突发事件的原因、过程及后果进行分析,有效集成各方面的相关资源,对突发事件进行有效预警、控制和处理的过程。

2. 突发事件

《中华人民共和国突发事件应对法》规定:突发事件是指突然发生,造成或者可能造成严重社会危害,需要采取应急处置措施予以应对的自然灾害、事故灾难、公共卫生事件和社会安全事件。

目前,集团公司将突发事件分为自然灾害、事故灾难、公共卫生事件和社会安

全事件四类；按照事件性质、严重程度、可控性和社会影响程度，突发事件一般分为四级：Ⅰ级突发事件(集团公司级)、Ⅱ级突发事件(企业级)、Ⅲ级突发事件(企业下属单位级)、Ⅳ级突发事件(企业基层站队级)。

3. 应急预案

应急预案是针对可能发生的事故，为迅速、有序地开展应急行动而预先制订的行动方案。它是在辨识和评估潜在的重大危险、事故类型、发生的可能性、发生的过程、事故后果及影响严重程度的基础上，对应急机构与职责、人员、技术、装备、设施(备)、物资、救援行动及其指挥与协调等方面预先做出的具体安排。

4. 现场应急处置预案

现场应急处置预案是针对具体的装置、场所或设施、岗位所制订的应急处置措施。现场处置方案应具体、简单、针对性强。现场处置方案应根据风险评估及危险性控制措施逐一编制，做到事故相关人员应知应会、熟练掌握，并通过应急演练，做到迅速反应、正确处置。

(二)应急预案编制程序

按照《中华人民共和国安全生产法》《中华人民共和国突发事件应对法》等法律、法规的要求，企业的应急预案编制和制度建设是企业主要负责人的责任。因此，应急预案的编制工作应纳入企业管理者的重要议事日程。在单位应急领导小组的领导下，成立以主要领导或主管领导为组长的编制领导小组，对应急预案的编制和管理进行整体策划，制订工作方案，确定预案编制机构和人员，明确牵头部门、工作分工、职责、应急预案体系构成、编制过程控制和时间进度安排等。

应急预案编制程序包括成立应急预案编制工作组、资料收集、风险评估、应急能力评估、编制应急预案和应急预案评审6个步骤。

1. 成立应急预案编制工作组

企业应结合本单位部门职能和分工，成立以单位主要负责人(或分管负责人)为组长，单位相关部门人员参加的应急预案编制工作组，明确工作职责和任务分工，制订工作计划，组织开展应急预案编制工作。

2. 资料收集

应急预案编制工作组应收集与预案编制工作相关的法律法规、技术标准、应急预案、国内外同行业企业事故资料，同时收集本单位安全生产相关技术资料、周边环境影响、应急资源等有关资料。

3. 风险评估

风险评估的主要包括如下内容：

（1）分析生产经营单位存在的危险因素，确定事故危险源；

（2）分析可能发生的事故类型及后果，并指出可能产生的次生、衍生事故；

（3）评估事故的危害程度和影响范围，提出风险防控措施。

4. 应急能力评估

在全面调查和客观分析企业应急队伍、装备、物资等应急资源状况基础上，开展应急能力评估，并依据评估结果，完善应急保障措施。

5. 编制应急预案

依据企业风险评估以及应急能力评估结果，组织编制应急预案。应急预案编制应注重系统性和可操作性，做到与相关部门和单位应急预案相衔接。

6. 应急预案评审

应急预案编制完成后，企业应组织评审。评审分为内部评审和外部评审，内部评审由生产经营单位主要负责人组织有关部门和人员进行。外部评审由生产经营单位组织外部有关专家和人员进行评审。应急预案评审合格后，由生产经营单位主要负责人（或分管负责人）签发实施，并进行备案管理。

二、班组应急演练

（一）应急演练的概念

应急演练是指针对事故情景，依据应急预案而模拟开展的预警行动、事故报告、指挥协调、现场处置等活动。

（二）应急演练的类型

应急演练可采用多种分类方法，即按组织形式划分、按内容划分等。

1. 按组织形式划分

按组织形式划分，应急演练可分为桌面演练和现场演练。

1）桌面演练

桌面演练是针对某一特定发生的潜在事故或突发事件，按照应急职责、响应流程和时间演变过程，借助事故模型、应急平台、沙盘、流程图、计算机、视频等辅助手段，进行交互式讨论或模拟应急行动的演练活动。

2）现场演练

现场演练是模拟生产经营活动中的设备、设施、装置、作业单元或活动场所，假定事故或突发事件情景，依据应急预案而开展的演练推演活动。

2. 按内容划分

按内容划分，应急演练可分为单项演练和综合演练。

1）单项演练

单项演练是指针对应急预案中某项应急响应功能或某一应急过程开展的演练活动。单项应急演练也可以看作是综合应急演练活动的分解，可以在某一部门单位选择特定的装置、场所，模拟假定的事故场景或潜在的突发事件进行。应急过程主要指应急预防、准备、响应、恢复等主要活动。

2）综合演练

综合演练是依据综合或总体应急预案，结合一个或多个单项预案，由多个部门共同参与的应急响应和联动的演练活动。

（三）班组应急演练的步骤

演练总指挥要为演练提供演练情景，演练情景要为演练活动提供初始条件，还要通过一系列的情景事件引导演练活动继续，直至演练完成。

按照演练方案要求，应急指挥指挥参演队伍和人员，开展对模拟演练事件的应急处置行动，完成各项演练活动。演练控制人员应充分掌握演练方案，按照策划人员的要求，熟练发布控制信息，协调参演人员完成各项演练任务。模拟人员按照演练方案要求，模拟未参加演练的单位或人员的行动，并做出信息反馈。

演练完毕，由总策划发出结束信号，演练总指挥宣布演练结束。演练结束后所有人员要停止演练活动，按预定方案集合进行现场总结讲评或者组织疏散。保障人员对演练现场进行清理和恢复。

演练评估是在全面分析演练记录及相关资料的基础上，对比参演人员表现和演练目标要求，对演练活动及其组织过程做出客观评价，并编写演练评估报告。所有应急演练活动都应进行演练评估。

应急演练评估的内容主要包括：观察和记录演练活动；比较演练人员表现与演练目标要求；归纳、整理演练中发现的问题，并提出整改建议。为了确保演练总结评估工作公正、客观，可采用评估人员审查、访谈、参加者汇报、自我评估以及公开会议协商等形式。

三、应急物资储备与管理

（一）应急物资的概念

应急物资是指为满足生产作业现场突发事件应急处置所配备的各类检测、警戒、洗消、破拆、救生、输转、堵漏、消防灭火、照明、通信广播等常规小型物资及器材，不包括大型应急救援设备。从广义上概括，凡是在突发事件应对的过程中所用的物资都可以称为应急物资。

（二）应急物资的分类

应急物资按其使用范围可分为通用类和专用类。通用类物资适合一般情况下救灾工作的普遍需要，也是比较重要的物资，如食品、药品、饮用水等几乎任何救灾都需要的必需品。而专用物资则适用于不同的灾情，具有特殊性，据情况而定，如发生鼠疫的地区需要鼠疫疫苗，海上平台作业场所需要配备救生筏（艇）、救生衣等。

（三）井场应急物资的配备标准

生产作业现场应根据作业性质、工作场所、作业环境、地理条件等因素，结合 Q/SY 136—2012《生产作业现场应急物资配备选用指南》的基本要求，适当地增配应急物资的种类和数量。配备的应急物资应符合国家标准或行业标准要求，并经法定检验机构检验合格。应急物资应存放在易于取用的地点，并由专人保管。

在生产作业场所、危险作业场所、特殊作业场所中，当两个或三个场所为同一场所时，应综合配备相应种类的应急物资，对同一种类的应急物资应按最高标准配备。

（四）应急物资管理与维护

应急物资是为应对突发事件而准备，在应急救援救护中具有举足轻重的作用，所以必须保证应急救援物资的日常完备有效，不得随意使用或挪作他用。

班组对现有的应急救援物资有储存和妥善保管的责任，对救援物资应定人、定点、定期管理。按规定定期对物资装备进行检查、维护、清洁，及时更新有效期以外或状态不良的物资装备，补充缺失的物资装备。如发现较为严重的问题时，及时上报，并将检查、维护、清洁情况记录在案。

四、现场应急处置

(一)应急处置的定义

应急处置就是指事故发生后,为消除、减少其危害,最大限度地降低其可能造成的影响而采取的应对措施或行动。

(二)应急处置的作用

应急处置的主要作用是在发生各类突发事件时,通过快速的应急反应、有序的应急响应,最大限度地减少损失,确保人员生命、财产以及环境的安全,尽快恢复正常生产生活秩序。

(三)应急处置的原则

(1)及时的原则:包括及时撤离人员、及时报告上级有关主管部门、及时拨打报警电话和及时进行排出救助工作。

(2)"先撤人、后排险"的原则:即在发生事故或出现紧急险情之后,应首先将处于危险区域内的一切人员撤出,然后再有组织地进行排险工作。

(3)"先救人、后排险"的原则:当有人受伤或死亡,应先救出伤员和撤出亡者,然后进行排险处理工作,以免影响对伤员的及时抢救和对伤员、亡者造成新的伤害。在险情和事故仍在继续发展或险情仍未消除的情况下,必须先采取安全措施,然后救人,以免使救护者受到伤害和使伤员受到新的伤害。

(4)"先排险、后清理"的原则:只有在事故得到控制和险情排除以后,才能进行事故现场的清理工作。但这一切,都必须在遵守事故处理程序规定的前提下且得到批准以后,才能进行。

(四)现场应急处置示例

1. 有毒有害气体泄漏应急处置程序

(1)发生有毒有害气体泄漏时,最早发现者应立即向现场负责人报告,说明泄漏发生的地点及事态状况。在确保自身安全的情况下,查明泄漏部位及有毒有害气体。

(2)如果泄漏量较小或危险性较低,现场负责人应组织人员尽可能切断泄漏源或采取其他措施控制有毒有害气体溢出,不使事态扩大。

(3)如果泄漏量大或者危险性高,现场负责人应立即根据风向、风级划定危险区域,组织危险区域内的人员撤离。组织警戒人员,避免无关人员误入毒区。同时拨打报警电话,并向上级汇报泄漏事故的有关情况。

(4)上级抢险队伍或专家到达后,现场负责人听从指挥人员统一安排,组织相关人员进行抢险作业。

(5)如果有毒有害气体泄漏事故中有人员中毒情况,救援人员应在确保自身安全的情况下尽快使中毒者脱离毒物的危害。

(6)在抢险过程中,参加抢险人员应站在上风口并穿戴符合规定的劳动防护用品,防止吸入有毒有害气体。

(7)险情解除后,现场负责人向上级应急部门汇报情况并提交书面报告。

2. 井喷或井喷失控应急处置程序

1)井喷的应急处置程序

(1)发生井喷后,司钻发出报警信号,组织当班人员按不同工况实施关井,并向值班干部汇报。

(2)技术员核实关井情况,值班干部安排专人检测有无有毒有害气体喷出。

(3)技术员取全取准资料,立即向公司应急办汇报,并上报需要的压井材料及工具。

(4)队干部组织非当班人员到应急集合点待命。

(5)井架工随时观察关井套管压力。

(6)相关井控应急人员到达现场确定压井施工方案,现场负责人组织人员参与实施。

2)井喷失控的应急处置程序

(1)发生井喷失控后,技术员立即收集现场资料向公司应急办汇报。

(2)司机停柴油机,发电工停发电机,必要时打开应急探照灯。

(3)现场负责人指定专人组织在队所有人员到上风口应急集合点集合,清点人数,通知井场周边区域内的人员撤离。

(4)技术员在条件准许的情况下,核查远控台防喷器控制手柄开关状态,确保正确。

(5)现场负责人组织人员佩戴正压式呼吸器,检测有毒有害气体,划分安全区域,设立安全警戒线。

(6)在安全的前提下,现场负责人组织人员将易燃易爆物品撤离危险区域。

(7)在条件准许的情况下,现场负责人组织人员做好压井准备。

(8)相关井控应急人员到达现场确定抢险施工方案后,由队长(技术员)组织人员参与实施。

3. 火灾应急处置程序

(1)第一发现人大声疾呼:"××地点,着火了",立即使用灭火器材展开扑救。

(2)切断着火区电源。

(3)现场负责人立即组织人员迅速展开初期火灾的扑救,切断易燃物输送源或迅速隔离易燃物等。

(4)若火势严重或有爆炸的可能,立即拨打火警电话,指派专人引导消防车至现场。

(5)疏散无关人员到安全区,并确定安全警戒区域。

(6)消防队到达现场后,听从消防指挥人员统一安排。

4. 环境污染应急处置程序

1)生活垃圾及污水泄漏的应急处置程序

(1)第一发现人立即向班组长报警,班组长向现场负责人汇报。

(2)现场负责人组织人员围堵泄漏点,清理外溢物,并向上级应急部门汇报。

(3)现场负责人预测泄漏不能控制时,向公司求援。

(4)现场负责人组织公司应急救援人员共同进行围堵和清理垃圾或污水,采取相应防范措施。

2)工业污水、油品泄漏的应急处置程序(陆地)

(1)最早发现者应立即向班组长报告,说明事故发生的地点及事态状况。在确保自身安全的情况下,查明事故部位及泄漏物。

(2)现场负责人向上级应急部门报告泄漏物质的种类、规模和现场状况,并组织人员进行监视监察。

(3)如果泄漏面积较小,现场负责人组织人员尽可能切断泄漏源,构筑围堤,用沙土或其他不燃材料吸附,防止泄漏物进入下水道、排污沟等限制性空间。

(4)如果泄漏面积较大,现场负责人应指挥污染区内人员至安全区域,根据事故影响范围确定危险区域并进行隔离,严格限制出入。

(5)救援人员到达现场后,现场负责人应告知其泄漏的有关情况,并服从救援人员的统一指挥。

(6)抢险行动结束后,采取措施,防止污染。

3)工业污水泄漏的应急处置程序(湖泊及海洋区域)

(1)最早发现事故者应立即向现场负责人报告,说明事故发生的地点及事态状况。

（2）现场负责人组织人员确定泄漏源的准确地点和泄漏原因，及时向上级应急部门汇报，汇报内容包括泄漏污水种类、泄漏事故规模（泄漏污染的面积、性状、颜色）、现场风速、水流状况及污水漂流动向，组织人员进行必要的监测，并定时向上级应急部门汇报。

（3）现场负责人在应急救援人员到达前，应组织作业人员对泄漏点进行围控。

（4）救援人员到达后，现场负责人向救援人员报告事故情况，并听从救援人员统一指挥。

5. 洪涝灾害应急处置程序

（1）接到洪涝预警后，组织加固设备设施。

（2）洪涝灾害有逐步加剧趋势并造成上游或周边堤防出现险情，对生产构成威胁时，停止施工作业，立即报告上级应急部门。

（3）组织做好防漂移、防设备倾倒、防泄漏、防污染工作，切断电源。

（4）在洪峰到达前24小时，班组长配合现场负责人应将人员撤离至安全区域，将化学材料及药品等转移到安全地点，防止造成环境污染。

（5）现场负责人向上级相关部门报告人员撤离情况和现场应对措施，并保持密切联系，必要时请求救援。

6. 食物中毒应急处置程序

（1）当发生人员食物中毒时，中毒人员或第一发现人应立即大声呼救，向现场负责人报告。

（2）现场负责人立即组织人员进行急救并拨打120求救，或将伤者送往最近的医院进行救护。

（3）现场负责人组织其他人员保护现场，封存现场中毒者的食物或可能导致食物中毒的食品及其原料，并向上级应急部门汇报。

7. 恐怖袭击应急处置程序

1）恐怖分子刀斧砍杀的应急处置程序

（1）发现恐怖分子持刀斧袭击，发现者第一时间呼救，进行躲避的同时拨打110报警。

（2）班组长负责组织当班人员立即采取应急措施，停止作业。

（3）距离恐怖分子较远的员工，在现场负责人的组织下，使用防暴工具，前去阻止制服，同时报告上级应急部门。

（4）在恐怖分子难以制服的情况下，现场负责人组织人员撤离至"易守难攻"

的安全区域防守,同时采取措施,阻止恐怖分子进行纵火等其他暴恐活动。

2)恐怖分子车辆冲击的应急处置程序

(1)若可疑车辆强行冲入施工区域,发现者应利用门栏阻拦,并立即向现场负责人报告。

(2)车辆周围人员尽快撤离到障碍物后面或远处。

(3)现场负责人在确保安全的情况下组织力量采取措施逼停车辆,并向上级应急部门报告并拨打110报警。

(4)如车上人员下车袭击,现场负责人组织人员运用防暴工具制服。

3)恐怖分子爆炸袭击的应急处置程序

(1)当发现可疑爆炸物,发现者不能上前触碰挪动。

(2)发现者立即撤离发出警报,疏散人群,拨打110报警,同时向上级应急部门报告。

(3)疑似爆炸物周围相关岗位人员,在确保自身安全的前提下,就近关闭相关电气设备、切断电源,然后撤离现场。

(4)事发现场应组织设置警戒区域,任何人员不得入内。

(5)如遇可疑人体炸弹,全员自动疏散,疏散人员不得集中。

(6)等待公安部门前来处理。

8.放射源泄漏应急处置程序

(1)当放射源泄漏事故发生时,第一发现人员应立即远离放射源并大声警示危险,及时疏散附近人员,并立即将当前情况汇报给现场负责人,现场负责人及时向上级应急部门汇报具体情况。

(2)现场负责人及时组织人员对事故中受辐射伤害的人员送医院检查救治,同时疏散无关人员,划定危险区,摆放显著警示标志,设专人看护,禁止无关人员进入危险区域。

(3)若现场放射源可及时回收处置,具有放射作业操作资格的人员穿戴好防护用品及时收回放射源,入罐上锁,并放置在安全位置,设专人看护。

(4)若现场放射源不可及时回收处置,现场负责人应立即组织所有人员撤至危险区域之外等待救援。救援队到达后报告有关情况,听从救援队统一指挥。

9.火工品爆炸应急处置程序

(1)当发生火工品地面爆炸事故时,发现人员应立即逃生、大声呼救。

(2)现场负责人应及时指挥事发点人员逃生。在事发点周围划定危险区,疏散危险区内无关人员，禁止无关人员靠近，及时通知周围相关方负责人。

（3）事发现场如有人员受伤，现场负责人立即组织人员进行急救并拨打120求救，或将伤者送往最近的医院进行救护。

（4）现场负责人应立即向上级应急小组汇报，内容主要包括：时间、地点、人员伤害情况、爆炸火工品的名称及数量等。

（5）在不危及人员安全的前提下，班组长应按照现场负责人安排组织人员将剩余火工品转移至安全地带，并指派专人看护。

（6）若爆炸后的火势严重超出现场的控制能力或有二次爆炸的可能，现场负责人应立即拨打火警电话，并说明火情类型、行车路线，指派专人引导消防车至现场。

（7）消防队到达现场后，现场人员一律听从消防指挥人员统一安排，配合消防队员做好灭火工作。

第四节　井控管理要求

一、井控分级责任要求

（1）各油气田企业、工程技术服务企业应分别成立井控领导小组，明确主管生产和技术的企业级领导是井控工作的第一责任人，并由第一责任人担任组长，成员由有关人员组成。领导小组负责贯彻执行井控规定管理整个井控工作，油气田企业的井控领导小组还应负责组织制（修）订井控规定实施细则。

（2）各油气田企业、工程技术服务企业都要建立企业（局级）到基层队井控管理网络，定期开展活动，落实井控工作职责。

（3）钻井公司、井下作业公司、采油（气）厂（作业区）、项目部、基层队、井控车间及在施工现场协同作业的专业化服务单位应成立相应的井控领导小组，负责本单位的井控工作。

（4）各级负责人按"谁主管谁负责"的原则，应恪尽职守，做到职、权、责明确到位。

（5）集团公司工程技术分公司和勘探与生产分公司每年联合组织一次井控工作大检查，各油气田企业、工程技术服务企业每半年（联合）组织一次井控工作大检查。

二、班组人员井控培训取证要求

(一) 井控操作证培训取证人员范围

(1) 钻井队：正副队长、指导员（书记）、钻井工程师（技术员）、安全员、钻井技师、大班司钻、正副司钻和井架工等。

(2) 井下作业队的主要生产骨干（副班长以上）。

(3) 欠平衡钻井、固井、综合录井、钻井液、取心、定向井等专业化服务公司（队）的技术人员及主要操作人员；井控车间技术人员和现场服务人员；现场地质技术人员、地质监督、测井监督和地质设计人员；从事钻井、井下工程设计的技术人员。

具体的岗位取证范围，基层队所在油气田的井控实施细则里也有详细说明。

没有取得井控操作证的领导干部和技术人员无权指挥生产，工人无证不得上岗操作。凡未取得井控操作证而在井控操作中造成事故者要加重处罚，并追究主管领导责任。

(二) 井控操作证的时效

根据集团公司井控管理要求，井控操作证的有效期为两年。期满前一个月要参加换证培训，换证培训和现场检查考评不合格者，要注销其井控操作证。

三、井控装置管理要求

(1) 井控装置包括采油(气)树、防喷器(包括旋转防喷器)、防喷器控制装置、节流管汇、压井管汇、节流控制箱、防喷器四通、液气分离器(包括点火装置、防回火装置和排气管线)、防喷管线、液控管线、内防喷工具、手动和液动平板阀、欠平衡装置、控压钻井装备及井控应急抢险装备等。

(2) 井控车间负责井控设备的管理和定期进行现场检查工作，要建立保养维修、巡检回访、回收检验、资料管理、质量保证和技术培训等各项管理制度，负责井控设备安装、维修、试压、巡检服务以及制订装备、工具配套计划。

(3) 井控管理人员和井控车间巡检人员应及时发现和处理井控装备存在的问题，确保井控装备随时处于正常工作状态。

(4) 井控车间每月的井控装备使用动态、巡检报告等应及时上报上级主管部门。

(5) 井控装备必须在井控车间检验、试压合格后方能上井安装使用；井控装备在井上组装后，还必须整体试压，合格后方能投入使用。

（6）基层作业队应定岗、定人、定时对在用井控装备和工具进行检查、维护保养，并认真填写保养检查记录。

井控装备的安装、试压和检验具体要求按各油(气)田井控实施细则规定执行。

四、打开油气层作业管理要求

钻开油气层前，基层作业队应重点做好以下工作：

（1）提前了解施工区块特点和邻井钻探情况，监督、检查邻近注水(气)井、采油井、作业井动态及压力情况，制订具体的井控应急措施。

（2）要对现场所有工作人员进行工程、地质、钻井液(修井液)、井控装置、井控应急措施等方面的技术交底，并提出具体要求。

（3）组织全队职工进行不同工况下的防喷、防火演习，含硫地区还应组织防硫化氢演习，并检查落实各方面安全预防工作，直至合格为止。

（4）检查钻井(修井)液密度及其他性能是否符合设计和施工要求，按设计要求储备足量的重钻井液、加重剂、堵漏材料和其他处理剂。

（5）检查所有钻井(修井)设备、仪器仪表、井控装置、防护设备及专用工具、消防器材、防爆电路和气路的安装是否符合规定，运转是否正常，发现问题及时整改。

（6）按要求取全压井施工数据，并做好记录。

（7）落实坐岗制度、基层干部现场24小时值班制度、交接班井控职责的执行情况。

（8）按照"井控工作检查验收批准书"内容进行自查自改，合格后向上级主管部门提出检查验收申请。

主管部门接到申请后按照油(气)田井控实施细则要求组织相关人员进行检查验收。验收发现井控隐患应当场下达"井控停钻通知书"，钻井队限期整改。验收合格签发"钻开油气层批准书"后，方可钻开油气层。

五、防喷演习要求

钻井队防喷演习制度至少包括以下内容：

（1）应组织作业班组按钻进、起下钻杆、起下钻铤和空井发生溢流四种工况定期进行防喷演习。测井、录井、定向井等单位在现场的作业人员必须参加防喷演习。

（2）钻开油气层前，必须进行防喷演习，演习不合格不允许打开油气层。

（3）防喷演习的时间在班报表、记录仪卡片、井史日志、井控台账、生产汇报等资料中记载，且记录的时间要一致。

（4）防喷演习结束后，值班干部或技术员要对控制井口时间的长短、岗位操作有无失误及熟练程度等进行讲评。

（5）作业班组每月不少于一次不同工况的防喷演习，钻进作业和空井状态应在3分钟内控制住井口，起下钻作业状态应在5分钟内控制住井口。此外，在各次开钻、特殊作业（取心、测试、完井作业等）前，都应进行防喷演习，达到合格要求，并做好防喷演习记录。防喷演习记录包括：班组、时间和日期、工况、参加人员、存在问题、讲评等内容。

作业队应组织作业班组按所在油(气)田井下作业井控实施细则的要求定期进行不同工况下的防喷演习，并做好防喷演习讲评和记录工作。

六、井控坐岗要求

（1）基层队井控坐岗的具体要求执行所在油(气)田井控实施细则中的有关规定。

（2）基层队井控坐岗制度内容中必须明确不同工况下坐岗岗位的要求。

（3）坐岗人员必须经过基层队技术培训合格后，方可上岗。

（4）井控坐岗人员是发现溢流的主体，当班其他岗位人员包括参与现场施工的录井、定向井、测井、固井等专业技术服务单位的人员有责任协助基层作业队发现溢流并及时报告当班司钻(班长)。

（5）井控坐岗人员要定点认真观察钻井液出口显示和循环池液面变化，定时填写坐岗记录，发现异常，立即报告当班司钻(班长)。

（6）坐岗记录包括时间、工况、井深、起下立柱数、钻井液灌入量、钻井液增减量、原因分析、记录人、跟班干部验收签字等内容。

七、基层队干部值班要求

（1）基层队施工作业时，队干部须在生产作业区24小时值班，值班干部应挂牌或有明显标志，并认真填写值班干部交接班记录。

（2）值班干部应检查监督井控岗位责任、制度落实情况，发现问题立即督促整改。

（3）井控装备试压、防喷演习、处理溢流、井喷及井下复杂等情况，值班干部必须在现场组织指挥。

（4）值班干部必须参加班前班后会,对当班井控装置状态、井控风险及预防措施等工作进行总结并布置下步井控工作,并做好记录。

八、井喷突发事件逐级汇报要求

(一)井喷突发事件分级

根据中国石油天然气集团公司2016年1月发布的《井喷突发事件专项应急预案》,将井喷突发事件分为三级。

1. 一级井喷突发事件(Ⅰ级)

凡符合下列情形之一的,为一级井喷突发事件:

（1）海上油(气)井发生井喷、油气爆炸、着火或井喷失控。

（2）陆上油(气)井发生井喷失控,并造成超标有毒有害气体逸散,或窜入地下矿产采掘坑道。

（3）陆上油(气)井发生井喷,并伴有油气爆炸、着火,严重危及现场作业人员和周边居民的生命财产安全。

（4）引起国家领导人关注,或国务院、相关部委领导做出批示的井控事件。

（5）引起人民日报、新华社、中央电视台、中央人民广播电台等国内主流媒体,或法新社、美联社、合众社等境外重要媒体负面影响报道或评论的井控事件。

2. 二级井喷突发事件(Ⅱ级)

凡符合下列情形之一的,为二级井喷突发事件:

（1）海上油(气)井发生井涌并伴有大量溢流或井漏失返。

（2）陆上含超标有毒有害气体的油(气)井发生井喷。

（3）陆上油(气)井发生井喷失控,在12小时内仍未建立井筒压力平衡,企业自身难以在短时间内完成事故处理。

（4）引起省部级或集团公司领导关注,或省级政府部门领导做出批示的井控事件。

（5）引起省级主流媒体负面影响报道或评论的井控事件。

3. 三级井喷突发事件(Ⅲ级)

（1）陆上油(气)井发生井喷,能够在12小时内建立井筒压力平衡,企业自身可以在短时间内完成事故处理。

（2）引起地(市)级领导关注,或地(市)级政府部门领导做出批示的井控事件。

（3）引起地(市)级主流媒体负面影响报道或评论的井控事件。

（二）井喷事件汇报要求

（1）施工现场发生井喷事件后，基层队应立即向上一级单位汇报，事件单位接到汇报后立即向钻探企业和油(气)田公司应急管理部门汇报，应急管理部门按照应急管理程序启动应急预案。

（2）钻探企业和油(气)田公司接到汇报后，初步评估事件等级为Ⅱ级及以上井喷事件时，在事件发生30分钟内上报集团公司总值班室、工程技术分公司和勘探与生产分公司。Ⅰ级井喷事件还应在4小时内续报信息，事件期间，每日7：00前报告最新情况。

（3）发生Ⅲ级井喷突发事件时，由钻探企业组织进行处置。在事件处置结束后7天内将事件处置报告上报集团公司。

（4）信息报告和通信联络应采用有效方式，专人值班，资料要准确。发送图文传真和电子邮件时，应确认对方已收到。

（5）报告和记录的内容：事件发生的时间、地点、现场情况以及存在的社会、环境敏感因素；事件造成的伤亡人数、经济损失、周边影响；事件的原因分析、已经采取的措施、下步处置方案、生产恢复判断；舆情监测和媒体应对情况；事件涉及的装置、设施等基础数据和背景资料，请求上级部门支持和协调事项；其他需要报告的事项。

九、基层井控例会管理要求

（1）在施工期间，各基层作业队每周召开一次以井控例会，总结分析一周井控工作并安排下周井控主要工作。会议由队长或技术员主持，基层作业队在队干部、大班、正副司钻(班长)及现场录井、钻井液、定向井、测井等服务队负责人参加。井控会议要及时传达上级对井控工作的规定与要求，并做好会议记录。

（2）基层作业队从安装井控装置开始，值班干部和司钻(班长)应在班前、班后会上布置、检查、讲评井控工作。

第六章 班组思想政治工作及文化建设

班组思想政治工作及文化建设作为班组建设的核心内容，是连接班组员工精神文明的纽带，发挥着凝聚人心、鼓舞士气、激发动力的功能。两者对于树立员工正确的人生观、价值观和世界观，构建和谐班组，推进企业可持续发展具有十分重要的意义。

通过本章的学习，将会了解到：做好班组思想政治工作的重要性和方法；钻探企业文化的特点；班组文化建设要点等内容。

第一节 班组思想政治工作

一、做好班组思想政治工作的重要性

管理的最高境界是管"心"。要管理好班组，就要以做好员工的思想政治工作为重点，采取必要的、有效的措施来关心人、凝聚人、激励人，从而赢得人心，最大限度地调动员工工作积极性和创造性，增强班组凝聚力和执行力。因此，做好班组思想政治工作，对于提升班组管理水平和队伍建设水平起着举足轻重的作用。

（一）做好思想政治工作是建设和谐班组的必然需求

要想使班组氛围和谐，最基本的要求是需要每名员工保持稳定的思想情绪、积极的工作状态、友爱的团结作风。然而现实中，常常存在这样那样的矛盾，要达到理想状态，必须靠有效的思想政治工作，化解员工心中的疑问，解决各种不同的思想认识问题和矛盾，减轻思想压力，消除不和谐因素。

(二)做好思想政治工作是提高班组工作成绩的有力保障

"抓生产从思想入手,抓思想从生产出发",这一传统做法体现了思想政治工作服务于生产经营和发展中心的作用。班组思想政治工作灵活有效,就能够提高员工工作积极性,从而保障班组创造更好的工作成绩。

(三)做好思想政治工作是提升企业管理水平的重要基础

在企业发展进程中,思想政治工作以其强大的生命力,引领和服务于企业的发展,是统一思想、凝聚人心、化解矛盾、理顺情绪、振奋精神的重要基础性工作。要提升企业管理水平,就要从做好班组思想政治工作入手,切实提高班组的综合能力,使管理基础更加扎实可靠。

二、班组思想状况分析

钻探企业的班组多数在野外倒班作业,工作环境艰苦、劳动强度大、安全风险高。特殊的职业,使得班组人员的思想具有以下特点。

(一)员工思想积极的方面

多年来,在大庆精神铁人精神的影响和熏陶下,多数员工具有较强的吃苦耐劳和拼搏奉献精神,能够积极地与艰苦环境做斗争;具有较强的团结意识和责任意识,能够以集体利益为重,勇于担当重任,不计个人得失;工作干劲较高,进取精神较强,创先争优的信心和决心较大。

(二)员工思想方面的问题

部分员工认为队伍管理是领导干部的责任,自己做好岗位工作就可以了,没有必要考虑发展问题,参与管理的积极性不高;部分员工过分依赖上级安排,工作中遇到难题不主动思考、不积极应对,克服困难的主动性不强;由于工作繁重,员工非常劳累,下班后绝大多数都在休息,导致班组员工之间的思想交流不多,不利于提升队伍凝聚力。

(三)员工出现思想波动的因素分析

归纳起来主要有以下几方面:

(1)个人收入不稳定(奖金忽高忽低或持续降低),影响员工工作积极性。

(2)企业在管理体制和机制等方面改革,如果宣传引导不够及时得力,不能得到员工的理解与配合,易使员工担心自己的岗位或收入不稳定,工作中分心,精力不集中。

（3）队伍管理不善，或者由于管理者在管理思路与手段、推进工作的方法与技巧、对待员工的态度等方面，不能被员工所接受和理解，造成员工思想波动，甚至导致员工对集体失去信心，产生"当一天和尚撞一天钟"的心理。

（4）奖惩不公开、不公正，造成员工心里不服气、不平衡，削弱进取意识。

（5）员工之间发生矛盾，容易带着情绪上岗，工作懈怠。

（6）员工个人有伤病，身体上的不适带来精神上的急躁、烦躁、郁闷。

（7）家庭生活的压力，包括子女难就业、夫妻不和睦、赡养老人难、经济困难等，都直接影响员工情绪。

三、班组思想建设的目标

（一）具有较强的凝聚力

班组人员团结一心，能够相互理解信任，相互支持帮助，工作中目标一致、方向一致，心往一处想，劲往一处使，整体功能达到最大化。

（二）具有较强的执行力

班组人员把执行作为第一工作职责，干工作不讲借口、不谈条件、不互相推诿、不敷衍塞责，具有克服困难的信心和完成任务的决心。

（三）具有较强的进取心

班组人员树立较高的目标，在生产、管理等各个方面，能够拼搏奉献，敢于创先争优。

四、做好班组思想政治工作的方法

班组思想政治工作的对象主要是最基层的岗位员工，需要更强的针对性、多样性和实效性，需要更加具体深入、实在管用。而在实际工作中，往往存在一些问题，主要是反应滞后性，对员工思想动态的分析预测不够及时准确，往往等到问题发生后才"恍然大悟"，更多地被动应付，不能真正把消极思想消除在萌芽之中；缺乏针对性，对员工思想动态的预测不够及时，对员工思想变化把握不准，思想政治工作不能"对症下药"；存在遗漏性，很多人把特殊群体作为思想政治工作的"主角"，忽略了主体队伍的思想隐患，若主体员工队伍思想严重波动，将严重影响企业生产经营，甚至损害企业形象，而这正是容易被思想政治工作所遗漏的地带。

因而,在做好一人一事思想政治工作中,要抓主要矛盾,抓关键问题,做到系统性的务虚教育减少,日常的针对性教育增多;脱离经营活动的教育减少,密切经营管理的教育增多;普遍性的灌输教育减少,针对性的改革政策教育增多。做好思想政治工作的具体措施如下。

(一)贴心的谈心交流

谈心交流是做好员工思想政治工作的传统方法,也是比较常用和见效的方法。当班组员工出现思想波动时,及时开展耐心细致的谈心交流、说服教育,通过释疑解惑和思想引导,会达到理顺情绪、化解矛盾的效果。

1. 什么情况谈

从员工产生思想波动的原因入手,大致在以下十二种情况下需要进行谈心,概括为"十二必谈",即情绪低落时必谈;受委屈时必谈;新员工入班必谈;员工间发生矛盾必谈;工作态度不端正必谈;家庭关系不和睦必谈;岗位变动、退休前必谈;发现苗头性问题必谈;员工对干部有意见必谈;获得奖励表彰后必谈;受到批评、处分必谈;员工休年假、长假或病假后上岗时必谈。

2. 什么方式谈

根据引起思想波动的问题不同,采取不同的谈心方式。按人数分,一对一,个体问题个别谈;一对多,班组问题集体谈。按时间分,苗头问题超前谈,复杂问题反复谈。按地点分,工作问题单位谈,家庭问题家访谈。

3. 什么人谈

上级组织的领导或政工人员、所在队干部、班组长及与谈心对象关系密切的家人、员工或朋友等,都可以作为谈心交流的工作人员。

4. 怎么谈

理念引领,用科学的理念引导人;以理服人,联系员工切身利益或引经据典说明道理,分析利害;批评引导,切中要害,忠言逆耳,但要把握好"度",要唯实、唯事、适度、因人而异;侧击暗示,对不便直言者,用委婉的语言暗示对方,避免尴尬气氛,达到说服教育的目的;借此说彼,借甲事物说明乙事物,找出二者的相同点,通俗地表达出来,迂回绕取,易于理解,往往事半功倍;以褒代贬,对自尊心比较强的人,把要批评的话,用表扬的方式表达出来;情感共鸣,从对方最关心、最感兴趣的问题入手,从心理上接触,产生情感共鸣,再因势利导谈及具体问题。

［案例 6-1］

班组"思想引导员"谈心

某钻井队党支部为了及时细致地做好一人一事思想政治工作,自 2014 年 2 月开始,在每个生产班组设立 1 名兼职思想引导员,便于在日常工作、生活中,发现本班组员工在思想和情绪上的变化,主动了解和把握员工的思想脉搏,有的放矢地做好思想疏导。班组思想引导员的主要工作内容包括组织班组员工学习上级精神和形势任务、与思想有波动的员工谈心、建立职工家庭档案等。引导员在工作中能够随时发现员工的思想情绪变化,对不同人、不同事、不同问题,进行"一对一"谈心,力所能及地解疑释惑,并及时将情况汇报给所在党支部;倒班休息后,还有针对性地开展家庭走访,听取员工及家属的心声,了解真实情况,便于做好思想工作。

设立班组思想引导员两年来,与员工开展一对一谈心和家访的次数都增多了,及时有效地将矛盾和问题化解在萌芽状态,该队伍思想状况更加稳定和谐。

案例中的班组"思想引导员"与员工每天工作、学习、生活在一起,最了解基层员工的思想变化,是第一知情人,也是最好的信息传递者。他们耐心、贴心地与员工谈心交流,为理顺情绪提供了帮助,增强了一人一事思想政治工作的预见性、针对性和实效性。

（二）灵活的载体引导

班组工作任务重,员工压力大,需要用灵活多样的思想政治工作载体来调节气氛,调动员工积极性,增强班组生机与活力。班组中开展载体活动应具有较强的实用性、参与性、简便性,使每名员工都能参与进来并发挥作用。适合班组的载体活动有以下几类。

1. 情感类

讲述亲情友爱故事,以情感人,凝聚人心。可以利用班前班后会或饭前饭后时间,班组每名员工都参加,比较随意,不会产生紧张心理,大家能够面对面、心贴心地交流,通过讲述自己或身边人的亲情故事,拉近彼此距离,增进个人感情,从而凝聚班组力量。载体名称可以借鉴电视栏目名称,如《开讲啦》《说出你的故事》等。

2. 娱乐类

开展小型文体活动,劳逸结合,增强集体荣誉感。重要节假日组织棋牌类比赛、卡拉 OK 比赛等游艺活动，营造喜庆气氛，缓解工作压力；员工生日、结婚纪念日等特殊日期，组织小型庆祝会，人人送祝福，让员工感受家庭般的温暖，使员工之间的友情升华为亲情，对集体的归属感升华为责任感。

3. 竞赛类

组织劳动竞赛，提升业务水平，增强创先争优意识。通过开展与岗位工作有关的劳动竞赛，能够使员工明确目标，鼓舞干劲，创造优良业绩。在日常工作中，设立常态化的评比台、先锋岗等载体，通过考核各项工作指标，定期进行评比，并公示结果，引导员工练作风、强本领、当先进。对于阶段性任务或临时性工作，开展专项竞赛或主题会战，如冬季生产百日攻坚战、保安全提质量劳动竞赛等。在各类竞赛中评选最佳岗位或先进个人，通过口头表扬、光荣榜展示、专项奖金发放等方式，有效提高员工生产积极性，鼓励员工积极创先争优。

[案例 6–2]

"五比五赛五无"劳动竞赛

2010 年，某钻井公司针对钻井工作量大、工期紧的实际，为了调动员工生产积极性、提高施工质量和效率，在所属钻井队班组中开展了"五比五赛五无"劳动竞赛，主要内容就是比安全、赛文明、无违章，比技术、赛质量、无事故，比效益、赛贡献、无浪费，比学习、赛技能、无落后，比团结、赛作风、无违纪。竞赛中，各钻井队自行组织考核评比，设立评比台，每月根据考核结果分别张贴红、黄、蓝旗，根据考核排名发放奖励，体现干得多、干得好就荣誉多、奖金高，极大地鼓舞了员工工作热情。竞赛开展不到三个月时间，创出了单队月进尺上万米、1600 米左右开发井钻进周期 2 天等多项高指标。

竞赛活动的突出特点就是竞争，在"五比五赛五无"劳动竞赛中，各班组员工们树立争第一、站排头的目标，保持往前赶、向上冲的劲头，形成你追我赶争上游的生动局面，使各项生产指标频频刷新。实践证明，员工的热情和潜力是无限的，只要搭建适当的平台，就能高效释放。

（三）有效的正面激励

1. 目标激励

根据形势和任务要求，为班组或个人制订既振奋人心、又切实可行的目标，使员工明确任务，增强责任，为实现目标而努力。

2. 反向激励

针对争强好胜的员工或集体,施加反向的负刺激,激发员工的自尊心和荣誉感,鞭策其不断进步。

3. 支持激励

尊重员工的思想和行为,给予关心、扶持和帮助,采纳员工的创造性建议和措施,随时给予表扬和赞许,增强员工安全感、责任感和自豪感,激发工作的主动性和创造性。

4. 典型激励

传承树典型、学典型、做典型的传统做法,不但要学习各行各业先进典型,还要以学习身边的典型为重点,把握好方向,传递正能量,引导班组员工学典型、做典型。选树本队或本班组的先进典型,深入客观地总结先进经验和事迹,搞好宣传,使员工感到被认可、被尊重,从而实现自我激励。

[案例6-3]

学典型成就了典型班组

钻井队长徐某被所在钻井公司选树为先进典型,在全公司持续开展了"向优秀钻井队长徐某学习"活动。该队长所在钻井队利用典型就在身边的有利条件,以班组为单位,组织学习队长的先进事迹和优良作风。由于对队长非常了解,该队工程一班在学习中,从队长在工作中的一些小事、一些细节入手,重点分析队长多年扎根一线、艰苦奋斗的精神支撑,深入思考队长把心思都用在工作上的责任意识,切实学习队长勤奋好学、开展多项小改小革的创新精神。通过学习,班组员工认识到,队长作为先进典型为大家做出了榜样,队里的每名员工、每个班组都应该成为典型,工作中他们更加刻苦,坚持标准,积极创先争优,连续两年获得油田"先进班组"称号。该班班组长孙某在2015年春节还代表油田生产一线班组长接受了油田领导的慰问,更加鼓舞了他们的信心和干劲。

典型就是方向,典型就是力量。通过学典型,能够激发班组员工创先争优的意识和动力。这一传统的思想政治工作方法永不过时。

(四)科学的制度强化

借鉴经营管理工作制度化的做法,对有些思想政治工作也形成制度,便于有效落实。

（1）实行"奖勤罚懒、奖优罚劣"的奖金分配制度。通过考核评价,体现个人干多干少不一样、干好干坏不一样,以此调动员工积极性。

（2）实行"十个严禁、十个不准"管理制度。严明员工管理纪律,根据班组工作特点,对日常容易发生的不符合企业规定的事项进行明确要求,规范员工行为,杜绝违法违纪现象发生。

（3）实行常态化帮扶制度。对于职工本人患病或家庭常年有病人的,安排班组人员轮流在休息日去探望并帮助照顾,做一些家务；向经济生活比较困难的、患重大疾病或受灾的员工捐款,传统节日送慰问品,帮助解决燃眉之急。

[案例 6-4]

"一帮一"帮扶制度

某钻井队有5名员工身体患病或家庭生活困难,为了帮助他们缓解生活压力,该队党支部制定"一帮一"帮扶制度,指定队干部或党员作为帮扶责任人,要求一人负责一户,每季度至少到帮扶对象家走访一次,全面了解困难情况,帮助做家务活、捐助生活用品、逢年过节送慰问品等。长期以来,形成了定向、定期主动服务的常态化帮扶模式,使困难员工真正有人想、有人帮,增强了归属感、尊重感,从而对干部的拥护、对集体的热爱更加强烈,为集体利益拼搏奉献的信心和决心也更加坚定,表现在工作中就是热情更高了、干劲更足了。

"一帮一"帮扶制度是基层党支部在帮扶困难员工方面的一种尝试和探索,也有基层队伍根据班组或家庭住址,实行分组帮扶或分片帮扶,以多帮一,起到帮贫济困、凝聚队伍的作用。

（五）稳妥的问题调解

员工之间在工作中有时不可避免地会发生矛盾或冲突,伤害感情,影响团结。在做这方面思想工作时,需要注意的是要保持冷静、宽容自制；推功揽过,避免僵局；熄火降温,求同存异；一视同仁,保持平衡；加强沟通,善化戾气；三思而行,适时调节。

1. 公平公正

调解问题最忌讳的就是不公正。要把双方摆在平等的位置上,认真思考问题的实质和根源,客观地解决问题,不以权压人,不强迫对方接受自己的观点。

2. 泄洪排沙

有些矛盾和冲突不是一下子产生的,而有一个由潜到显、由小到大的渐变过程,并且与环境、事件性质密切相关。因而,做工作要及时、周密地掌握各方面条件,把握关键,根据具体人、具体事,采取适当的方法,及时处理。

3. 抑相制将

本着"射人先射马,擒贼先擒王"的思路,在调解过程中,先点拨识大体、顾大局的一方,做通工作后,另一方也会偃旗息鼓。

4. 黄牌警告

如果冲突不止,且有加剧的趋势,就要警示教育,晓明大义,必要时采取有效的行政和组织手段,及时制止,不能姑息。

五、对班组思想政治工作的评价

班组思想政治工作效果如何,需要有各方面的综合评价,可以结合上级考核指标和工作重点,主要在以下几方面进行评价。

(一)遵纪守法

(1)班组人员是否有参与黄赌毒、偷盗物资等违法违纪行为。
(2)班组中是否有打架斗殴、无故旷工等违反企业规章制度人员。

(二)弘扬传统

(1)班组员工是否爱岗敬业、脚踏实地做好本职工作。
(2)班组员工能否做到吃苦耐劳不讲条件、无私奉献不计报酬。
(3)班组员工能否做到克勤克俭,通过小改小革和良好的节约习惯降成本。

(三)积极进取

(1)班组集体或个人是否获得公司级以上荣誉称号。
(2)班组是否勇于承担急难险重任务。
(3)班组是否存在无故拒绝执行任务现象。
(4)班组中是否有不合格党员。

(四)稳定和谐

(1)班组是否团结,员工之间能否互相关心帮助,在各项集体活动中积极参与;员工之间是否存在矛盾,影响班组乃至队伍团结。
(2)班组是否有越级上访的员工。
(3)班组是否有信谣、传谣、扰乱舆论导向现象等。

第二节　钻探企业文化

一、什么是企业文化

　　企业文化是企业在生产经营实践中逐步形成的，为全体员工所认同并遵守的，带有本组织特点的使命、愿景、宗旨、精神、价值观和经营理念。这些理念是生产经营实践、管理制度、员工行为方式与企业对外形象的体现的总和，是企业的灵魂和潜在的生产力，是打造企业核心竞争力的战略举措。

　　新中国成立60多年来，伴随着石油工业的快速发展，石油企业文化也取得了丰硕成果。中国石油形成了丰厚的企业文化积淀，培育了以"大庆精神""铁人精神"等为代表的优秀企业文化，激励了几代石油人艰苦奋斗、无私奉献，并在社会上产生了很大影响，成为中华民族优秀文化的重要组成部分。

二、中国石油文化内涵

　　石油文化伴随着石油工业半个多世纪的发展历程，积淀了丰富的内涵，已经成为中国石油巨大的无形资产，其内涵主要体现在以下方面。

　　（一）企业宗旨：奉献能源，创造和谐

　　奉献能源：就是坚持资源、市场、国际化战略，打造绿色、国际、可持续的中国石油，充分利用两种资源、两个市场，保障国家能源安全，保障油气市场平稳供应，为社会提供优质安全清洁的油气产品与服务。

　　创造和谐：就是创建资源节约型、环境友好型企业，创造能源与环境的和谐；履行社会责任，促进经济发展，创造企业与社会的和谐；践行以人为本，实现企业与个人同步发展，创造企业与员工的和谐。

　　（二）企业精神：爱国、创业、求实、奉献

　　1981年，中共中央第47号文件，把集中体现石油工业光荣传统的大庆精神高度概括为"爱国、创业、求实、献身"。1990年2月江泽民同志视察大庆时，把"献身"表述为"奉献"，并对大庆精神基本内涵进行了诠释。

　　爱国——为国争光、为民族争气的爱国主义精神。

　　创业——独立自主、自力更生的艰苦创业精神。

　　求实——讲究科学、"三老四严"的求实精神。

　　奉献——胸怀全局、为国分忧的奉献精神。

知识链接——中国石油企业文化精神的名词解释

"铁人精神"是大庆精神的人格化、具体化,其核心内涵是"为国分忧、为民族争气"的爱国主义精神;"宁肯少活20年,拼命也要拿下大油田"的忘我拼搏精神;"有条件要上,没有条件创造条件也要上"的艰苦奋斗精神;"干工作要经得起子孙万代检查""为革命练一身硬功夫、真本事"的科学求实精神;"甘愿为党和人民当一辈子老黄牛",埋头苦干的奉献精神。一般同时表述为"大庆精神铁人精神"。

"两论"起家、"两分法"前进就是通过学习《实践论》和《矛盾论》,用辩证唯物主义的立场、观点、方法,去分析、研究、解决油田开发建设中的一系列问题。在任何时候、任何情况下都要坚持两分法,形势好的时候要看到不足,保持清醒的头脑,增强忧患意识;形势严峻的时候更要一分为二,看到希望,增强发展的信心。

"三老四严""四个一样"就是对待事业要当老实人、说老实话、办老实事。对待工作要有严格的要求、严密的组织、严肃的态度、严明的纪律。干工作要做到黑夜和白天一个样、坏天气和好天气一个样、领导不在现场和领导在现场一个样、没有人检查和有人检查一个样。

图6-1 石油工人的杰出代表——铁人王进喜

"五条要求"就是人人出手过得硬,事事做到规格化,项项工程质量全优,台台在用设备完好,处处注意勤俭节约。

"三个面向五到现场"就是领导干部和机关要面向生产、面向基层、面向群众,做到生产指挥到现场、政治思想工作到现场、材料供应到现场、科研设计到现场、生活服务到现场。

"三基"工作就是加强以党支部建设为核心的基层建设,加强以岗位责任制为中心的基础工作,加强以岗位练兵为主要内容的基本功训练。

(三)企业理念:诚信、创新、业绩、和谐、安全

"诚信、创新、业绩、和谐、安全"集中体现了中国石油天然气集团公司经营管理决策和行为的价值取向,是有机的统一整体。其中诚信是基石,创新是动力,业绩是目标,和谐是保障,安全是前提。

诚信：立诚守信，言真行实。
创新：与时俱进，开拓创新。
业绩：业绩至上，创造卓越。
和谐：团结协作，营造和谐。
安全：以人为本，安全第一。

（四）企业核心价值观：我为祖国献石油

"有条件要上，没条件创造条件也要上""宁可少活20年，拼命也要拿下大油田""头戴铝盔走天涯，哪里有石油哪里就是我的家""只有荒凉的沙漠，没有荒凉的人生"。这些豪迈的誓言都是石油人继承发扬"我为祖国献石油"的价值观体现。作为一名石油人，要践行"我为祖国献石油"，时刻牢记石油报国的崇高使命，始终与祖国同呼吸共命运，肩负起保障国家能源安全的重任。胸怀报国之志，恪尽兴油之责，爱岗敬业，艰苦奋斗，拼搏奉献。

知识链接——艰苦奋斗的六个传家宝

艰苦奋斗的六个传家宝就是人拉肩扛精神、干打垒精神、缝补厂精神、五把铁锹闹革命精神、回收队精神、修旧利废精神。

（1）人拉肩扛精神：在生产和工作缺乏常规保证的条件下，充分发挥人的主观能动性，用非常规的办法克服困难的艰苦创业精神。

1960年3月，王进喜率队从玉门来大庆参加石油大会战，组织全队职工用"人拉肩扛"的方法搬运和安装钻机（图6-2），用"盆端桶提"的办法运水保开钻，打出了第一口井。"人拉肩扛精神"成了广大会战职工战胜艰苦条件，夺取会战胜利的重要精神力量。

图6-2 王进喜带领工人发扬"人拉肩扛精神"安装钻机

（2）干打垒精神：大庆石油会战初期，广大职工因陋就简，解决居住困难的艰苦创业精神。

1960年6月到9月，建设者们自己动手建成了近100万平方米的干打垒（图6-3），解决了职工过冬问题，保证了石油大会战的进行。

图6-3　广大职工因陋就简，自建干打垒解决居住困难问题

（3）缝补厂精神：大庆职工和家属勤俭节约办企业的艰苦创业精神。

会战初期，国家财力紧张，劳保用品跟不上。会战工委抽调人员组成一个缝补组，为职工缝补衣服。1963年，会战工委又决定把缝补组扩建为缝补厂，为前线加工"两旧一新"棉工服等各种劳保用品（图6-4）。

图6-4　勤俭节约办企业的"缝补厂精神"

（4）五把铁锹闹革命精神：大庆家属大搞农副业生产的艰苦创业精神。

会战初期，我国正处于国民经济严重困难时期，4万多职工生活相当艰苦。会战工委号召家属组织起来，发扬南泥湾精神，自己动手丰衣足食。钻井指挥部机关的职工家属王秀敏、杨学春、丛桂兰、吕玉莲,在家属薛桂芳的带领下,扛着铁锹,背上行李,抱着孩子,到远离住地15千米以外的地方去开荒种地、大搞副业生产,大大改善了职工的生活(图6-5)。

图6-5 会战家属发扬南泥湾精神丰衣足食

(5)回收队精神:大搞废旧物资回收利用的勤俭节约精神。

石油大会战中,广大职工利用业余时间回收散失在油田各处的废旧物资。1969年,铁人王进喜提议并组织起油田第一个废旧材料回收队——钻探指挥部铁人回收队(图6-6)。

图6-6 大庆钻探指挥部铁人回收队

(6)修旧利废精神:厉行节约、勤俭办企业的创业精神。

随着大庆油田生产规模的日益扩大,器材和设备的消耗量逐年增加,每年都有很多的废旧器材要报废处理。1963年,供应指挥部率先成立了修旧队,承揽修复那些生产急需而供应又短缺的物料,满足生产建设的需要。1970年以后,各生产单位普遍建立了修旧利废车间、修旧小组等，大搞清仓查库、修旧利废，力求做到小材大用、短材长用、优材精用、缺材代用、一物多用（图6-7）。

艰苦奋斗的"传家宝"，一直激励着石油人顽强地克服生产过程中不断出现的新困难。新的历史时期，虽然条件好了，不像会战年代那么艰苦，但是艰苦朴素的传统还要保持。我们要保持继续弘扬好传统、好作风，艰苦奋斗，勤俭节约，不断降本增效，努力实现企业可持续发展。

图6-7　修旧利废

（五）集团公司企业标识

1. 中国石油天然气集团公司标识的含义

2004年12月26日起，中国石油天然气集团公司正式起用新标识，如图6-8所示。标识为红黄相间的宝石花，绽放出中国石油锐意进取的新风采，成为中国石油向国际化石油企业迈进过程中的又一力作。新标识的含义有以下六个方面：

图6-8　中国石油天然气集团公司标识

（1）从色彩上看，新标识的颜色与中国国旗的基本色保持一致，体现了中国石油是中国的国家石油公司。

（2）标识颜色为红色和黄色，取中国国旗基本色，并体现石油和天然气的行业特点，红色代表石油，黄色代表天然气。

（3）从形状上看，标识的整体呈现圆形，体现了中国石油全球化、国际化的发展战略；十等分的花瓣图形，象征着中国石油多项主营业务的集合。

（4）红色基底凸显方形一角，不仅体现中国石油基础深厚，而且还寓意中国石油无限的凝聚力和创造力。

（5）标识的外观呈花朵状，体现了中国石油注重环境、创造能源与环境和谐的社会责任。

（6）标识的中心太阳初升，光芒四射，象征着公司朝气蓬勃，前程似锦。

新标识图形无文字，元素少、易识别，沿用原有标识的主色调，视觉冲击力较强，体现了中国石油"共举一面旗帜，统一品牌"的主导思想，实现了集团公司和股份公司的标识统一,系统内部企事业单位标识的统一,塑造了统一的中国石油形象。

2. 中国石油天然气集团公司司旗

司旗是企业形象传播系统的重要组成部分。对司旗进行良好的视觉形象规范,有利于中国石油形象的传播。司旗样式如图 6-9 所示。各企事业单位,无论是上市企业还是未上市企业,在统一活动时以及在广场、会场、大厅、办公区等公共场所必须使用司旗,不得任意改换。司旗的具体尺寸根据旗杆的高度选择,在悬挂和树立司旗时,应注意同时悬挂中华人民共和国国旗。国旗必须放在中间,司旗放在两边。

图 6-9　中国石油天然气集团公司司旗

三、钻探文化特征

(一)胸怀大局,为国争光的政治文化

我国的石油产业从起步,就受到了格外的关注。新中国成立之初,国家领导人就明确,要进行建设,石油是不可缺少的,石油对于中国一直是带有浓重的政治色彩,故而中国的石油又有"志气油"的称谓。从感情角度看,当年刘秉义先生一曲《我为祖国献石油》以及石油颂歌《克拉玛依》等,不知激励了多少热血青年投身石油大军的行列,不知沸腾了多少中国人的热血,激昂豪迈的旋律,也激发了石油人特别是钻探人自豪的情结。从毛泽东同志向全国发出"工业学大庆"的号召起,钻探人便成为中华人民共和国工业界的精神骄子,同时也打上了强烈的政治烙印。

[案例 6-5]

铁人精神的传人——李新民

2000 年 2 月,李新民带领 1205 钻井队赶赴苏丹,开始打"海外第一井"。一到苏丹,李新民就问:"这里清关最快需要多长时间,什么时候能正式开钻打井?"这不禁让人想起当年铁人一下火车就问:"我们的钻机到了没有?井位在哪里?这里打井最快的纪录是多少?"然而,设备运抵后,难题就出来了。其他项目组参与清关的都是十几个人,海外清关最快也要十几天。李新民带领 5 名队友顶酷暑、伴星辰,紧张清点。最终,6个人只用6天时间就清关完毕。清关完毕,新问题又出来了。3台柴油机发电机中的两台在运输途中造成损坏,趴了窝。而且马上要进入雨季,甲方指令必须尽快准备撤离。李新民跑遍了这个区块所有的中国钻井队,终于找到了一台正准备大修的柴油发电机,并在国内专家遥控指导下完成改装。

终于,海外第一口井开钻了。李新民和队友们24小时连轴转,克服蚊虫叮咬、高温酷暑等困难,精心施工。完钻那天,望着"钢铁钻井队"的旗帜,他们泪流满面,冲着祖国的方向大声喊:"老队长,1205队出国打井的梦,我们圆了!"

(二)意志坚定、敢打硬仗的军队文化

钻探队伍是石油工业的先头部队。从新中国成立以来,钻探队伍就和军人结下了不解之缘。在大庆石油会战、建设大油田时期,石油行业缺少大量的产业工人。1955年,当时的石油工业部部长李聚奎同志在向毛泽东汇报克拉玛依一号井喷出原油时,向毛主席提出了将解放军第十九军五十七师改为石油师的建议。从这点来说,钻探文化是军队文化与产业文化相结合而形成的。从本质上说,钻探文化的根本是军队严整、规范、有序、意志的体现,军队的底蕴文化决定了钻探人敢打、善打硬仗,连续作战,不怕艰难困苦,自然条件适应力强的作风,这个作风也一直延续到今天。

知识链接——1202钻井队与军队的血脉之缘

大庆钻探工程公司钻井二公司1202钻井队前身就是以解放军第十九军五十七师的一个排为基础组建的,这支队伍根系人民军队的血脉,继承和发扬人民解放军的优良传统,不怕疲劳,连续作战,屡建功勋。

从20世纪50年代实现钻井进尺月上千、年上万,20世纪60年代创出年进尺10万米的世界纪录,20世纪80年代获全国优质高效钻井队竞赛银质奖章,1985年创出累计进尺上万米的油田最高纪录,2002年创出冬季定向井施工6开6完的油田最高纪录,到2006年成功打出建队以来第一口优质水平井,1202钻井队的钻井技术实现了历史性跨越。

新时期,1202钻井队总结提炼了"千锤百炼不卷刃,百炼千锤刃更锋"的行为规范,形成了"塑尖刀品牌,创一流业绩"的队魂,被授予"永不卷刃的尖刀""钢铁钻井队""卫星钻井队"等一系列荣誉称号。

意志坚定、敢打硬仗的军队文化为石油基层班组建设留下宝贵的精神财富,这种精神特质决定着钻探企业班组具有较强的执行力和战斗力,这正是企业生产

和发展不可或缺的资源。

(三)集中力量、快速突击的会战文化

新中国经济建设初期,采取运动的方式开展各种各样的会战,从各地抽调有生力量,运用"集中优势力量,各个歼灭敌人"的军事原理开展经济活动。从工业经济的复苏,到后来的三线建设,在1979年之前的整个经济发展过程中,会战文化是钻探发展建设的主体方式,而这种方式在资金匮乏、基础几乎为零的条件下也只能是首选的方法。客观地看,苏联和中国等贫穷落后国家采取这种方式实现了经济发展时段的经济崛起,从而奠定国民经济的布局、框架和其后发展的基础。

知识拓展——改变中国石油工业的十次石油会战

一、大庆石油会战

1959年,随着东北松辽盆地松基三井喷出工业油流,以及位于大庆长垣上的另一个高点处的葡7井出油,表明存在一个含油面积很大的油田。

1960年1月,石油工业部党组召开扩大会议,准备"来一个声势浩大的大会战"。当年2月13日,石油工业部向中共中央提交了《关于东北松辽地区石油勘探情况和今后工作部署问题的报告》。2月20日,中共中央批准了这一报告,石油会战由此开始。三四月间,石油系统37个厂矿、院校组织人员自带设备,与国务院一些部门人员、当年退伍的解放军战士和转业军官,组成石油大军进入东北松嫩平原,展开了石油大会战。以铁人王进喜为代表的老一辈石油人,仅用三年半的时间就探明了面积达860多平方千米的特大油田,建成年产原油500万吨的生产能力,生产原油1166.2万吨,从根本上改变了中国石油工业的面貌。

二、华北石油会战

1964年3月,石油工业部陆续从大庆、玉门、青海、新疆等油田抽调2万多名职工,在南部的济阳坳陷和北部的黄骅坳陷两个主战场,同时展开石油勘探会战。华北石油会战的一个重要成果,是在南部济阳坳陷迅速探明和开发了胜利油田,另一个重要成果,是在北部黄骅坳陷探明和开发了大港油田。

三、四川"开气找油"会战

1965年6月1日,石油工业部成立四川石油会战领导小组,从西北、东北、华北10多个石油企业调集4000多职工,以威远构造和泸州古隆起为主战场,开展"开气找油"会战。到1966年12月,会战因"文化大革命"而被迫中断。

四、江汉石油会战

1965年9月27日,江汉平原钟11井见到工业油流。1969年6月26日,国务

院正式批准在江汉地区开展大规模的石油会战。到1972年5月,江汉石油会战结束。会战累计钻井1059口,探明石油地质储量5021万吨。

五、辽河石油会战

1970年,石油工业部组织大港、江汉、长庆等油田的3.6万职工,于3月22日召开辽河石油会战誓师大会,辽河石油勘探会战开始。1971年辽河油田共打了63口井,生产原油5332吨,天然气4000多万立方米。1975年4月,杜7井喜获高产油气流。

六、陕甘宁石油会战

1969年10月,石油工业部决定以玉门石油管理局为主组织"陕甘宁石油勘探会战筹备组"。1970年2月,玉门石油管理局决定成立陇东石油勘探会战指挥部。1970年10月12日,国务院、中央军委确定由兰州军区负责组成陕甘宁地区石油勘探会战指挥部。1971年石油勘探取得突破性进展。至1975年9月,历时5年的会战探明和开发了马岭、红井子等油田,初步搞清了南部中生界天然气储量。

七、冀中石油会战

1969年,大港石油会战指挥部成立冀中石油会战前线指挥部。1974年6月,位于高家堡构造的家1井试油获得工业油流。1975年7月和10月,任4井、任6井先后试油,发现了古潜山油田。1975年7月,任丘油田被发现。1976年2月26日,河北省委、天津市委和石油化学工业部党组决定开展冀中石油勘探会战。

八、吉林石油勘探会战

1959年9月29日,扶27井获得工业油流。1970年初,吉林省和石油工业部决定进行石油会战。1973年,燃料化学工业部从江汉油田抽调3000多名职工和相应设备,1975年从大庆油田抽调500名职工参加吉林石油勘探会战。

九、河南石油勘探会战

1972年5月1日,成立南阳石油勘探指挥部,加强南阳地区石油勘探。1973年11月7日,燃料化学工业部决定将南阳石油勘探指挥部改为河南石油勘探指挥部。到1977年初,先后发现双河、王集、下二站等油田。1977年5月1日,石油化学工业部又征调1.5万多名职工,展开河南石油勘探开发会战。

十、江苏石油勘探会战

1974年11月,苏北盆地真武构造苏58井喷出工业油流。燃料化学工业部从胜利、青海、长庆、新疆、四川等油田抽调3600名职工,开展江苏石油会战。1975年4月23日,江苏石油勘探开发会战指挥部成立。经过两年多会战,先后发现曹庄油田和刘庄气田,结束了江苏不产石油的历史。

(四)开拓进取、讲究科学的求实文化

由于钻探开发的是隐藏在地下几百米、几千米的地层,不可能直观地认识地层。所以,对钻探人来说每一项钻探开发工作都是一次考验。而一口油井、一口探井打下去就是几百万、几千万,甚至上亿元的投资,因此,钻探人提出"工作的对象在地下,斗争的对象在油层"的口号,他们的钻头只有大胆而不停地向地下的理想深处开拓进取,最终才能达到理想的境地。职业的特点锻造了钻探人的开拓精神,锻炼了他们的承受能力和韧性,形成了敢打敢拼的钻探文化。

(五)崇尚英雄,争当模范的榜样文化

榜样的力量是石油企业文化中十分耀眼的部分。"铁人"王进喜登上天安门接受了共和国最高领导人的接见,他成为石油工人的一面旗帜。在王铁人身上所表现出来的精神是国家精神的脊梁,也是当时面对贫困求发展的必需,当然这与石油的政治地位特别是钻探开发的政治地位是密不可分的。王铁人在全国闻名的时候,石油企业内部被树立起来的铁人还有几位,他们共同构成了第一代石油人的榜样。

第三节　班组文化建设

一、什么是班组文化

班组文化是班组建设的重要内容。班组文化建设对于培养班组成员爱企情怀、优良品德、班组精神,激发班组人员的工作积极性和创造性,有着至关重要的作用。

(一)班组文化的概念

班组管理的最高境界是创建班组文化。班组文化是以班组为主体,在统一的企业文化理念指导下形成的基层文化,是企业文化的重要组成部分,是企业文化在基层落地的具体体现,是班组管理的核心所在。究其实质,班组文化就是班组成员共同认定的思维方式和工作风格,是班组成员付诸实践的共同价值体系,是打造班组品牌的灵魂,是班组营造团结、友爱、互助、共赢工作环境的有效方式。没有优秀的班组文化做支撑,也就没有班组的凝聚力和竞争力。

(二)班组文化的构成

班组文化包含着非常丰富的内容,其核心构成包括三个部分:班组理念文化、班组行为制度文化和班组形象环境文化,如图6-10所示。

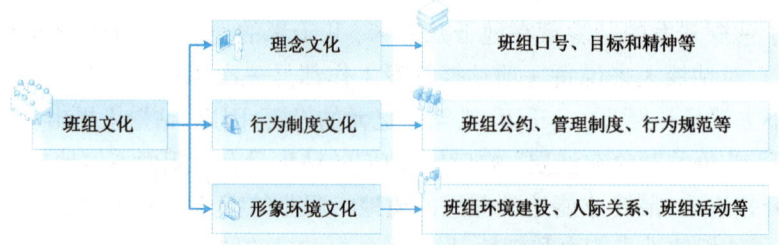

图 6-10 班组文化的三个组成部分

二、文化建设在班组管理中的意义和功能

班组文化是企业文化的根基,企业文化建设要重点抓好班组文化建设,让员工成为企业文化建设的主体。

(一)班组文化建设的意义

班组文化建设的意义在于塑造出有利于企业和班组发展的价值观念、思维模式、行为逻辑、精神士气、文化氛围、形象面貌等,从而影响、同化、塑造、改变班组成员,形成"风正、气顺、心齐、人和、劲足"的"命运共同体"。

(二)班组文化建设的功能

班组文化建设的目的是引领职工信守企业核心价值观,遵从质量、安全行为规范,在努力为企业创造财富的工作中,享受工作的乐趣和成就,营造企业和谐发展新局面。班组文化建设具体有以下功能:

(1)思想观念的导向功能。班组文化能对班组成员的价值取向及行为取向起引导作用,通过班组文化建设,形成共同思想、共同信念,取得一致行动。班组文化一旦形成,就建立起了自身系统的价值和规范标准,将员工引导到班组的价值观和规范标准上来。

(2)思想行为的约束功能。班组文化对员工的思想、心理和行为具有约束和规范作用。班组文化的约束不是制度式的硬约束,而是一种软约束,这种约束来源于班组文化氛围、群体行为准则和道德规范。群体意识、社会舆论、共同的习俗和风尚等精神文化内容,会造成强大的使个体行为从众化的心理压力和动力,使班组成员产生心理共鸣,继而达到行为的自我控制。

(3)员工士气的激励功能。班组文化具有使班组成员从内心产生一种高昂情绪和奋发进取精神的效应。班组文化把尊重人作为中心内容,以人为本作为管理中心。班组文化给员工多重需要的满足,并能对各种不合理的需要用它的软约束来调节。班组文化使积极向上的思想观念及行为准则形成强烈的使命感、持久的驱动力和自发的工作激情,成为员工自我激励的源泉。

(4)团队建设的凝聚功能。班组文化的凝聚功能是指当一种价值观被员工共同认可后,它就会成为一种黏合力,从各个方面把其成员聚合起来,产生一种巨大的向心力和凝聚力。

(5)人际关系的润滑功能。班组文化建设通过开展各种文化娱乐活动,沟通成员的情感,增进成员间的友谊,有利于化解矛盾、减少摩擦、互递信息、消除隔阂,协调相互之间的关系,建立良好的人际关系。这种关系使班组成员能在工作中互相理解、互相学习、互相信赖、互相帮助,培养同甘苦共命运的情感,形成团结和谐的温馨氛围。

[案例 6-6]

高绩效班组建设的五个理念

东方地球物理公司某地震队放线组创造的"高绩效班组建设的五个理念"是丰富班组内涵、培育团队精神、构建高绩效班组的有效方法。

理念之一:用"危机"促成"共识"。班组成员一起经常分析技术、设备、人员、工作流程和HSE管理等方面的问题,激发大家的"危机意识",激励大家克服困难、改进技术和流程、提高工作水平和创效能力。

理念之二:用"双赢"促进"协作"。通过经常向员工讲协作故事、做协作游戏、赞协作典型、批"个人英雄主义"等,培育并形成班组团队协作的意识和精神,使得大家团结一心、优势互补、协作双赢。

理念之三:用"发展"激励"学习"。班组长从员工胜任岗位、职业发展的角度,建立了完善的学习制度,每周一次业务学习,每月一次理论或政治学习,技术好的员工与新员工结成"师带徒"关系,还鼓励大家自学成才。

理念之四:用"激励"提升"尊严"。班组建立了完善的激励机制,包括"量化管理制度""质量考核办法""评优和奖励制度"等,极大地调动了员工的积极性、主动性和创造性,增强了班组的凝聚力、向心力。

理念之五:用"卓越"引导"文化"。班组坚持"有荣誉就争,有红旗就扛",逐步形成了班组"遵规守纪、爱岗敬业、诚信友善、协作创新"的基础文化,以及"质量是生命、速度是效益"的核心文化。

班组文化建设得用心、得法,有利于促进班组各项工作的平稳开展。

三、班组文化建设的主要形式

班组文化建设要与班组的日常经营管理工作有机融合,成为优化班组管理的有效途径,让管理在文化中升华,让文化在管理中落地。

(一)班组文化内容

班组文化内容主要包括班组宗旨、理念、制度、行为、氛围、激励等。其中,班组宗旨是班组文化建设的起点,也是班组存在的目的,基于宗旨的不同,可以划分不同类型的班组,如生产效率改进型、产品质量改进型、服务水平提升型等。班组理念是企业文化在班组层面的体现,起到统一班组成员思想的作用。有效的制度安排则是提高班组工作效率和降低管理成本的内在要求。行为是班组价值文化和制度文化的窗口和体现。班组氛围是班组成员对班组的直观感知。班组激励是为班组工作提供、激发动力的源泉,也是班组文化建设以人为本的体现。

(二)形式种类

围绕班组文化建设的基本内容,采取灵活多样的形式开展活动,班组文化建设才能取得理想的效果。

1. 班组集体活动

班组要定期组织集体活动,如开展一些岗位比武、同台竞技、经验分享,以及运动项目比赛、户外拓展、郊游、聚餐、辩论赛等活动。

2. 班组文化墙

班组文化墙是展示班组的宣言、标语、口号、定期活动通知、活动成果等的窗口,并可将先进事迹和案例张贴在上面。根据班组文化建设的情况,应定期更新班组文化墙的内容。图 6-11 所示为某钻井公司项目部班组自制文化墙。

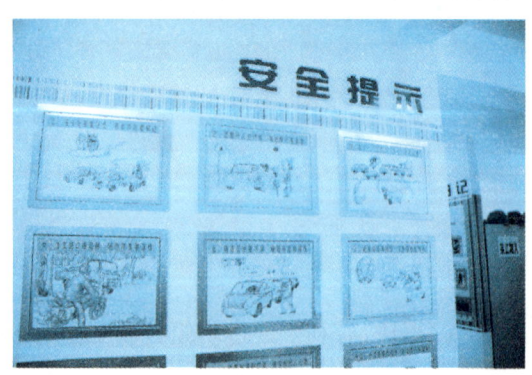

图 6-11　某钻井公司项目部班组文化墙

3. 班组文化博客（微博、微信公众平台）

文化博客（微博、微信公众平台）是班组文化建设的新型方式和阵地，各班组文化博客（微博、微信朋友圈）可以上传全组成员的集体活动照、个人工作照，也可附班组人员个人简介，做到及时、定期更新，班组成员通过这个形式可以快捷地了解班组建设信息和动态。图6-12所示为大庆钻探1202钻井队微信公众平台。

图6-12　大庆钻探尖刀1202钻井队微信公众平台

4. 班组文化故事集

班组成员围绕企业核心理念，写下发生在身边的有关企业文化的故事，把工作生活中有关企业文化的点滴写成故事案例，交给班组长。将收集到各个班组的故事案例进行整理、挑选、整合成册，定期发布"班组文化故事集"，使先进的班组管理理念与经验得到分享。

5. 活动积分激励计划

个性化的积分服务能够激发员工干工作与参与班组文化建设的积极性和创造性。员工凭积分可兑换礼品：学习发展类（经典培训、精品讲座、外出交流机会等）、休闲活动类（电影票、假期等）、消费类（优惠券、实物等）等。

班组文化建设除了上述形式以外，还有班组图腾、班组口号、岗位明星评比、班组文化漫画集、班组论坛等形式。

（三）班组文化建设的主要特征

企业文化最真实、最具体的体现是班组文化。相比企业文化来讲，班组文化具有以下五个特点：

（1）一致性。班组是企业结构体系中最小的群体，它的工作目标、劳动对象、劳动范围和工作手段等，基本上是相同的、一致的。虽然班组内部也有分工和岗位的差别，但在"软"内容方面没有质的差别。

（2）渗透性。即由八小时之内向八小时之外延伸，影响到职工生活的方方面面。

（3）直观性。相对于企业观念、企业形象而言，班组文化的形式更具体、目标更实在、氛围更活跃。

（4）群体性。由于班组成员长期协作配合，群体内部交往密切，有一定的情感基础，因而在作风、性情等方面互相影响。

（5）局限性。班组处于企业最基层，人员活动范围小，生活圈子也相对封闭，因而常常出现小团体主义情绪，在企业文化整个大构架中只能处于从属地位。

以上特点是建设企业文化的基本着力点，企业文化只有落实到基层班组，才能获得持续发展的动力源泉。

（四）班组文化建设的工作重点

班组文化建设是提升班组战斗力、增强班组凝聚力的重要手段，没有班组文化的繁荣与发展，就不可能形成真正可持续且有生命力的企业文化。在建设特色班组文化过程中，应着重抓好思想、安全、技术等文化建设工作重点，努力打造高水平班组文化阵地。

第一，要持续强化班组思想文化，凝心聚力推动班组建设。班组思想文化建设是班组建设的核心。思想文化建设的好坏，在很大程度上影响着班组是否具有较强的凝聚力。图6-13为钻井队队长在现场做思想工作。

图6-13　钻井队长及时做好一线员工的思想工作

班组思想文化建设是新时期企业文化建设和企业生产经营的需要,是有力推动和提升班组管理水平、作业实力的一项重要基础工作。其重点就是针对岗位的特点和班组员工的思想状况,通过有效的管理和教育载体,潜移默化地使企业的价值观念成为员工的价值和自觉行动,并通过日常的思想政治工作,激发员工的内在潜力和动力,从而实现员工的追求与企业的目标达到和谐统一。

第二,要持续建设班组安全文化,提高班组安全自觉性。班组安全文化是企业文化的重要组成部分,也是安全管理工作的主要载体。做好班组的安全文化建设,树立健康、安全、环保的思想理念,对提高班组人员安全意识和技术水平,杜绝各类事故发生,实现企业各项安全生产和经营目标,提高企业经济效益具有十分重要的意义。图6-14所示为结合生产实际进行安全技能教育。

图6-14　结合生产实际进行安全技能教育

加强班组安全文化建设,具体地说,就是要加强安全生产方针政策、安全法律法规、安全规章制度、现代安全管理、安全教育、安全措施、安全减灾、安全效益、安全道德、安全环境等内容的学习和宣传,并将"设备、制度、素质、环境"四个方面的管理同班组实际相结合,贯彻到实处,推动日常安全管理工作。

第三,要持续打造班组技术文化,增强班组创新创效能力。在生产实践中,任何一个班组的工作中都会遇到诸如工艺、设备等技术难题,有时需要大家发挥各自聪明才智齐心合力攻关,集体钻研,攻克每一个疑难杂症。在这个班组集体技术攻关或技术创新活动中,班组特有的技术文化就能够发挥积极的促进作用,如图6-15所示。

每周一题、每月一课、每季一赛的"三个一"活动,小发明、小创造、小改革"三小"技术创新活动,以及QC小组活动同样也是班组技术文化。总之,发现问题是责任,解决问题是能力,提高能力离不开技术文化的有力支撑。

图 6-15　班组成员一同攻克生产技术难题

第四,要持续培育班组家园文化,提高团队凝聚力和归属感。实践企业文化,必须落实到家园文化上。家园文化是班组在生产经营实践过程中形成的具有类似家庭性质的行为方式、共同信仰和价值理念,其核心是以人为本。图 6-16 为班组成员为员工过生日。

图 6-16　班组成员为员工过生日

家园文化在班组建设中发挥着凝聚人心、鼓舞士气、激发动力的功能,对于构建和谐班组,推进企业的可持续发展具有十分重要的意义。具体地讲,打造家园文化,就是要使班组的每个员工给予班组家庭式的认同,视班组如自己的家,视班组成员为兄弟姐妹。家园文化建设是一项复杂的系统工程,需要不断地探索、借鉴、总结和提炼,重点要做好爱岗敬业精神培养引导、完善激励约束机制、领导带动和示范、亲情培育交流、快乐氛围营造等工作,将员工的任何举动统一到集体意志中,让员工感觉到家庭的决策气氛,产生归属感和向心力。

四、班组文化建设的基本方法

班组文化建设要强化系统性、操作性和实用性,不能表层化、简单化、形式化、装饰化和雷同化。班组文化建设的基本方法一般包括以下几方面。

（一）设计、提炼班组文化理念

1. 班组文化理念

班组文化理念是班组文化的核心部分，是班组文化的灵魂，主导和支配着班组文化的其他部分。班组文化理念主要由班组口号、班组目标、班组精神等组成。

（1）班组口号是班组文化理念的综合表达，是班组的文化标签，是班组文化理念的核心部分，用于统一大家的思想和行动。

（2）班组目标是班组的远景和梦想，是班组所有成员的共同追求，指明了班组努力的方向。

（3）班组精神是班组成员所具有的共同内心态度、思想境界和理想追求，体现着班组的精神风貌和风气。

［案例 6-7］

凝练班组服务理念文化，提升队伍实力

西部钻探坚持树立"以人为本"的思想，用文化理念规范员工行为。吐哈钻井公司 50547 钻井队以"让进入井场的朋友十分钟之内竖起大拇指"为服务理念，成为各个班组奋发向上的动力；生活物业管理中心提倡"相互尊重要热心、工作配合要诚心、思想交流要真心、生活服务要细心、员工就餐要舒心"的"五心"工作法，让员工满意率达到 96% 以上。这些文化理念凝聚了员工队伍，推动了班组管理水平，实现了"服务不打折，质量不打折，执行不打折"，有效提升了队伍的整体形象和执行力。

2. 设计和提炼班组文化理念的要求

（1）明确性。班组理念要有具体解释，让大家理解含义，知道怎么去做。
（2）认同性。理念要尽量考虑大家的需求，能被大家所接受。
（3）通俗性。理念要简明、好记、易懂、易传播，文字简练、朗朗上口。
（4）独特性。理念要有班组的特点和个性。
（5）激励性。理念要能凝聚人心、催人奋进。
（6）实用性。理念要针对并解决班组的主要问题。

3. 设计和提炼班组文化理念的依据

（1）要结合班组的特点进行设计和提炼。不同的班组具有不同的风格，既有侧重于"理性、规则"的风格，也有侧重于"感情、亲情"的风格。风格不同，但目标一样,都会谋求全体班组成员的认同,形成各自的风格,提高班组的战斗力。

(2)要从班组的先进事迹和经验中提炼。先进人物的事迹和工作经验最能代表班组员工的精神风貌和文化内涵,而且班组独特的好做法、好传统、好风尚、好习惯也是建设班组文化最好的材料。

(3)要围绕班组存在的问题来设计。班组文化建设只有从班组存在的主要矛盾入手,才能引起员工的共鸣。促使班组文化建设与生产经营结合、与员工思想实际结合,增强班组文化的针对性、实用性。

(4)根据上级对班组的具体要求来确定。班组的职责是按照上级要求全力完成工作任务。因此,根据上级的要求进行文化理念设计,会使文化理念的定位更加准确。

4. 设计和提炼班组文化理念的方法

最常用的设计和提炼班组文化理念的方法有:问卷调查法、特征整理法、传统梳理法、典型分析法、目标导向法、群众征集法、经验荟萃法和头脑风暴法等。

(二)班组文化制度系统建设

文化要落实在行为上,必须建立与文化理念相配套的管理制度和行为规范,把文化理念和制度、行为规范融为一体。

1. 班组制度与文化理念的融合

班组制度是班组成员共同遵守的行为规范,也是实现班组目标的手段。班组制度建设重在实用性、有效性和可执行性,强调制度与文化理念的一致性。一个好的班组管理模式,一定是管理制度与班组文化紧密结合构成的管理体系。班组制度与班组理念融合的最好方式是班组制度公约化。

班组公约是班组成员为了维护公共利益,通过讨论、协商所制定出的大家共同遵守的规则。班组制度公约化是班组管理从专制走向民主、从被动走向主动、从他人管理走向自我管理的重要标志。公约一旦被认定,就会成为班组成员的行为和道德规范,成员不但有履行公约的义务,而且要对违反公约的行为进行批评和谴责。

2. 行为规范与文化理念的融合

班组成员的行为是班组文化的人格化表现,班组文化理念是通过成员的行为被外界所感知。有了文化理念之后,就要制定员工行为规范标准,并且通过不断的学习和反复的训练让行为规范标准变成大家的自觉行为。行为规范与文化理念的融合就是要利用制度、规范、礼仪、活动和仪式,不断强化员工的行为意识,把文化理念渗入每个工作岗位、每个工作环节中,让规范成习惯、习惯成自然、自然成文化。

(三)班组文化活动系统建设

班组的各种文化活动是班组文化落地的有效载体,班组通过开展丰富多彩的活动,向员工传播理念,让员工理解理念、认同理念、践行理念、创新理念。

1. 班组文化活动类型

(1)安全文化活动:安全案例分享、有奖口号征集、安全学习、安全演练、安全联保责任制等活动。

(2)管理文化活动:合理化建议、自主管理、透明管理、精细管理、亲情管理等活动。

(3)文体娱乐活动:各种文体娱乐、业余兴趣小组、生日聚会、节假日游玩等活动。

(4)学习文化活动:技能比赛、读书会、征文比赛、每天一题、每月一考、每年一赛等活动。

(5)技术革新活动:创新命名会、创意研讨会、技改研讨会、小发明、小创造、小设计等活动。

(6)和谐互助活动:"我为同事做了什么""我为班组做了什么""大家为我做了什么"等活动。

(7)关爱成长活动:在思想、生活、工作、安全、成长、交往、健康等各方面开展的关爱员工活动。

(8)技能竞赛活动:"百问不倒、百做不误""练绝活、比绝技、露一手"等岗位练兵活动。

(9)文化宣传活动:每人一个故事、每人一个案例、每项一个标杆等活动。

(10)表扬激励活动:"每天表扬两三句,员工高兴一整天""用五分钟的鼓励,换一整天的效率""戴高帽、贴标签"等活动。

2. 如何设计、选择和开展班组活动

每个班组应该根据自己的文化理念,结合班组员工的需要和特点,有针对性地设计、选择和开展各种活动。在设计、选择和开展班组活动时要注意以下几点:

(1)赋予活动以深刻的文化内涵,不能为活动而活动。

(2)活动不是单一的文体活动,要侧重围绕班组的文化理念搞活动。

（3）增加活动的有趣性和有用性，提高大家参与的意愿。

（4）让每个成员都成为活动的主体，都参与活动的策划和实施，在活动中获得成长的体验。

（5）要不断地创新活动的内容和形式。

（6）活动要注重实效。

（四）班组文化环境系统建设

1. 班组文化环境构成

班组文化环境由文化视觉环境和人文环境组成。文化视觉环境建设俗称"文化落地工程""文化上墙工程""文化视觉化工程"，通过制作文化看板、文化墙、文化走廊、文化展室等把班组文化理念、文化氛围和员工精神面貌展示出来。使班组文化看得见、摸得着，让文化理念入眼、入口、入脑、入心。人文环境建设是指在班组建立一个互助互爱、和谐共进的人文管理软环境。这样的环境能够满足班组成员的心理需要，提高成员的积极性与创造性，建立和谐的人际关系，增强班组的凝聚力和向心力。

2. 班组文化环境建设途径

（1）建立和谐班组。班组长要牢固树立和谐发展理念，培养班组的事情大家议、大家管、大家干的良好民主意识，互帮互助，主动关心员工疾苦，合理反映员工诉求，做到一人有事大家帮。班组长要有较强的情绪疏导能力，通过班组文化建设形成友好、团结、健康、向上的良好氛围，满足员工求知、成长、快乐的精神文化需求，使班组员工工作尽心、环境舒心、团结一心，共建和谐型班组。

（2）为成员创造成长平台。班组长要了解员工所思、所需、所盼、所求，促进员工的全面发展。让肯干事的员工有发展的空间、有前进的方向，给员工提供一个实现自我价值的平台，真正做到员工和企业共成长。

（五）班组文化典型系统建设

1. 塑造文化代表典型人物

班组模范人物是班组文化的代言人，努力发掘各个岗位上的模范人物，大力弘扬和表彰他们的先进事迹，将他们的行为规范化，将他们的故事理念化，从而使班组文化理念得以形象化。典型的示范作用使得班组文化理念"看得见、摸得着、学得来"，让班组文化建设更加生动、真实、有效。

2. 总结、提炼和宣讲典型故事

企业文化的理念是靠故事来传播的,一个个动人的故事也常常能提炼出深刻的文化理念。故事越震撼人心,理念就越深入人心。"故事理念化,理念故事化"是班组文化落地的重要渠道之一。从故事提炼出理念,叫故事理念化。用理念做指导,创造出一些故事来,叫理念故事化。

第七章　涉外作业管理

随着中国石油"走出去"战略不断发展和深入,中国石油工程技术服务企业大步走向国际竞技舞台。通过20年的发展,中国石油已经有超过1000支作业队伍在50多个国家和地区为80多家油公司提供技术服务。服务领域覆盖了物探、钻井、井下作业、测井、录井、试油和测试等专业,国际作业收入占比达到40%以上,海外项目的人员当地化率也超过了80%。

在取得广阔作业市场和巨大经济效益的同时,国际化也给工程技术服务企业带来了在作业标准和惯例、经营和服务理念、管理方式和内涵、文化和风俗习惯等方面的种种不适应乃至冲突。班组长作为国际化变革中基层管理的实践者,在海外生产作业中面临着与国内作业截然不同的种种挑战和困难。海外班组长急需提高自身的管理理念和领导水平来适应国际化作业的要求,以更加坚实和自信的步伐在建设国际化石油工程技术总承包商的道路上不断前进。

第一节　涉外作业的基本理念

一、项目启动

在和甲方完成合同签订或者得到甲方授标信函、动员令后,公司市场管理部门和生产协调部门要组织与合同执行相关的所有二级单位一起召开项目启动会。会前,应根据合同具体要求确定项目启动会的详细内容;会后,生产协调部门应该依据会议结果和合同要求,组织制订项目启动方案和人、财、物的资源配备工作。由于各个项目情况、地理位置和甲方不同,对合同实施的要求也会各不相同。在制订项目启动运行计划时,以合同开工日期为起始点,以倒排方式综合权衡后,确定最优的子项目运作计划是项目启动运行计划中最重要的内容,也是把控项目启动进度的关键。

表 7-1 是中东××钻井项目的项目启动运行计划（倒排）。合同签订日期为 3 月 1 日，合同要求项目在同年 9 月 1 日开钻，项目准备时间为 6 个月。

表 7-1　中东××钻井项目的项目启动运行计划表

序号	工作内容	基本要求	计划完成时间	实际完成时间	执行单位	进度监测
1	开钻	按设计要求开始施工	9月1日	8月31日	井队、项目部	良好
2	开钻前第三方二次验收	按照合同要求，再次进行验收	8月28日	8月27日	甲方或第三方	合格
3	开钻前整改	整改验收中存在的问题	8月27日	8月24日	井队、项目部	良好
4	开钻前第三方一次验收	邀请第三方进行开钻前验收	8月20日	8月18日	甲方或第三方	不合格
5	设备、工具安装调试	设备安装调试原则：先里后外、先下后上	8月13日	8月10日	井队、厂家	合格
6	设备、材料运输	装车运输原则：先生活后生产，先营地后井场	8月1日	7月27日	运输公司、井队	良好
7	租赁运输车辆	按照不同的设备尺寸和设备重量招标租赁车辆	7月15日	7月2日	项目部、井队	基本合格
8	制订运输计划	按照不同的设备尺寸和设备重量制订车辆租赁计划	7月1日	6月21日	项目部、井队	提前完成
9	清关	按照所在国的法律法规要求开展货物清关	6月24日	6月30日	清关公司、井队	延后6天
10	外方雇员培训	按照生产和安全要求对将要上岗的外方雇员进行培训	8月20日	5月18日	项目部、井队	按期完成
11	外方雇员招聘	按照岗位要求和数量招聘外籍雇员	5月22日	5月20日	项目部、井队	按期完成
12	中方人员到达项目执行地	配合项目部开展前期工作	5月10日	5月8日	外事处	提前2天
13	设备、工具和材料集港	严格按照相关法律和规范要求开展工作；禁止夹带违禁物品	4月18日	4月18日	运输公司、井队	按时集港
14	制作箱单	箱单和物品须一一对应	4月14日	4月13日	井队	良好

续表

序号	工作内容	基本要求	计划完成时间	实际完成时间	执行单位	进度监测
15	设备包装和装箱	按照海运和陆运要求进行装箱	4月14日	4月12日	井队	良好
16	设备、工具和材料调试	检查确认设备、工具和材料满足合同要求	4月7日	4月7日	井队	按期完成
17	设备、工具和材料配套	按照合同要求准备合格的设备、工具和材料	4月4日	4月2日	二级单位、井队	提前2天
18	人员准备	按照公司要求准备	3月15日	3月15日	生产协调处、二级单位	按时完成
19	启动会	明确工作计划，工作计划落实到每个执行单位	3月5日	3月5日	生产协调处、市场部	按时完成
20	启动会准备	（1）确定执行单位；（2）……	3月4日	3月4日	市场部、生产协调处	按时完成

二、外派人员准备

（一）外派人员的岗位确认

海外项目所需中方人员岗位的数量涉及多方面的因素，主要包括项目所在国劳动法、甲方要求、所在国熟练技术工人情况、中方与当地雇员的成本对比等。应综合考虑各方面的因素来确定中方人员的岗位及数量。一般来说，为了节省用工成本，除关键岗位由国内外派，辅助岗位都应在当地招聘。在实践中，不同项目的人员结构差异很大。以钻井队为例，有些项目中方人员仅需配备平台经理、带班队长、机械师和电气师4个岗位，在当地需招聘大量雇员。有些项目，则需配备平台经理、带班队长、工程师、司钻、副司钻、井架工、内钳工、外钳工、机械师和电气师10个岗位，当地雇员仅招聘一些勤杂工。常见的钻井队岗位人员配备见表7-2。

表7-2　钻井队岗位人员常见配备

岗位名称	数量	姓名	国籍	年龄	工龄	学历	外语水平	上岗证状态
平台经理	2		中国					
带班队长	3		中国					
司钻	3		中国					

续表

岗位名称	数量	姓名	国籍	年龄	工龄	学历	外语水平	上岗证状态
副司钻	3		中国					
井架工	3		中国					
机械师	2		中国					
电气师	2		中国					
内钳工	3		当地					
外钳工	3		当地					
场地工	若干		当地					
勤杂工	若干		当地					

（二）外派岗位人员的基本条件

外派岗位的人员选聘工作应从素质要求、上岗证书、工作经历、外语水平、职业资格、岗龄和履职能力七个方面进行。表7-3、表7-4分别是某单位外派平台经理和司钻岗位的基本要求。选聘工作必须从这七个方面严格考察，即使有一个方面不满足也不能外派。

表7-3　外派平台经理岗位要求

岗位基本要求	
素质要求	身体健康、45岁以下、具有石油钻井工程相关专业大专及以上学历
上岗证书	HSE培训合格证、井控证、硫化氢证、司钻证、司索证
工作经历	具有6年以上钻井现场工作经验，其中从事钻井现场管理工作（带班队长或钻井工程师）3年以上
外语水平	集团公司出国必备外语及公司组织的钻井外语考试合格
职业资格	助理工程师及以上职称
岗龄	在本岗位上工作时间不少于2年
履职能力	工作成果评价+管理能力评价+测评，其中工作成果评价应达到项目部要求，管理能力评价应达到80分，通过本单位测评

表 7-4 外派司钻岗位要求

岗位基本要求	
素质要求	身体健康、45 岁以下、具有石油钻井工程相关专业中专（职高、高中、技校）及以上学历
上岗证书	HSE 培训合格证、井控证、硫化氢证、司钻证、司索证
工作经历	具有 3 年以上钻井现场工作经验
外语水平	出国必备外语合格
职业资格	中级工及以上
岗龄	在本岗位工作时间不少于 3 年
履职能力	通过本单位测评

从表 7-3、表 7-4 可以看出，基层队关键岗位上的外派人员，不仅要岗位业务精湛、会干活，还要善于带队伍。此外，每个岗位的人员还应具有良好的沟通能力，特别是外语沟通能力。因为在将来，队伍中会有数量不等的当地雇员，中方人员必须用外语与之沟通交流。特别是部分新雇员的岗位技能为零基础，中方人员需在较短的时间内将他们培训得可以上岗，上岗后还得边工作边培训，直到成为熟练工人，哑巴外语在国外作业中是行不通的。

[案例 7-1]

为什么要更换项目 70% 的人员

2010 年，××公司承担了某世界知名油公司在××国家的修井作业合同。经过准备，48 名中方人员和 4 台修井设备都按时到达了作业现场。此后，甲方委托第三方对乙方进行作业前验收。甲方通报结果，设备和材料基本满足合同要求，但 48 名人员中仅有 2 人完全满足合同的要求，12 人基本满足要求，34 人不满足要求（占全部人员的 70%）。甲方要求乙方按合同要求限期更换不满足要求的 34 名人员，整改完毕后才能开始作业。由于涉及人员数量多，经过公司在全球多个项目紧急协调，抽调了 34 名符合合同要求的人员到这个项目，整改后才达到甲方要求。但此时，时间已过去了 3 个多月，项目遭受了巨大的经济损失和信誉损失。

从案例中可以看出，外派人员的素质必须满足合同要求，特别甲方是跨国石油公司时，在选聘外派人员时，必须更加严格审查候选人是否满足合同要求，特别要注重实际能力的考察。如果不能满足合同的要求，会妨碍后续工作开展，甚至使项目全面停顿，造成巨大的经济损失。该公司在 2008 年业务重组后，海外市场快速发展，国际化人才储备无法满足市场增长的需要，在"在前进中克服困难并成长""先上车、再补票"的错误思想指导下，在人员选聘中降低了标准，从而造成了本次合同违约，产生了如此严重的后果。

部分公司在各种投标条件不具备时，为了拿下合同会使用各种形式的"先上车、再补票"错误方法。这些不符合国际作业惯例的做法，被有些甲方笑称为"中国打法"。所谓"中国打法"是在投标时对标书的要求分析和评判不仔细，先答应甲方的各种要求并给出优惠价格；合同签订后，再套用"我上车了，你不会轻易把我赶下去"的逻辑思维，在项目运作过程中，通过原材料成本变化、汇率变动、地质条件变化和气候条件变化等各种借口将服务价格慢慢抬上去，把设备的性能要求降下来。同时，为了降低人力成本，把大量有成长潜力但目前不符合国际作业条件的人员派到海外，将甲方项目作为国际化人才的培养基地。这种"中国打法"在部分欠发达国家短期内是有一定效果的，但遇到经验丰富、管理规范、运作严谨的大型油公司，这种方法是完全无效的，反而会造成巨大整改工作量和巨额的违约损失。

（三）外派人员的审批程序

项目启动会后，项目执行单位将按计划在规定时间内，根据公司外派人员管理办法、甲方要求和施工难易程度合理调配基层队人员，并上报公司生产协调处。生产协调处审批通过后，将名单发送到项目部和外事部门，由项目部协助外事部门办理出国手续。

三、涉外作业的职业要求

（一）工作态度

人员到现场开始作业后，秉持的工作态度关系到能否建立和谐的甲乙方信任，是能否顺利作业的重要保障因素之一。就像追求幸福一样，只有自己获得幸福的同时别人也获得幸福，这种幸福才能真实和持久。在提供工程技术服务的过程中，我们要把甲方的活当成己方的活认认真真来干，每个项目和整个作业团队都要追求甲乙方双赢。这样的思想逻辑叫作"市场逻辑"，只有秉持双赢"市场逻辑"提供技术服务，项目才会有强大的生命力和持久性，基层作业队才能取得辉煌的业绩。但部分人出国后，认为自己和甲方是纯粹的雇佣关系，特别是在日费制合同中，就保持着"事不关己高高挂起"的心态，只要自己的工作不出差错就万事大吉了，失去工作的责任心和主动性,更失去了在国内的"主人翁"精神。海外作业经验表明,这种缺乏双赢的工作态度,带来的多是平淡的业绩,也难于取得甲方的真正赞赏和信任。

[案例 7-2]

我们需要的,是诚实和负责任!

××井队将要进行深井固井作业,驻井监督向平台经理老阎发出了作业指令及相关的作业文件。阎经理在阅读过程中发现作业文件中有一项严重的技术错误后,组织带班队长、当班司钻进行了讨论,集体确认作业文件真有技术错误。阎经理立刻将问题通过书面形式反馈给监督和甲方公司,甲方发现后及时修正了存在的问题,避免了一次重大生产事故的发生。事后,甲方以书面形式向乙方项目部及国内总部分别发送了感谢函,对该井队负责任的做法表示感谢。同时,鉴于该井队诚实、负责的工作态度,追加该井队服务期限一年(议标)。

通过案例可以看出,井队平台经理老阎对工作认真负责,主动为监督和甲方利益着想,避免了事故的发生。他这种以人心换人心的双赢式工作态度,赢得了甲方的肯定和赞赏。外方监督的心也是肉长的,你处处为他着想,他也会给予你工作的便利和业绩上的肯定,最终会取得双赢的工作局面。因此,在施工作业中秉持"双赢"的工作态度,是中国工程技术服务队伍快速成长的重要保障,也是建设国际石油工程技术总承包商所必需的商业精神。

(二)工作方法

正确的工作方法是做好工作的前提,但部分海外作业人员的工作方法存在不少问题,有的还比较严重。不容置疑,能被派出国工作的基层队人员大部分都是操作能手和技术骨干,具有聪明才智和综合作业的组织能力。但受到中国石油"甲乙方一体"企业文化的影响,在部分人员身上有种常见的错误做法:做事不报告不守规矩、不按设计擅自走捷径、不按国际惯例作业。监督(或者工程设计书)要求作业顺序为先从 A 到 C、再从 C 到 B;但我方人员认为 A 到 B 是最近的距离,不明白设计书为什么会搞得如此复杂,甚至在内心嘲笑外方监督很笨,在工作中有抵触情绪,不惜违反甲方指令作业。

他们根本不反问自己监督为什么要这样做? 其实,在风险相等的条件下,监督真的不明白 A 到 B 的距离是最近的吗? 许多事实和教训证明是我们自作聪明,没有理解走捷径带来的潜在风险,没有体味到监督的安排才是真正的高明。一次走捷径的成功,表面上看起来省时省力、节约成本,可一次事故造成的损失,需要走 n 次捷径才能弥补,有些失误甚至是无法弥补的。

[案例 7-3]

监督工作指令：填埋鼠洞

某公司××金牌钻井队在 Shell 公司承担日费制钻井任务。带班队长老李工作积极性和责任心都很强。某天在完成所有工作指令后,他看离换班还有一点时间,就安排当班工作人员主动把鼠洞冲出来。在冲鼠洞作业将要完成时,钻井监督发现了该情况,而在当天作业计划中根本就没有冲鼠洞作业。于是监督立刻叫停了冲鼠洞作业,并命令当班人员填埋鼠洞。面对监督的"无理"要求,老李不明白什么地方做错了,迫于无奈安排工人填埋鼠洞。

事后,监督告诉老李他这样做的原因:乙方无权擅自改变甲方下达的作业指令,若乙方认为作业指令有问题需要更改时,必须事先取得甲方的同意。他进一步指出,事情从技术上来说没有任何错误,老李的工作态度也让他钦佩,但从程序上讲老李犯了错误。你今天擅作主张行事,如果我不制止,你下次还会私自安排工作,甚至会违背我的指令。但你的安排有可能是错误的,可能会造成无法弥补的损失,这种不受控的行为会在甲方留下不好的记录,影响以后的项目合作。作为监督,我如果不制止你这种不受控的行为,饭碗都可能会不保。

从这个案例中可以看出,国际作业中执行的工作方法和惯例,和国内有很大的不同。特别是日费制作业中,严格按甲方的指令和国际惯例办事非常重要,否则好心也能办坏事。

（三）管理方式

在涉外作业中,班组人员来自不止一个国家,工作中使用的语言也不止一种,决定了作业管理方式(管理技能和沟通技巧)和国内相比是不完全相同的。为了建立一支团结、和谐、能打硬仗的队伍,需在海外班组管理方式中重点关注如下几点：

（1）充分理解、尊重不同的生活习惯和宗教信仰。很多矛盾和冲突发生,就是因为中方人员对外籍雇员的生活习惯和宗教信仰不够尊重。这些矛盾和冲突,轻则引起中外雇员对立而影响生产的顺利进行,重则引起当地雇员罢工、当地工会介入甚至产生法律纠纷。在进入海外市场初期,这样的法律官司我们打了不少,赢的不多。需强调的是,班组长必须充分重视当地工会组织对基层队生产管理方面可能的、潜在的影响,应避免员工恶性罢工事件的发生。如果发生了罢工事件,应在项目部的指导下,积极与工人、工会组织进行积极正面的沟通,将对生产的相应影响降至最低。

[案例7-4]

尊重你手下的每一位雇员

老李是一位具有丰富海外经验的平台经理。井队有47位当地雇员,老李在工作和生活中对他们非常关心,尊重他们的各种风俗习惯。每年的六一儿童节和古尔邦节,井队都为当地雇员上学的孩子和老人准备一份小礼物。中方人员对当地雇员的关心和爱护得到了当地雇员的一致认可,他们除了在工作中爱岗敬业外,还把公司的利益放在首位。2009年该国发生内战时,公司的财产受到不法人员哄抢,当地雇员们挺身而出,积极保护了公司的大量设备和财物,为后期的快速复产打下了良好的基础。

从案例中可以看出,每一个雇员都是公司的宝贵财富,一位优秀的雇员能给公司带来巨大的利益和财富。作为基层管理者,要善待每一位雇员,工作中要严格要求,生活中要贴心关照。得到雇员的真心拥护,你的工作也就成功了一大半。

(2)自己在工作中出现错误或疏忽时,要尽快采取措施进行纠正,对导致的后果应勇于承担责任,不要企图掩盖错误或推诿扯皮,有担当的领导才能取得同事们信任,对当地雇员管理,也是同样的道理。当发现错误是由团队成员导致时,首先应采取措施纠正错误,再和责任人进行沟通交流,需要时向有关的管理机构报告,制订措施防止类似错误的再次发生。

(3)了解并遵守所在国的法律和甲方的规章制度,对于任何违反规定的单位和个人,应进行坚决的制止;如果超出你的权力范围,应及时向专门机构报告,禁止越权办事。

四、用料计划和材料管理

作为海外基层队长,你能想到吗?我们提交用料计划后,经历6个月的漫长等待才收到所需备件和材料。如此长的供货周期,也许让习惯国内作业的我们感到不解和愤怒,但这在涉外作业中时有发生。海外作业中,材料计划的沟通和落实涉及的单位多、内容复杂,还受到国际运输和进出口手续等因素的限制。在材料供应计划的申报和沟通协调方面,班组长是一线工作中的主要责任人。

把材料计划制订得周密细致,是班组长工作中非常重要的一部分内容。材料供应计划首先要确保基层队日常生产平稳、正常运行。制订计划时,既要考虑材料采购计划的全面性,还要考虑材料的采购、海运、报关、清关和陆路运输的各个周期等因素。曾经就有基层队因为一个小的配件或单个工具未及时补充到位,在相互间调剂无果的情况下,生产被迫进入等停状态。不管是大包项目还是日费制,对于这种因乙方组织不力而造成的等停,乙方要自己承担经济损失,甚至还会因为工期被耽误而遭到甲方索赔。项目的运营和管理水平,也会受到甲方的严重质疑,使公司的整体信誉受到严重的损害。

可能有人会说,为了防止备件短缺事件的发生,基层队平时多备一些材料、配件和工具不就行了吗?基层队的材料和备件库存充足是好事,但库存过度也是非常有害的,过高的库存将大度幅度侵蚀作业的利润,是制订材料计划必须考虑的另一个方面。因为,材料和备件运送过来花费的时间长,调剂出去的时间一般会更长。此外,甲方的作业计划有时会随勘探开发的结果、世界的政治经济形势而发生重大变动,过高的库存会使大量的材料和备件需要跨项目和跨国家调剂,甚至因作业量少或调剂失败而过期报废,其带来的经济损失也是不可估量的。因此,基层的作业队长必须高度重视材料供应计划的海外特点和特殊性,保持计划和作业生产的相匹配和平衡。

[案例 7-5]

材料储备真够多啊!

××钻井队平台经理考虑到作业地区经济落后、后勤保障能力差,于是在项目启动时一次性从国内带去了大量的材料、配件和工具(如钻井液振筛的筛布足够使用3年)。在项目运行过程中,得益于材料和备件齐全和生产组织科学严密,该井队钻进速度高于其他井队。为此,平台经理不无得意地在他人面前炫耀,自己从不发愁材料和备件短缺的问题,自己备件多,大大促进了生产的进行。

年底决算时,该井队的钻进速度达到了6开6完,其他3支井队为6开5完。当项目部公布各井队全年的综合绩效时,该平台经理傻眼了,钻井速度第一的他们,利润却是全项目倒数第一。该井队的绩效考核和经济兑现都受到了严重的影响。经过沟通,项目部财务经理告诉他,过高的库存导致了其利润远低于其他兄弟井队,是该井队的绩效成绩不理想的主要原因。

从例子中可以看出,过高的库存和材料短缺一样,导致了严重的经济损失。只有按项目运行规律,做好材料供应计划和生产消耗之间的平衡,才能保证基层队的作业速度和经济效益双丰收。班组长必须投入足够的精力到材料供应计划工作中去。

第二节　涉外作业的 HSE 风险控制

一、建立应急组织机构

海外项目突发事件的应急工作涉及的 4 个层次：中国石油天然气集团公司总部、涉外企业、海外项目部、基层作业队。在应急工作中，必须保证国内总部与海外项目结合、国内专家与国际专家结合、当地政府与我国驻外机构结合，才能保证应急工作的及时有效。各层级应急组织机构的组织形式和职能分配如下。

（一）集团公司总部

集团公司总部的应急组织机构由集团公司应急领导小组、应急办公室、总部职能部门、信息组、专家组、现场应急指挥部组成。应急领导小组主要负责应急决策、组织、资源调配等工作。应急办公室负责应急联络、信息收集、预案更新等工作。

（二）涉外企业

涉外企业的应急组织机构由各自根据不同的涉外业务自我制定并上报集团公司应急办公室。其主要职责是负责编制结合本单位实际情况和本专业特点的突发事件应急专项预案；组织和监督本单位开展应急培训和演练，并根据项目的变更情况和社会环境的变化及时更新完善本专业的应急预案；负责按照本单位应急预案要求组织应对涉外突发事件，并及时向集团公司应急办公室汇报。

（三）海外项目部

海外项目部应急组织结构由项目所在国的项目部根据本项目的社会环境和工作环境设置。应针对本项目可能发生的各类现场突发事件制订切实可行的应急预案。各应急预案应按照分类管理、分级负责的原则分别制订，与其上级应急预案相衔接，该级别预案重点是应急现场处置程序及方法，是现场应急处置成败与否的关键。案例 7-6 是海外 ×× 项目部突发事件应急组织机构。

（四）基层作业队

基层作业队也应根据本队的实际作业情况成立应急处置小组并制订相应的应急预案。这一层级的应急处置小组是及时预防突发事故和处置突发事故进一步扩大的第一道防线，它是应急处置的最重要一环，特别是处置突发生产事故和环境事故显得更为重要。

[案例 7-6]

海外 ×× 项目部突发事件应急组织机构（节选）

一、组织机构

项目部应急领导小组组长为项目经理，项目副经理、项目安全总监、项目财务总监为副组长，项目各科室、各基地和各作业基层队的负责人为成员。

二、主要职责

（1）负责组织编制突发恐怖事件应急预案，批准预案的启动和应急状态的解除。

（2）负责与上级主管单位联系与协调，解决恐怖事件应急过程中需要外交渠道解决的问题。

……

三、项目部所属各基层作业队职责

（1）负责编制和修订本单位突发恐怖事件应急专项预案。

（2）组织和监督本单位开展应急培训和演练工作。

（3）负责现场突发恐怖事件应急处理工作，及时向项目部汇报情况。

（4）协助项目部做好应急事件的调查处理。

（5）负责现场中方人员的撤离和外籍雇员的遣散。

……

二、建立应急预警机制

建立应急预警机制，有助于海外企业在重大突发事件发生前做好应对的准备。例如，加强出行防范措施、加强营地安保措施、人员撤离等。因此涉外单位和项目部应在突发事件发生前通过各种渠道收集、获取、整理海外生产经营单位所在地的恐怖和重大突发事件信息。信息的收集渠道如下：

（1）政府通告；

（2）外交部门、使（领）馆通告；

（3）新闻媒体；

（4）来源于本单位各级组织和员工的信息；

（5）作业伙伴；

（6）社区团体和组织；

(7)第三方；

(8)国际组织和相关专业机构等。

各级应急组织机构应对收集到的信息进行分析和评估，确认信息的真实性、准确性和可靠性，并将分析结果汇报给上一级主管部门，由主管部门根据危害的大小确定发出预警的必要性及预警的级别，并立即将预警通知有关单位和部门，做好应急准备工作。

预警一般分为四个级别，并依次采用蓝色、黄色、橙色和红色来表示。也可根据所在国家的情况制定。进入预警状态后，境外单位应根据级别采取不同的预防和应急措施。切记，不得发布虚假的预警信息，否则会给项目的正常运作带来不必要的恐慌和麻烦。

三、防恐和应对社会安全事件

近些年来世界恐怖风险有加剧的趋势，中国石油及其相应的涉外企业都十分注重海外项目的防恐和社会安全工作可能造成的损害，根据不同国家和地区的安全态势建立了相对应的防范体系，并制订了相应的处置措施，以预防恐怖袭击和社会安全事件的发生以及由此造成的人身和财产损害。

规定涉外企业和项目所在国的项目部在入驻前和入驻后应进行当地的社会安全风险评估，尽量多地收集项目所在地的社会安全信息，包括国家主要政治矛盾、反对派别、军事冲突风险、主要恐怖组织、民族矛盾、宗教矛盾等，分析并评估由于这些社会问题可能引发的恐怖和社会安全事件及事件的严重性和影响程度等，并据此制订应急方案，提出相应的应急措施。这些措施包括营地和作业现场的安保措施、人员出行保护措施及应急撤离计划等。应急撤离计划应包括撤离路线、撤离的交通工具、食品药品、通信手段等，并对撤离路线进行翔实踏勘，对通信手段进行定期测试，保证交通工具随时处于待命状态。在环境恶劣地区、政治敏感地区或独立在海外工作的队伍，需要配备的通信工具不少于两种，并确保通信畅通。上级应急主管单位的应急机构应定期对所属单位的应急物资准备情况进行检查、检验，确保完好无误。

四、传染病的预防和控制

中国石油的大多数海外项目都位于发展中国家，当地的一些传染病是国内没有的，例如马来热、登革热、黄热病等。对于这些传染病，员工的预防意识比较淡薄，特别是中方员工。事实上这些传染病如果预防不当或治疗不及时，会严重危害员工身体健康甚至生命安全。因此,涉外企业的海外项目部要根据当地的实际情况制订传染病预防和治疗的应急预案并在实施过程中严格执行,不得敷衍了事,否则后果是十分严重的。具体预防措施应包括以下几个方面:

(1)对所有员工进行所在国流行病和传染病预防知识教育和培训。
(2)对已经患病的员工应进行及时治疗。
(3)督促员工严格依照中国国家防疫部门的要求定期注射相应的疫苗。
(4)调查项目所在地传染病情况。
(5)密切监视当地传染病的传播和暴发。
(6)根据当地传染病的发病规律确定防疫计划。
(7)一旦传染病流行,采取相应的应急措施。

[案例 7-7]

海外 ×× 项目部疟疾(马来热)防控措施(节选)

一、服药预防

(1)驻井医生每天中午 11:30 安排服药,每位员工服药后需要签名,医生负责携带和保管该记录。
(2)上井前 7 天开始自行服药,离开井场后 7 天仍然服药。

二、预防蚊虫叮咬

(1)在室外工作时,所有员工必须穿长裤、长袖衣服、戴手套。尤其在蚊虫大量出没的傍晚,应戴防蚊帽。
(2)睡觉时需要使用无漏洞的蚊帐。
(3)所有生活、起居房间(包括宿舍、办公室、卫生间)必须每天都喷杀虫剂。

三、发病后的救治和汇报

(1)每一位员工要密切注意本人的身体状况,在遇到身体无力、肌肉疼痛、关节无力、头痛、发烧等可疑症状时要及时就医,向随队医生汇报并测量体温,如发烧必须及时进行疟疾测试,并及时得到队医的基本治疗。
(2)当有发烧病人或者疑似疟疾时,平台经理应该立即汇报给甲方监督,随后电话汇报给项目副经理或者项目经理。
(3)队医每天晚上 20:00 要将本队的员工健康情况报告给驻井 HSE 监督和平台经理,HSE 监督每周应将井队人员健康状况汇报给项目部。

……

五、生产作业安全

(一)井控安全

对于任何一家甲方来说,井控安全是所有安全的重中之重,搞好井控工作是基层队的头等大事。在相同的作业条件下,随着服务甲方的不同,井控要求也有所不同,有些甲方要求执行国际钻井承包商协会(IADC)井控标准,有些甲方要求执行国际井控论坛(IWCF)井控标准,中国石油的海外管理机构要求执行《中国石油天然气集团公司石油与天然气钻井井控管理规定》,还有些国家要求执行他们本国的井控标准(如哈萨克斯坦、委内瑞拉等、新西兰等)……作为乙方来说,不管甲方是谁,在合同中标后我们都要按照合同要求的标准培训合格的操作人员、准备井控设备和工具,并在施工开始前依照甲方提供的《钻修井工程设计》制定全井井控实施细则。该细则在得到甲方或甲方委托的第三方监理公司的审批许可后实施。

[案例 7-8]

中国石油海外 ×× 分公司的井控要求(节选)

(1)严格执行《中国石油天然气集团公司石油与天然气钻井井控管理规定》。

(2)严格遵守《中国石油集团长城钻探工程有限公司井控十大禁令》。

(3)遵循长城钻探"155"井控管理思路。

(4)钻井井口及井控装置的安装应按照钻井设计的要求执行,并符合 SY/T 5964—2006《钻井井控装置组合配套、安装调试与维护》的规定。

(5)所有参与施工的人员必须持有由中国石油天然气集团公司或其委托的机构颁发的有效《井控操作培训合格证书》。

……

(二)火灾的预防和控制

在承担的海外项目中,有很多的作业井场都位于灌木丛和草原上,这些作业场所在旱季时气候干燥、温度高,井场周围的树林和枯草极易引起火灾。这就要求作业队伍引起足够的重视,并制订切实可行的火灾预防、消防措施和火灾控制方案。

(三)硫化氢防护

在甲方没有明示作业井无硫化氢等有害气体的前提下,所有参与现场施工的工作人员均应持有甲方认可的《硫化氢防护培训合格证书》上岗,根据中国石油的 HSE 属地管理原则,作业队有义务为合法进入井场的其他人员进行硫化氢防护提醒。

[案例 7-9]

海外 ×× 项目部硫化氢防护措施(节选)

(1)按 SY/T 5087—2005《含硫化氢油气井安全钻井推荐作法》的规定配备硫化氢监测仪器和防护器具,并做到人人会使用、会维护、会检查。

(2)所有参与施工的人员必须持有由中国石油天然气集团公司或其委托的机构颁发的有效《硫化氢防护培训合格证书》。

(3)井场作业人员每人配备一套正压式呼吸器,另配 3~5 套备用。

……

六、加强与所在国政府、国际组织的合作

海外项目远离祖国、远离公司总部,一旦发生紧急情况,国家的应急救援力量很难及时赶到现场实施救助。因此,要充分利用当地的安保资源,在平时就要加强与所在国政府、国际组织的联系和合作。建立与所在国政府、社区、军队、保安公司、医院、消防、环保机构的联系机制,定期和相关机构交换情报信息。在应急预案中明确与这些机构的联系方式、联系人、联系程序,以方便必要时取得他们的协助。

基层服务队伍还要与甲方保持密切联系,最大限度地利用甲方在当地的应急资源。有一些国际组织在反恐、防恐及社会安全信息收集、人员跨国转运、医疗救助等方面有很强的实力,与这些国际组织的协作将在很大程度上提升海外队伍的应急处置能力。

第三节　海外基层队人员管理

一、基层队人员构成

(一)中方人员组成

海外项目工作具有临时性的特点,基层队的骨干人员在某个海外项目工作时间的长短,会根据项目的进度进行调整。特别是项目结束时,人员会重新分配到其

他项目或回国内原单位工作。班组长应该认识到海外工作这个特点,做好工作所在项目不时变化、班组成员不断调整的心理准备。

海外项目多实行矩阵化管理,班组人员接受项目部和派出单位的双重领导。海外项目部对基层队人员进行日常管理、安排具体的生产任务、对基层队进行业绩考核、按规定给基层队人员发放工资报酬。二级单位对基层队提供技术指导、设备支持、人员选配等多方面管理。基层队人员的人事关系一般保留在原二级单位;二级单位会根据生产实际、人力资源状况和各项目之间的平衡关系对海外基层队人员进行调整和更换。因此,班组长不仅应该与海外项目部保持沟通顺畅,也应和二级单位保持沟通顺畅,同时平衡好两者之间的关系。班组长只有取得双方的全力支持,才能更好地完成一线生产的组织和运行。

(二)当地雇员招聘

由于油田所在国的劳工保护规定,基层队有在当地招聘雇员的义务,但招聘岗位多以各类一线操作人员为主。具体的中、外员工的比例,以中、外员工的人力成本差异和劳工保护的要求共同决定。在海外实践中,很多项目的操作人员以当地雇员为主,当地操作人员的数量比例占项目全部人员的 80% 以上。

在当地雇员招聘过程中,班组长(如井队长、测井队长等)应主动配合项目部人事主管,讲清楚所需人员的数量、岗位素质要求、班组人员需求计划和时间进度要求等,保证当地雇员招聘工作的顺利进行。班组长常会参与当地一线雇员的招聘工作,特别是在项目刚刚启动初期,班组长会对候选雇员的素质进行考核,以确认其是否适合现场工作。班组长应正确看待基层队人员的招聘工作,它不仅仅是人力资源部门的事情,也是班组长自身工作中非常重要的一部分,应该抽出专门的时间认真配合人事主管开展招聘工作。

[案例 7-10]

人员招聘不归我管!

董某是某钻井公司在非洲某国的平台经理,正在调试安装刚运到井场的设备。项目部人力主管来电话请他参加为期 2 天的雇员面试。董经理表示,在先前的沟通中已经明确了各岗位的具体要求,现在他忙于设备安装,没有时间也没必要参加面试会议,一切由项目部决定。

一周后,当地雇员陆续报到。董经理却发现,尽管雇员都符合招聘条件,但部分人员的态度和工作表现让他不满意。他随即向项目部申请要求再招聘一批人员,以更换不中意者,但项目部回复说招聘工作已经结束,现阶段无法满足他的要求。

董经理别无选择,只有对表现差的雇员加强教育和培训。如果这部分人实习期满后还不能胜任工作,他会再申请招聘一批雇员以对其进行替换,不过这次,他会亲自参加现场雇员的面试工作。

从案例中可以看出,董经理作为平台经理,作为被招聘人员的直接使用者,由于对面试工作不重视,造成了工作上不利和被动的局面。在工程技术服务过程中,一线人员的素质和水平是高质量一线作业最重要的保障,人员招聘中的面试工作是选择优秀员工的重要一环,绝不能仅依靠简历和岗位要求进行。面试工作是复杂和感性的,需要一线班组长亲自参加雇员的面试工作,根据自己的经验和知识挑选合适的雇员。

关于面试,在人力部门完成雇员初选后,班组长才会参加对雇员的面试工作。作为用人单位的代表,班组长应负责对候选人进行综合评估并做出是否聘用决定。在流程方面,首先,人力部门通常按照2:1到3:1的比例准备候选人并组织面试,班组长应该提前熟悉应聘者的简历,就候选人个人简历准备相关的问题:个人背景、工作经历、对工作岗位的了解情况、个人的发展愿望和要求、竞争对手的相关信息等。其次,操作人员的面试内容应以责任心、工作作风、团队精神为主,面谈时间一般控制在15~30分钟/人,对明显不适用的人员可加速会谈的进程。再次,在会谈结束时,一般暂时不告诉面试者结果,但要告知其得到面试结果的具体时间。最后,面谈结束后,应从人才成长价值、留存难度等方面在应聘者中挑选适合各岗位的人选。

二、岗位培训管理

岗位培训是培养现场技术和操作人员的主要方式,培训对象包括中方人员和当地雇员。岗位培训的组织和管理水平,直接决定了一线班组对海外新环境的适应能力、团队的学习能力。开展岗位培训是海外班组长日常管理的重要内容。

(一)中方人员的培训管理

海外项目中方一线人员都是经过层层选拔才被派到海外工作,是二级单位技术和生产方面的骨干力量。但客观上讲,海外人员的整体素质与国际化作业的要求之间还有不小的差距,特别对跨国石油公司(如BP、Shell等)的要求而言,一线人员的素质难以完全达到他们的作业要求,部分人员的差距还相当大。

中方人员的能力短板主要表现在四个方面:第一,对国外常用的现场监督体制不适应,套用国内的做法和习惯,与甲方造成各种误解和纠纷;对某些国际规则不了解，如IADC/IWCF等井控规则，在执行过程中理念上存在差异。第二，设备的操作和维护，特别是高压、高温设备的操作和维护不规范，细节执行不到位，形成明显的或潜在的事故隐患。第三，个人HSE意识不强、危险防范观念差，吊装伤人、工具坠落、登高作业、用电风险等各种事故不断出现。第四，外语口语能力差，与甲方监督、第三方、己方雇员进行技术交流和生产沟通时存在困难。各种关键作业指令传达不畅、不精准、不及时，存在严重隐患，甚至导致生产事故。

[案例7-11]

摔井架的语言原因

某日，海外某修井项目的班长刘××带领一名中方员工李××和两名外籍员工进行下放井架作业。两名外籍员工负责卸下支撑液缸的锁销，由于班长不能直接观察到他们的工作过程，安排李××站在中间给双方传递信息。一阵手锤敲击声过后，班长问："液缸锁销卸下来了吗？"李××在询问外籍雇员后，给班长回答："OK！"稍后，只听一声巨响，井架支撑液缸断裂，井架倒在井场上。事后，井架因进行维修和探伤工作，损失作业时间135天，直接经济损失达到252.2万美元。李××和班长刘××受到处分，事故的主要责任人李××被安排回国。

事故调查表明，两名外籍员工在卸下液缸锁销时，其中一人被队长带走安排其他工作，另一人则停止了工作，支撑液缸锁销并没有卸下来。当李××问外籍雇员是否液缸锁销已经卸下时，李××由于外语能力差没有完全听懂雇员的回答，自以为是地认为支撑液缸的锁销已经卸下来了。随后，其将错误的消息告知班长可以继续作业，从而造成了该起重大安全生产事故的发生。

从案例中可以看到，不懂装懂的一声"OK"造成了如此重大的损失，关键员工的外语沟通能力是海外一线作业安全有效开展的重要保障。事实上，很多基层队哑巴外语现象广泛存在，基层队只有2~3名人员能使用外语作简单沟通，部分平台经理需要配备翻译才能完成日常生产的指挥和沟通工作。更加严重的是，部分基层队长错误地认为，外语沟通能力不算什么事，只有技术能力才是作业成功最重要的保障。部分员工在和外籍雇员沟通时半懂不懂，却张口OK、闭口OK。实际上，井队所从事的工作是高风险工作，在使用外语进行工作沟通时，不懂就是不懂，必须仔细耐心交流清楚，千万不要不懂装懂。"OK"不是那么好说的！

班组长必须重视外语口语培训，应该将技术外语的听说训练作为日常培训首要内容进行。只有迅速提高员工的外语交流能力，加上原有的技术功底，才能实现从国内生产骨干到国际化作业人才的有效转变。班组的其他日常培训，应从审核、检查生产中发现的实际问题出发,从系统性的角度安排国际作业规范、标准化操作、HSE 理念等培训。

在培训形式上,继续发扬中国石油"一事一训、每日一题、每月一考"等良好培训传统,高效完成现场培训工作。在这个过程中,注意要将关键培训内容作为达标培训项目,由班组长或员工自己设定指标,衡量培训的质量和效果。

(二)当地人员的培训管理

在中国石油提供工程技术服务的 50 余个国家和地区中,要么当地石油工业基础低下,要么由于人力成本的限制,一般难于大量招收到有工作经验的当地雇员。对招聘的外籍雇员,必须以企业自我培养为主,同时落实"先培训后上岗"的原则,培训学习做在执行工作任务之前。在培训内容上,则从爱岗敬业、责任心、专业知识、工作技能和 HSE 全方位进行。

[**案例 7-12**]

15 人领导 800 人工作

在南美某钻井液项目,前线只有 15 名中方骨干人员,却带领着超过 800 名的当地雇员为甲方提供服务。如此高的当地化率,运作比较成功,在海外工程技术服务项目中是不多见的。

由于合同的利润薄,项目部研究认为在当地雇佣并培训大量低工资的雇员,是项目盈利的关键点。因此,项目部组织全部 15 名中方一线骨干将工作中的详细操作步骤,以简明的语言编写成了各种标准操作流程(SOP),使用 SOP 和五步法对雇员进行系统培训。在较短的时间内,前线基地就培养了 800 多名当地雇员,能够在中方工程师的带领下完成各种基础性和重复性工作,给项目的盈利提供了坚实的人力基础。

从案例中可以看出,当地雇员的培训方式为"师傅带徒弟",非常有效。在基层队内部为每个雇员指定"师傅",在标准操作流程(SOP)的基础上,师傅全方位指导徒弟的学习和工作。在岗位培训中可以实行"五步法"培训:我做你看,你跟着我做,你做我指导,你做我检查,别人做你指导。需强调指出的是,在某项培训完成后,班组长应在 3 个月内安排培训效果检查工作,以 Why、How、When、Where 和 What 等问题进行询问检查,以确认雇员是否真正掌握了所学的知识点,是否落实了操作规程。这一点在生产实践中经常被班组长忽视。

除了参加有组织安排学习之外,班组长应鼓励人员(中方雇员、当地雇员),按照公司颁布的岗位晋级体系的要求,比照所需晋级的条件和自己现在的技术水平,开展自我学习、网上学习或者借助社会资源进行学习。在培训过程中,应系统保留学习记录和培训后能力评价结果记录,以作为甲方资审时员工能力的证明材料。

三、团队建设和绩效考核

(一)团队建设基础

在国际化的环境中,钻探现场班组中不同国籍、不同种族的员工,要长时间在野外共同工作、共同生活。团队成员对宗教的不同态度、对工作和生活习惯的不同传承、对等级观念容忍程度、对追求个人成功和集体成功的不同看法,使班组内部的团队建设比成员为单一中国人的情况,要复杂了很多。在这种国际化团队化工作、生活环境中,班组长一方面要充当领导和教练,教导员工提高技术水平和工作责任心,完成生产任务;另一方面要充当朋友和兄弟,帮助员工解决他们遇到的各种困难和矛盾。

在团队中,职位赋予的领导权威,是班组长在团队建设中发挥影响力的基础。在发挥职位权威的基础上,班组长更应该将自身的权力转变为领导魅力和岗位责任感,带领中外员工并肩同向而行。班组长不一定将自己定位为全方位的技术权威,知道所有问题的答案,而是应多了解员工(包括中方、当地员工)的各种想法,包容不同的想法,发挥每一个员工的知识、技能特长和工作热情,在思想的碰撞中对工作方法和模式进行创新,共同解决各种问题和完成生产任务。反对中方员工圈子和当地员工圈子相互独立、各不往来的现象;基层队不是中国人自己的,而是中、外员工共同工作生活的地方。

[案例7-13]

当地雇员解决大问题

某测井队在施工准备中发现防喷器转换接头与钻井队的法兰不配套,测井基地没有这种加工能力,需要在当地机加工制作。测井队长并不知道哪家工厂有这个能力,由于上井准备时间有限,队长非常着急。这时,一个当地雇员说,他知道一个车间具备加工能力。经过当地雇员的联系并充当语言翻译的情况下,测井队在出发前顺利完成了该机加工任务。

根据案例可以看出,团队的精诚合作、成员间良好的人际关系,而非职位权力和技术权威,是班组长工作中最宝贵的财富。在国外作业,只有通过中方和当地雇员的团队合作,班组才能克服各种困难而应对随时出现的挑战。

建立团队过程中,班组长应该在各成员间建立和谐的人际关系,从而带来安全感、信任和凝聚力。礼貌、诚实、关心和守信用,可以使人际关系变好;粗鲁、轻蔑、威逼和失信则使人际关系变坏。在团队中和谐人际关系的建立和维护都需要大量的时间,要循序渐进,要从耐心倾听员工诉求、真心关心他们工作和生活中的点滴开始。在团队和谐人际关系基础上,还需要建立团队的战斗力,主要方式方法有:协同解决各种问题,提升员工个人技术水平,不断积累成功作业的经验,逐渐改善团队的个人待遇。班组长的团队建设水平和领导水平,直接关系到团队的凝聚力和战斗力的高低。有研究表明,员工离职的原因中,70%的人是想要离开能力和素质较差的直接上级领导。

(二)绩效考核管理

项目部对基层队设定考核指标并进行考核,班组长应根据岗位职责、员工的实际条件、团队的考核指标等因素综合设定员工个人考核指标,并和员工确认。个人考核指标应符合 SMART 原则。绩效管理是累积性的,考核指标要按月或季度滚动并记录:公开透明地审核上个月的执行情况,确定和分配本月的任务,并做正式会议记录。要注意,部分雇员会将绩效考核结果和加薪直接相联系,班组长不能向员工直接承诺加薪事宜,而是要在公司员工培训晋级体系的指导下,按程序向项目部报备并等待批准。

对于考核中不能胜任岗位的(当地)员工,班组长应给予其提高的机会和时间;对仍不能胜任岗位的员工,班组长应在项目部批准或授权后,根据劳动合同予以解聘。

在解聘过程中,班组长应收集员工违反管理规定的证据、绩效考核和培训后能力评价结果,作为解聘的证据,以在同工会谈判或法庭诉讼中取得有利地位。进行离职面谈时,班组长首先要简单、冷静地传达公司对此事的决定和理由,但不要涉及太多的细节,多倾听少争辩,以减少产生个人之间的冲突。其次,要给予员工适当的关怀,如"公司将来若需要您,还请您务必回来""如果您找工作需要我帮忙,请告诉我,我一定会尽力"等。最后,根据规定做好离职谈话记录。

[案例 7-14]

当地员工集体罢工事件

某公司在非洲某国开展钻修井和测录试业务,当地员工有 200 多人。当地员工多次提出增加工资、改善作业和生活条件和建立工会等主张。因为涉及的事项较多和较复杂,项目部对这一系列的问题没有形成统一意见和答复。2013年4月的某日早上,所有专业的当地员工举行了集体大罢工并提出了涨薪等若干要求。项目部面对罢工完全没有准备,生产经营活动全面停顿,每天损失几十万美元,同时面临甲方巨大的开工压力。项目部请示公司总部后,在当地工会的协调下与员工展开了谈判,在满足工人的主要要求后,生产才逐步恢复。

根据案例可以看出,当地员工突然集体罢工,项目部没有早发现,整体上应对也不力。项目部和一线管理人员应认真面对当地员工的利益诉求、绩效考核、职业发展,善于处理问题员工。在这个过程中,一线班组长的工作显得尤为重要,其在一线从事管理工作,每天直接接触大量的雇员,最有利于此类问题早发现、早应对、早解决。

第四节　合同招标和市场营销

一、海外合同基础

(一)合同的基础知识

合同是乙方以技术、知识、经验为甲方解决特定技术问题所订立的协议。石油工程技术服务合同是油公司和技术服务公司之间签订的协议,具有金额大、服务周期长、资质认证严格、采购和用户分离、多公开招标等特点。合同成立后,甲乙方按照合同中约定的标的、数量、质量、期限、地点和方式等条款,完成各自应尽义务,享受规定的相关权利。

常见的合同有多种划分方法。根据设备使用限制的情况,可分为排他(Exclusive)合同和随需(Call Out)合同。排他性合同要求乙方在合同中约定的设备和人员归甲方独享,不能再提供给第三方使用。随需合同则是甲方只有需要乙方提供服务时,才以随需订单(Call Out Order)的形式确定服务的内容、数量和时间要求;否则对乙方的设备和人员不作限制性规定。

根据费用计算形式,主要分为日费/月租合同,进尺/单价合同以及两者的混合形式。在日费合同中,以钻井队为例,甲方会制订作业计划和进度安排,井队长仅须严格执行甲方的作业计划即可取得日费。但在进尺合同中,井队长则需在项目部的指导下精心安排作业计划和工程进度,以求取得良好的进尺绩效。

(二)合同的主要内容

合同一般通过招标的形式选择服务商。石油公司发布招标书(Invitation Bidding Document,ITB)后,服务商研读ITB后确定是否应标;若甲乙方对ITB取得一致,则签订合同。

招标的主体,分为私有石油公司和国家油公司(National Oil Company,NOC)。私有石油公司中影响较大的是跨国油公司(International Oil Company,IOC)。跨国石油公司(IOC)资金雄厚,有一套完善的、高水平的技术标准和管理体系,对乙方的服务质量、员工的素质要求最为严格;对价格不敏感或敏感性差,支付信誉好,如英国石油公司(BP),英荷壳牌石油公司(Shell)等。私有石油公司中还有一些中小型公司,其市场容量较小,对价格敏感,管理能力弱,希望乙方提供一体化服务和解决方案,支付信誉相对复杂。国家油公司(NOC)由国家在公司中参股或控股,具有一定的政府职能,对价格敏感,支付信誉不及跨国油公司;部分国家石油公司有自己的技术服务队伍,会要求乙方在提供服务过程中与其技术服务队伍开展合作。

招标书(ITB)一般分为程序条款、技术条款和商务条款三部分。技术和商务条款的详细要求,则多会在附件(Exhibits)中列出,研究的重点是工作范围(Working Scope)和补偿/收费(Schedule of Compensation)两部分。标书的结构和关注重点见表7–5。

表7–5 招标书(ITB)的结构

序号	结构	重点关注内容
1	程序条款	标书截止期、标书制作封装要求、开标评标时间等
2	技术条款	技术要求、相关标准及规范、含封面信、设备及技术规范、人员简历、作业经历、项目执行计划、QHSE体系文件和例外事项等
3	商务条款	合同条件、合同格式(含结算方式等)、投标保证文件(保函等)
4	附件	(1)工作范围:油田概况、地理位置、总体要求、服务的类别和要求、乙方的责任和义务、HSE要求、设备的最低要求等。 (2)补偿/收费:付款货币种类、付款期限、发票形式、具体价格组成、事故损失赔偿、人员费用、合同外工作指令等

标书的准备工作,一般由公司市场专业人员、海外项目市场人员和二级单位相关(技术、设备和人事)人员协同完成。公司市场专业人员负责投标策略和区域市场调整策略,海外项目人员负责研究作业饱满度和竞争对手态度,二级单位人员负责设备配备和人员选拔。二级单位的班组长常作为技术人员,负责准备标书中

要求的设备资料及技术规范、人员简历、作业经历、项目执行计划和例外事项等。

（三）常见问题

一线班组长，无论在投标时期参与技术条款制作，还是在项目启动期进行设备准备，或者是在海外一线执行合同，都需要仔细研读合同的技术条款和商务条款部分，以正确理解或执行合同的相关条款。过程中应注意各种细节和国际标准的研判，避免误解合同内容，给将来的作业造成困难而产生重大经济损失。常见问题如下：

（1）设备性能和参数不满足合同要求，甲方审核后要求在整改完成后再开工，或在施工中发现问题要求停产整顿。

（2）设备维护和保养不到位、配件不足、维护工作简陋、维修记录不完整、无设备预防性维护电子记录系统（PMS）等。

（3）人员素质达不到合同要求：外语沟通能力差、HSE意识淡薄、证明员工能力的培训记录不全、投标人员和执行人员不一致、员工职业生涯设计缺失等。

海外现场审查或合同执行过程出现的问题，乙方必须按照合同中的规定进行整改。不论是设备更换或升级，还是人员更换，都需要经过公司总部、海外项目部、二级单位和甲方四方之间的多次协调，会消耗大量的作业时间，人力和物力的使用与国内相比也成倍增加。因此，班组长等相关人员在进行设备配套、人员选配时，应认真理解合同要求并严格按照合同的要求执行，以尽量减少在海外项目的整改工作量。

二、市场营销常识

（一）石油工程技术服务的特点

石油工程技术服务所提供的商品，无论是钻井、修井服务，还是测井、录井和测试服务，都和日常产品不一样，其具有无形化的特点，难以直接感觉或观察到。它们还受到自然环境、地质条件、作业者技能的影响，服务质量具有不确定性，过程上有不可重复性。但石油工程技术服务合同的金额又非常巨大，甲方必然对服务质量极为关心，必然要对施工过程进行严密的监督。因此，乙方在服务的过程中，必须将无形化的服务有形化，必须提供各种质量证据，以供甲方监督和评价。

石油工程技术服务具有甲乙方协作的特点，为了建立信任，甲方会对乙方的服务能力进行考察，主要包括：管理体系和结构、服务水平和意识、装备水平和后勤支持、业绩和诚信度、沟通交流能力和跨公司协作、融入当地社区能力等。

在为甲方提供技术服务的过程中,班组长作为一线生产的组织者,必须全面展示技术水平和服务意识,不断强化甲方对服务的正面感触和体会,以增加己方在服务商之间的相对满意度,在竞争中取得优势地位。

甲乙方之间通常还会建立长期稳定的伙伴关系。乙方失去甲方的服务合同,会严重丧失市场份额,甚至于完全退出该市场,损失是不言而喻的。同时,某个关键服务商退出后,甲方会失去对市场的部分议价权,还会面临新服务商进入时带来的各种未知风险,从而产生巨大的潜在风险和控制成本。

(二)市场营销体系划分

在市场服务能力总体过剩的条件下,石油工程技术服务公司需要通过营销工作适应不断变化的供求环境。乙方应通过营销计划、联结客户、提供技术、创造价值、建立品牌等方式满足甲方的需求,实现技术服务的价值。现代营销的发展,已经从简单提供商品或服务为特征的销售营销阶段发展到以服务质量、客户关系为核心的服务营销阶段:重视顾客行为研究、不断确认服务质量差距、加强顾客和竞争对手研究、分析和整合营销计划、改善程序和系统、保留老顾客。

石油技术服务企业多采用全员市场营销体系,如三级营销体系,从公司领导到基层员工,从市场专业人员到生产技术员工,都要参与到营销中来,见表7-6。

表7-6 三级营销体系表

级别	营销人员	营销对象	营销重点
一级	市场经理、公司领导层	甲方高层和采办部、勘探部、开发部、作业部经理等	了解油公司的投资计划;推介公司的服务能力、表达合作意愿、宣传品牌等
二级	项目部市场主管和专业主管	甲方勘探部、开发部、作业部、财务部和采办部主管	了解甲方作业计划和市场需求,扩大服务能力和引入新技术,处理作业问题和抱怨
三级	基地经理、班组长	甲方监督、工程师、地质师等	展现作业能力和服务质量,发现用户的真实需求,了解竞争对手作业能力

在全员营销体系中,班组长处于第三级位置,直接负责向甲方最终用户展现服务水平和服务质量。其营销工作主要包括两方面:在新进入市场,执行合同中的服务项目;在已进入市场,在原有项目基础上拓展新的服务项目。在营销过程中,班组长作为一线生产的管理者和组织者,必须通过自己的服务工作,将合同金额逐步变成确认的工作量和作业收入,同时赢得甲方监督和甲方代表对服务的质量满意度并建立稳固的客户关系。

(三)营销技能提升

班组长在海外项目营销体系中的履职能力,是项目运行成功落地、实施并开展正常运营的关键保障因素。班组长营销工作的重点及技能提升的内容如下:

(1)在拥有熟练技能的基础之上,一线班组所有员工应在第一时间对甲方的要求进行反馈,立即组织服务工作并在规定的时间内完成;书面记录和工作量账单应正确、无错误;设备管理上实现目视化,使甲方对服务工作产生便利的整体印象,对业绩产生较高的信赖度。

(2)在正常生产组织之外,一线班组还应有一定的学习能力、研究能力和应急处理能力,和甲方代表一起应对生产中的复杂问题、紧急安全问题。通过这些非常态问题的处理,展现公司的技术实力和问题解决能力,消除现场监督的疑虑,超越客户的期望,建立甲乙方互信共赢的关系。

(3)细心倾听客户的需求,重视客户的个体化需求,为顾客利益尽心尽力;使用顾客能够听懂的语言说明服务的内容、价格及价格的合理性;行事光明磊落,陈述真实、不夸大吹嘘,不做无法完成的承诺,使正直和诚信成为一种有效的竞争手段。

(4)尊重每一个甲方,甲方提出的再简单的问题也不能认为是"无知";保持快乐开朗,在服务过程中对客户礼貌、周到和友善,不做冷漠的敷衍和客套;结识老顾客,要记住对方的名字、职务、生日等个人信息的细节,可以在交往的过程发展共同爱好。

第五节 涉外法律法规

对钻探企业来说,法律事务大体可以分为公司法律事务和项目法律事务两类。一线班组主要涉及项目法律事务,涉及的有关法律如下。

一、出入境法

(一)违禁品禁运

在去某个国家工作前,需要事先学习该国的海关法律法规,了解相关的入境规定。特别是海关法中规定的人员在出入境时,不能携带哪些违规违禁物品,一定要做到心中有数。

所谓违规违禁品,就是国家禁止运输入境(出境)的货物。每个国家海关对禁止携带的违禁品有所不同,在进出某个国家时,一定要事先了解哪些是不允许携带的违禁品。

通常各国都列为禁止携带出入境的物品有：各类武器、弹药及军用设备；毒品、麻醉品、放射性物品及爆炸品；色情淫秽印刷品、音像制品及录音、图画、造型物品。欧洲各国还对动植物、蔬菜、水果、肉制品、奶制品及刀具等有限制。

在信奉伊斯兰教的国家，酒类通常属于禁止携带的物品，机场海关会对入境人员的行李进行检查，如发现酒类等违禁物品，随即没收，情节恶劣的还要进一步处罚。

根据国际法规定，所有国家禁止个人非法携带野生动物活体、标本及相关制品（如象牙、犀牛角、野生动物皮革及其制品）出境，禁止携带文物出境。

[案例 7–15]

不要心存侥幸

张某是海外钻井平台经理，常年在非洲工作。家里亲戚朋友托他购买一些象牙制品，虽然他知道购买象牙制品是违法的，但他还是在回国的前几天花了几万元买了一些象牙工艺品，夹带在行李箱中准备携带回国。在当地海关出关时，被安检查出，所有象牙制品全部没收，而且由于数量较大还被处以 7 天的拘留。事后，公司对张某处以行政记过处分，终止其出国服务资格。

从案例中可以看到，张某私自购买了大量的象牙制品并试图携带出境，货物在当地海关被没收，自己被拘留。根据相关国际公约和我国法律规定，携带象牙制品出入境，需要获得出口国的出口许可证，以及通过事先申请并取得的由国家濒危物种进出口管理办公室核发的允许进口证明书。更危险的是，即使张某顺利把象牙带出境，根据我国海关法，非法走私珍贵动物制品价值 20 万元以上，最高可判无期徒刑并没收个人全部财产。

（二）货物进出口管理

项目启动后，乙方需要按照合同要求准备合格的设备、工具和材料。通常物资由需赴海外作业的基层队负责制订配套方案，报公司生产协调处及采购管理中心审核，相关生产单位负责调配生产设备及物资；缺少的物资由公司物资公司负责采购；货物的运输由物资公司统一负责。

1. 国内集货装箱

运输之前，基层队队长应按照设备的尺寸、重量等上报装箱及运输方案，生产协调部门负责租赁车辆运输。货物装箱时，基层队人员负责监督装箱并制作装箱单，运输过程中派人员跟车押运到港口。基层队在进行装箱操作时，需注意以下几方面的内容：

（1）不能随到随装,必须依据订舱清单事先编妥分箱计划,按计划装箱。

（2）备妥必需的、合格的隔垫物料及捆扎加固材料。

（3）注意货盘,叉槽的放置方向正确。

（4）装箱时必须考虑方便拆箱卸货。

（5）重量分布要平衡,即载后重心接近于箱子的中心,避免在卸运过程中倾斜、翻倒。

（6）硬包装的货物装箱时,应用垫料以免冲压其他货物或碰坏内壁。

（7）袋装货最好不与箱装货同装,不能避免时要用垫板。

（8）有凸出、隆起或四边不规则包装的货,可用适当垫料,不能与其他货物同装在一起。

（9）湿货（包括桶装、罐装液体）应用垫料并装在底层。不同种类包装必须分票积载,如木板包装货与袋装货之间,必须有保护性的隔垫,否则不能同装。

（10）海关监管或可能被查验的货物必须分装在出箱门口。

（11）任何时候,都不能把货物直接固定在集装箱内部任何一个平面上,因为钻孔会破坏箱子的水密性。

（12）不要用不同包装的货填塞空位,除非这两种包装货物是完全适合拼装的。

（13）包装损坏的货物,即使损坏表面是微小的,也不能装箱,装箱前坏包装要修复好,才能装入箱内。

（14）装货完毕要检查,做到货物不松动,以免箱子倾斜造成货损。

2. 货物海运期间（一般选择海运）

基层队提前到达的人员在目的国待货期间需先完成以下工作：

（1）提前勘察井场地理位置、井场布局及周边条件设施,是否符合合同要求,做好设备摆放计划。

（2）提前了解陆运线路及陆运道路情况,如路桥状况、限高、限宽及限行时间等。

（3）合理安排组织车辆,与设备大小重量相符,如路途遥远,安排好途中相关事宜。

3. 货物到达目的国港口

货物到港后,当地清关公司拿到提货单,基层队需派人配合清关人员办理到货检验、清关及搬运,租赁车辆,并负责把物资押运到井场。卸货及装车陆运需注意以下事项：

（1）严格遵守易燃、易爆及化学危险物品装卸运输的有关规定。装卸粉散材料及有毒气散发的物品,应佩戴必要的防护用品。

（2）工作前应认真检查所用工具是否完好可用,不准超负荷使用。

（3）装卸时应做到轻装轻放,重不压轻,大不压小,堆放平稳,捆扎牢固。

（4）人工搬运、装卸物件应视物件轻重配备人员。杠棒、跳板、绳索等工具必须完好可用。多人搬运同一物件时,要有专人指挥,并保持一定间隔,一律顺肩,步调一致。

（5）堆放物件不可歪斜,高度要适当,对易滑动件要用木块垫塞。不准将物件堆放在安全道内。

（6）用机动车辆装运货物时不得超载、超高、超长、超宽。如遇必须超高、宽、长装运时,应按交通安全管理规定,要有可行措施和明显标志。

（7）装车时,随车人员要注意站立位置。车辆行驶时,不准站在物件和前栏板之间。车未停妥不准上下。

（8）装卸货物应挂在规定吊点,起吊装箱件时应先检查箱体底脚是否牢固完好,按吊线标志吊挂,并经试吊确认稳妥后方能起吊。

（9）使用卷扬机、钢管滚动滑移货物时,要有专人指挥,路面要坚实平整,绳索套结要找准重心,保持直线行进,有棱角快口部位应设垫衬,卸车或下坡应加保险绳,货物前后和牵引钢丝绳边不准站人。

（10）装运易燃易爆化学危险物品时严禁与其他货物混装。要轻搬轻放,搬运场地不准吸烟。车厢内不准坐人。

（11）装卸时,应根据吊位变化,注意站立位置。严禁站在吊物下面。

（12）在高栏板车厢装卸货物,起重驾驶员无法看清车厢内的指挥信号时,应设中间指挥,正确传递信号。

需要注意的是,所有提交的单据要符合所在国的相关要求,危险品需提前准备好进口许可证,货物中禁止夹带违禁物品。

二、劳动法

在雇用及管理外国雇员的过程中,难免会发生这样或那样的问题,需要海外一线管理人员（班组长）熟悉所在国的劳工（劳动）法。了解雇员劳动合同签订、执行和纠纷中的法律风险及处理方法。

在雇员招聘过程中,需签订具有符合当地法律效力的书面劳动合同。任何一方违约都要按合同规定进行相应的赔偿。劳动合同中通常要包含以下事项：

（1）工作类型、劳动者必须从事的职业和履行的责任；

(2)基本工资和附加福利;
(3)工作时间和节假日;
(4)工作履行地点;
(5)协议达成日期;
(6)协议期限(如果工作需要在特定期限内完成);
(7)根据工作及地区性特点而需要补充的其他事项。

每个国家的国情不同,劳动法的内容有所差别,在执行的过程中应根据当地的法律规定来执行。建议聘用当地专业法律人士,作为项目部的法律代表处理相关的法律事务。

[案例 7-16]

要求赔付 6 个月工资

在苏丹工作的吴经理领导着一个钻井队。该井队的一名当地井架工的技术比较熟练,工作也比较卖力。但在工作一段时间以后,有人发现此人正在偷窃井队物资。吴经理立刻将该事件详细记录下来,保留证据后,把他解雇了。此人随后把公司告上了法庭,要求按照合同约定赔偿 6 个月的工资。项目部进行了应诉,经过法庭判决,原告败诉。

按照合同规定,如果工人犯了盗窃等违法行为,或者在工作场所犯有严重违反道德的错误,可以直接解雇,没有赔偿。但当地法律规定,指控对方犯罪,需要出示证据,如果公司没有相关证据,按照当地法律,辞退员工需支付 6 个月的工资赔偿。吴经理非常熟悉当地的法律,他及时地保留了偷窃证据,并对事件做了详细的记录,从而在法庭上能够胜诉。从该案例中可以看出,基层队管理人员当发现雇员有违法行为时,一定要收集和保留能够证明其违法的证据。

[案例 7-17]

三封警告信

某海外钻探企业在其劳动合同中规定:雇员在得到三封警告信时,可解除劳动合同,赔偿一个月的工资。有一位当地雇员违反公司 HSE 规定,上班不戴安全帽,被安全员发现了,在劝说不听的情况下,收到了一封警告信。过了一段时间,这位雇员私自外出被发现,带班队长又给开了一封警告信。一个月后,这位雇员在工作中不听从工作安排,并与上司发生口角,得到了第三封警告信。井队长按照合同的规定,解雇了这位雇员。该雇员进行了起诉,法庭判该人败诉。

通过该案例可以看出,在与当地雇员签订劳动合同时,经咨询当地法律人员后在不违反劳动法的前提下,增加一些有利于雇员管理的条款是有积极意义的。在本案例中,之所以增加三封警告信这一条款,是为了降低或消除在雇员管理过程中屡教屡犯的违章和违纪现象。例如,安排的工作不能及时完成、不按时倒班、不请假外出等,特别是上班期间不穿工服、不戴安全帽等现象。这些行为违反了作业规定和安全规定,但又够不上直接开除的条件,那么就可以开具一封警告信,累计三封可以辞退雇员。事实证明,这项条款在多个项目部的雇员管理中非常有效。

三、环境保护法

在海外施工作业中,由于所在国和业主的环境保护法律、法规和标准各不相同,给境外基层队执行环境保护带来了严峻挑战。具体表现在各国标准不统一,政府和油公司管理水平参差不齐等。这就要求在合同投标前,必须认真审查合同中关于环境保护的条款,中标后严格按照合同要求做好环境保护,绝不能因为破坏环境或污染事故,给项目带来巨大的经济损失。这方面的惨痛教训不乏其例,有的项目因为环境保护问题被所在国政府罚款达上亿美元。

海外基层队所涉及的环境管理范围包括废料管理、噪声管理及放射性物质管理等。废料管理包括生产区域环境管理和生活区域环境管理两部分。生产区域环境管理包括固体废物处理、液体废物处理、气体废物处理、放射源管理等。生活区域环境管理包括固体废物处理及液体废物处理。噪声管理主要是对井场产生的噪声进行处理,以符合相关法律要求。放射性管理主要是对放射源等的相关管理。

(一)环保问题产生的主要原因

海外基层作业队在所在国服务时,根据所在国环境保护法的不同,会遇到各种各样的问题,发生问题的主要原因如下:

(1)各国环境保护法律、法规不同。缺乏对所在国环境保护法律、法规的了解和认识。

(2)甲方环境保护标准不同。缺少境外单位环境保护标准。

(3)环境保护工作重视程度不足、环境保护意识不足。

(4)环境保护投入不足,缺少必需的设施。

(5)环境保护知识匮乏,保护技能不足。

(二)废弃物处理标准

美洲各国整体环保标准和要求较高,如钻井液不落地处理,生活污水须经过污水处理设备处理；中亚、中东各国次之，有专门承包商负责废物的处理；非洲整体环保标准和要求各不相同，部分国家法律要求较低，环保技术落后，缺乏专业处理废物的承包商，废物常不能得到及时的处理，易出现随处倾倒的现象。同时，乙方各单位的废物处理工作基本依赖于甲方，甲方标准高，乙方的环保措施较为完善；甲方标准低，乙方的环保措施欠缺。表7-7为某钻探服务企业环境管理标准。

表7-7 某钻探服务企业环境管理标准

标准	名称
GBZ 118—2002	油（气）田非密封型放射源测井卫生防护标准
GB 19147—2013	车用柴油（V）
GB 16297—1996	大气污染物综合排放标准
GB 12348—2008	工业企业厂界环境噪声排放标准
GB/T 19095—2008	生活垃圾分类标志
GB 18485—2014	生活垃圾焚烧污染控制标准
GB 16889—2008	生活垃圾填埋场污染控制标准
GB 18918—2002	城镇污水处理厂污染物排放标准
CJ/T 234—2006	垃圾填埋场用高密度聚乙烯土工膜
SY/T 6628—2005	陆上石油天然气生产环境保护推荐作法
SY 5131—2008	石油放射性测井辐射防护安全规程
SY 6503—2016	石油天然气工程可燃气体检测报警系统安全规范
SY/T 5087—2005	含硫化氢油气井安全钻井推荐作法
SY/T 6277—2005	含硫油气田硫化氢监测与人身安全防护规程
SY/T 5466—2013	钻前工程及井场布置技术要求
Q/SY 136—2012	生产作业现场应急物资配备选用指南
SH 3024—1995	石油化工企业环境保护设计规范

（三）中国石油各海外项目废弃物处理要求

1. 生产区域液体排放物处理

钻井现场钻井液等液体全部为不落地处理，现场需配备储存容器，甲方雇用专业第三方公司定期进行处理；或者钻井现场的钻井液池需铺防渗膜或者砌水泥，作业完成后,需抽走废料,运到专门的厂家按合同约定进行无害化处理。

2. 生产及生活区域固体垃圾排放

生产及生活区域固体垃圾不能随意排放或丢弃,按照合同及甲方要求进行归类存放,并配合第三方进行无害化处理。

3. 生活区域液体垃圾处理

生活区域液体垃圾可采用污水处理设备进行处理,或采用化粪池进行储存,由第三方负责定期抽走处理。

总之,废弃物的处理通常是由甲方负责进行,对于基层队来说主要任务就是要配合好甲方的工作,一切按照甲方指示及当地的环境保护法来执行,不能乱排放。

(四)井场放射源管理

对于长期储存的密封放射源,应选择永久性放射源储存库(简称源库),对于在井场临时储存的放射性物品,需按照以下要求严格执行。

1. 一般要求

(1)储存前对储存区域进行一次放射性本地测量,并记录测量结果。当放射性物品运走后,对储存区域本地进行监测,并记录测量结果。

(2)确认放射性物品安全存放在源罐中。

(3)源罐应锁好,将所有源罐用链条锁在一个固定物上。专用源车应停放在安全地点。

(4)储存区域竖立放射源警示标志,设立警戒线。

2. 陆上井场的储存要求

(1)以源为中心划定的储存区域直径不小于2m;在条件许可的条件下,存放点距离井口不少于15m。

(2)井场存放点应考虑可能的火灾危险、远离井场食宿区、出入方便程度、在可视范围内(有条件可使用视频监控)等因素,并与属地负责人达成一致意见。

(3)建立巡视制度。指定人员每隔2小时巡视一次,确认放射性物品的安全,做好巡视记录。

3. 海上平台的储存要求

(1)放射性物品送到平台之前确定好储存区域,并应标记在相应图上以备后用。

（2）平台储存点应考虑到尽可能远离食宿区，不妨碍进入火灾集结地、救生船、直升机场，远离其他任何危险物品等因素，并与井场负责人达成一致意见。

（3）特殊的具有增强防护功能的放射性物品储存容器可能需要特定存放区域，必须事先了解当地法律法规。

（4）放射性运输容器应满足海上施工安全要求，装有2个浮漂，配备大于钻井平台所在区域水深的绳索。

（5）对于属于委托当地托管的放射源，应与当地受委托单位签订委托托管合同，并在合同中明确划分各自的责任。

第六节　涉外风俗礼仪

一、学习涉外礼仪的必要性

礼仪是个人素质、风度、气质的表现，是每个社会组织、群体形象和文明程度的体现，更是一个民族综合素质和国家综合实力的展现。当钻探企业的员工迈出国门的第一步时，其一言一行就开始时时刻刻代表着中国人的形象，因此学习涉外礼仪，了解在不同场合、不同环境应该做什么、不该做什么、怎么做是正确的，对于每一个外派员工都是非常必要的。

一个海外班组中，成员的语言、技能、工作方法、社会习惯和宗教信仰可能各不相同。这就需要班组长了解当地的风俗习惯，尊重不同的宗教信仰，不搞种族和宗教歧视，团结所有的成员，在工余组织丰富的业余活动（以不违背当地的法律法规、宗教习惯、风俗为准），使班组的每个成员都能够愉快地工作和生活，顺利地完成生产任务。

二、涉外礼仪的基本原则

涉外礼仪最重要的就是要遵守基本原则、尊重当地习俗。只有这样才能够在与人交往时，既能表现得谦虚礼貌，又能维护个人和国家的利益不受侵害。

所谓涉外礼仪的基本原则就是在对外交际中，用以维护自身形象、对交往对象表示尊敬与友好的习惯做法。需遵守的涉外礼仪基本原则如下。

（一）维护国家利益

员工赴海外工作和生活时，由于所在国家和地区的风俗习惯不同、宗教礼仪不同、社会制度不同，可能会遇到各种各样的复杂情况和形形色色的人，无论遇到什么样的情况,都要忠于祖国、忠于公司;维护国家利益和民族尊严,不说不利于祖国和公司的话,不做有损国格和人格的事情。遇到重大突发事件,要第一时间向公司有关部门及甲方报告,并依照下达的指令执行。如来不及请示,可依照公司事先制订的突发情况应急预案的要求执行,事后必须要向公司及甲方汇报,以便妥善处理,避免给国家、公司及个人造成损失。

(二)信守约定

员工在国外工作生活时,不可避免地会与甲方、当地政府人员、当地雇员及其他人员打交道。在交往时,一定要记住信守约定,这是社交活动中最基本和最重要的原则之一。如参加甲方的会议时一定要准时到达,在作业过程中一定要严格按照合同要求及甲方的作业规程执行。承诺别人的事情不能遗忘,必须讲信用,按时做好。

(三)女士优先

女士优先是国际礼仪中很重要的原则,其核心是要求男士在任何场合、任何情况下,都要在行动上从各个方面尊重、照顾、帮助、保护妇女。例如,乘坐电梯时,如有女士一定要请女士先上或先下;在乘坐公交车等交通工具时,可主动把座位让给有需要的女士;当与女同事一起出去办事时,可主动帮助其拿重物;与女士一起进餐,可为其拉座椅等。总之,良好的个人素质及绅士风度体现在每一个微小的细节上。

(四)尊重隐私

在国外工作和生活时,尊重隐私也是重要的礼仪规范。当与初次见面的人交谈时,一定要记住回避涉及个人隐私的话题。具体来说,就是在个人交往中要做到"五不问":一不要问年龄;二不要问婚否;三不要问去向;四不要问收入;五不要问住址。

(五)不卑不亢

国际交往中人与人、国与国、甲方与乙方之间应是平等的关系,因此不卑不亢也是国际礼仪的重要原则。所谓不卑不亢原则,最重要的是保持人格平等,因为"卑"和"亢"都是置对方或置自身于不平等位置上的交往态度。"卑"有损自身人格甚至国格;"亢"则显得虚张声势,也有伤对方的自尊。要做到不卑不亢,应注意:不能对对方有金钱与物质利益上的希望和企图。"心底无私天地宽",双方的人格就平等互利了。

班组长在工作和生活中如何做到不卑不亢呢？简而言之，就是在与甲方交往时，要保持诚实和负责任的工作态度，要像为自己做事一样完成甲方要求的工作；同时反对一味阿谀奉承，丧失人格和原则，这样才能够得到甲方的尊敬和赞许。在管理雇员时，要一碗水端平，平等相待，以心换心，不趾高气扬；在工作中要严格要求，在生活中多关心爱护雇员，尊重当地的风俗和宗教信仰，不搞种族歧视。

（六）入乡随俗

在国外工作和生活时，要真正做到尊重交往对象，就必须了解和尊重对方所独有的风俗习惯。做不到这一点，对于交往对象的尊重、友好和敬意，便无从谈起。这就要求，首先，必须充分地了解与交往对象相关的习俗，即在衣食住行、言谈举止、待人接物等方面所特有的讲究与禁忌。其次，必须充分尊重交往对象所特有的种种习俗，既不能少见多怪、妄加非议，也不能以我为尊、我行我素。

（七）爱护环境

在国外作业时，一定要注意遵守当地环境法的规定，按照公司及甲方的环保标准严格执行，积极配合甲方处理生产及生活废料。

三、涉外礼仪注意事项

不同的国家，风俗习惯差别很大，因此在遵守海外礼仪的基本原则基础上，还要针对所在国的实际情况，认真学习，区别对待。

（一）着装

外出时要注意仪表与衣帽整洁，面、手、衣履要洁净。男子的头发、胡须不宜过长，应修剪整齐。指甲要经常修剪，一般与指尖等长，不留污垢，并保持手部清洁。女士穿着不要暴露，根据所在国的风俗习惯，选择适合的外出服饰。

在井场工作区域，要根据公司 HSE 要求及甲方要求穿着工衣工鞋，佩戴安全帽。在生活区非工作时间，可穿着较舒适的休闲服装。在阿拉伯国家，男士在公众场合不允许穿着裸露腿部的服装，具体说就是不能穿着任何长度的短裤、九分裤或把裤脚挽起来。女士出行要戴头巾，不能穿着显露身材的服装，不能把头发露出来。

基层班组长及国内班组成员在出席正式场合，如与政府官员会面、出席庭审时，可按照西方国家的着装要求出席，即男士一般可穿西装，扎领带。参加甲方的日常会议，如在井场及附近，可穿着工服。

[案例 7-18]

不寻常的口哨

小李和小王是第一次被公司派往某阿拉伯国家工作的女性工程师。在工作之余两人决定去社区户外操场上跑步。由于当地气候炎热,她们在外出时就像在国内一样,穿着运动T恤衫和运动短裤。但在去操场的路上,她们发现许多当地人都驻足观看,甚至有些年轻人不停地大声吹口哨,这让她们很紧张和害怕,赶紧返回公司宿舍。回到宿舍后,项目部领导就此事对她们进行了严肃的批评教育,要求她们以后外出时着装应符合当地风俗习惯,不得穿裸露的服装外出。

从案例中我们看到,小李和小王显然不了解所在国的风俗习惯。在伊斯兰国家,妇女禁止穿着暴露的服装外出,外国人应遵守当地的风俗。在中东和北非的伊斯兰国家中,女性除了不能穿暴露的服装,在外出时还需要佩戴头巾,甚至还要佩戴面纱。

[案例 7-19]

不能把裤脚挽起来

老王在伊朗工作,工余他和同事去附近的市场采购物品。由于在非工作时间,他穿上了T恤和休闲裤。在逛街时他感觉较热,就按照在国内的习惯,把裤脚挽了起来,露出了一截小腿。这时旁边冲出来一位当地老者,对他大声叫嚷,好像是在指责他什么似的。老王觉得莫名其妙,不知道做错了什么。当地的同事告诉他当地不允许挽裤脚,请他将裤脚放下来。老王马上把裤脚放了下来,老者才点点头离开了。

在伊斯兰国家,根据当地习俗,在公共场所任何人都不允许裸露腿部。因此无论男女、当地人或外国人,都不能穿着短裤或能够看到脚踝的裤装。

(二)机场转机

出行前,需确认乘坐航班所属的航空公司有关行李的规定,避免出现超规、超重或携带违禁品等情况。应将证件、机票、现金、贵重物品及随时需要取用的物品放入随身携带的手提箱;将日常用品、换洗衣物、刀具、液体制品等放入托运行李中。如行李超重,需事先准备好现金以备罚款用(小细节提醒:在准备托运的行李时,可在自己的行李上做一些明显的标识或挂一个写有姓名和联系电话的行李牌,以便查找)。

出行时应尽量避免携带大量现金,可使用有国际支付能力的信用卡等,如必须携带大量现金,应做好安全防范,出入境时须按出入境规定向海关申报。很多国家服务都有收小费的惯例,出行前应兑换些小面额的外币,以便支付小费之用。

赶飞机时最好提前3个小时抵达机场。如要转机,通常会在航空公司柜台换到第一程及第二程的登机牌,一定要妥善保管两个登机牌,以便到时能够顺利转机。在柜台换登机牌时要注意按顺序排好队,不要大声喧哗,最好由一人负责为大家办理手续,其他人可在附近休息等候,如要吸烟一定要去吸烟区抽。

如果转机前入驻酒店,一定要将贵重物品存放酒店保险箱,切勿放在房间行李中。外出一定要结伴而行,不要去偏僻的地方。

(三)日常交往

在日常交往中,无论是与甲方人员、当地政府人员,还是当地雇员,都要友好礼貌,真诚相待。与人约见应守时。初次见面应用双手递上印有中文和当地国家文字的名片,主动伸出右手与对方握手并致问候。熟人或朋友见面时,西方人可以拥抱,在中东和非洲可行抱肩礼,在日本及韩国一般行鞠躬礼,在东南亚佛教国家通常双手合十。

作介绍时,一般是先将职位低者介绍给职位高者、将年轻人先介绍给年长者、将男士先介绍给女士、将本公司的人先介绍给外公司的人;握手或交谈时应正视对方;与人同行不要勾肩搭背;不要大声喧哗,不要叉着双手说话;异性之间通常以点头微笑的方式表示问候,也可以握手但需女士先伸手;不要跷二郎腿或叉开腿,不要露出鞋底对着别人坐;不要在任何公共场合(包括井场)赤膊露背;不要在大庭广众之下换衣服。

有些国家有付小费的习惯,每个国家的具体情况不同,各项服务要付多少小费,还需在到达这个国家时问问当地人员较为妥帖。小费既然为小费,其数自然不必太大。一般情况下,客人大致按明码标价的10%作为小费是比较适宜的。如需当面付小费,最忌讳的是用硬币支付。

班组长在与当地雇员的日常工作及交往中,要时刻注意尊重当地的宗教习惯。有些雇员可能信仰基督教,需要定期去教堂做礼拜。有些雇员信仰伊斯兰教,每天都要定时做祷告,斋月期间还会在白天禁食禁水。班组长作为团队的核心管理人员,首先要理解并平等对待他们,不能有歧视的言行。可根据工作实际需要,在保证任务顺利完成的情况下给予适当的照顾。

（四）民族及宗教禁忌

1. 阿拉伯国家主要禁忌

阿拉伯国家人民主要信仰的宗教是伊斯兰教，许多民族禁忌是与宗教息息相关的。主要禁忌如下：

（1）禁止有轻视《古兰经》、宗教旗帜、圣徒的行为；穆斯林做礼拜时，不要大声喧哗、驻足观看或品评。

（2）禁酒。在伊斯兰国家任何情况下都不要饮酒，在去目的国时不要携带酒类入境。

（3）斋月期间，教徒在白天不允许喝水、吃东西。在井场如果雇员中有穆斯林，其他人员要尽量避免在他们面前喝水、吃东西。

（4）禁止在公共场合赤身，裤子不能在脚踝以上，禁止穿背心外出。在阿拉伯国家，如在伊朗等国家，所有妇女外出需戴头巾。

（5）禁止妇女穿显露自己体型的衣服。

（6）禁止凝视妇女，不经允许不能拍照及单独接触；部分国家（如伊朗）不允许男女单独一起活动、乘车。

（7）在伊斯兰教国家及一些佛教国家，禁止爱抚小孩的头部。

（8）禁止在路旁、水源及乘凉之地大小便。

（9）穆斯林认为左手是不洁的，在握手、用餐及接递物品时要用右手，禁用左手。

（10）一些伊斯兰国家允许一夫多妻，在与当地人交谈时不要品评该习俗或别人的家庭。

（11）通常在阿拉伯国家送礼物时，不要送有动物图案的礼物，不送玩具娃娃，可以买食品或具有中国特色的小礼物，如茶叶、丝绸等。

（12）在阿拉伯国家，许多动物是禁食的。有许多动物，当地人不吃，而且数量较多，价格便宜。基层队的中国厨师要注意，不要食用这些当地人禁食的动物，以免引起宗教或民族矛盾。常见的禁食及可食用动物见表7-8。

表7-8 禁食及可食用动物

禁食用	可食用
鹰、鹫、乌鸦、喜鹊、啄木鸟	鸡、鸭、鹅、鹌鹑、鸽、麻雀、大雁
猪、狗、猫、蛇、猴、家兔、鼠、驴、马、骡、虎、豹、狼、熊	牛、羊、骆驼、鹿
乌龟、甲鱼、鲶鱼、泥鳅、龙虾、海参、螃蟹、青蛙、鲸鲨、海豚	鲤鱼、鲢鱼、鲫鱼、草鱼、黄花鱼、带鱼

2. 欧美国家主要禁忌

（1）通常不吃动物内脏、动物的血液、动物的头和脚，不吃无鳞无鳍的鱼（如泥鳅等）。与西方人在一起吃饭时，需要事先弄清楚他们在饮食方面的禁忌，避免发生尴尬。

（2）在欧美及英联邦国家，人们普遍时间观念很强，见面要事先预约并准时赴约。如不能赴约或迟到，应说明情况并表达歉意。

（3）用餐时尽量少发出声音，一般也不过多交谈。切割食物时，注意不要撞击盘子发出声音；吃东西要闭嘴咀嚼，不要发出咂嘴声；喝汤不要发出响动。挥动刀叉与别人讲话会被认为是不礼貌的行为。

3. 佛教国家主要禁忌

（1）见面或告别时，通常双手合十，以示向对方致敬。

（2）参观佛寺时必须衣冠整洁，进寺时先要脱鞋，严禁穿背心、超短裙进入寺庙。

（3）向当地人递送东西时，比较正式的场合要双手奉上，一般情况下用右手递给对方；忌讳用左手接递，更不能抛东西给别人。绝对不能用手摸对方的头，否则被视为极大侮辱。

第八章 法律法规案例解析

随着我国"全面推进依法治国基本方略"的实施,以及社会主义法治体系的逐步完善和推进,法律对企业经营管理活动的影响越来越大,钻探企业作为市场经济条件下唱主角的企业,势必纳入"依法治企"的轨道。钻探企业具有市场化程度高和社会关注度高等特点,这就决定在企业经营管理中更要知法、懂法和守法。作为企业班组长,只有不断学习和掌握国家的有关法律法规知识,才能更好地维护权利和行使权利。以下结合我国施行的有关法律进行分析和解释。

第一节 中华人民共和国劳动法

《中华人民共和国劳动法》(以下简称《劳动法》)是为了保护劳动者的合法权益,调整劳动关系,建立和维护适应社会主义市场经济的劳动制度,促进经济发展和社会进步,根据宪法,制定的一部法律。以下结合石油钻探企业典型案例,以2009年8月27日施行的《劳动法》为依据进行分析和解释,希望对今后石油钻探企业班组长学习和宣传相关劳动法律法规有所帮助。

一、禁止使用未成年人

[案例 8-1]

任何单位不能使用未成年劳务用工

彭某为某中学的学生,1992年8月出生,2008年4月因故辍学。经某劳务派遣公司介绍,彭某于2008年6月以劳务派遣用工的方式,与劳务派遣公司签订劳动合同。经过岗前培训后,彭某被安排到当地井下作业公司小修队工作。该队队长在基本信息登记中,发现彭某年龄未满16周岁,要求将彭某退回至劳务派遣公司。

《劳动法》第十五条规定：禁止用人单位招用未满十六周岁的未成年人。在本案例中，该井下作业公司违反了以上规定，使用未满十六周岁的彭某。因为未成年人正处在成长发育的阶段，如果就业，一方面损害未成年人的身心健康；另一方面对用人单位劳动质量和安全生产带来不利的影响。

班组长要认真学习《劳动法》相关内容，对新员工的实际年龄严格审查，禁止使用未满十六周岁的未成年人。

二、工时制度

[案例 8-2]

钻井队执行什么工时制度？

谢某于 2007 年与一家石油工程技术服务公司签订劳动合同，到该公司钻井队工作，每天工作 12 小时，薪酬待遇和休息休假按照劳动合同执行，且该区域的钻井队冬季停止施工。2008 年，谢某看到《劳动法》后，要求公司按照《劳动法》的规定，每天上班多出来的 4 小时按照加班工资计算，遭到公司的拒绝。

《劳动法》第三十九条规定：企业因生产特点不能实行第三十六条、第三十八条规定的，经劳动行政部门批准，可以实行其他工作和休息办法。我国目前有三种工作时间制度，即标准工时制、不定时工时制和综合计算工时制。

根据《劳动法》第三十六条，标准工时制度为每天工作的最长工时为 8 小时，平均每周最长工时为 44 小时。实行不定时工时制的职工工作时间不受《劳动法》第四十一条规定的日延长时间标准和月延长时间标准的限制，使得工作时间无法固定的员工工作时间安排既可以符合法律的规定又能满足工作时间的不确定性。综合计算工时制是以标准工时制为基础，以一定的期限为周期。

按照以上规定，本案例中的钻井队执行综合计算工时制，采用集中上班、集中休息的作业模式，因此谢某要求加班工资的诉求不符合相关法律规定。班组长要学习和掌握相关政策，以便更好地给基层员工宣传和解释。

三、加班工资

[案例 8-3]

在周末和节假日上班有加班费吗？

2007 年 5 月，某石油工程技术服务公司管具车间因生产规模扩大，招收了市场化用工 30 名，安排在钻具维修岗位工作，执行标准工时制度。在合同履行期间，该公司声称生产任务重,要求30名工人连续加班,周末和节假日都不让休息,工人要求支付加班工资,该公司却以采用月工资制为由拒绝。工人对此表示不满,推选陈某、张某作为代表,于2008年8月12日到当地劳动争议仲裁委员会申请仲裁,并递交了申诉书。该仲裁委员会在2008年8月15日做出决定,予以受理。经过调解,双方没有达成协议,该仲裁委员会于2008年9月26日做出裁决,裁定该公司应支付拖欠的加班费。

《劳动法》第四十四条规定:支付加班费的具体标准,在标准工作日内安排劳动者延长工作时间的,支付不低于工资的150%的工资报酬;休息日安排劳动者工作又不能安排补休的,支付不低于工资的200%的工资报酬;法定休假日安排劳动者工作的,支付不低于300%的工资报酬。

在本案例中,因30名市场化用工执行标准工时制度,按照以上规定,在周末和节假日加班应领取相应的加班费。石油钻探企业班组长要进一步加强员工考勤管理,记录好员工出勤天数,对安排加班的员工,要按照国家有关规定,及时支付加班工资。

四、禁止强迫劳动

[案例 8-4]

限制人身自由,强迫职工劳动

2001年6月,陈某、关某、周某、王某从职业技术学院钻井技术专业毕业,与一家私营石油公司签订劳动合同,被安排到偏远的生产一线工作。在野外上班期间,手机没有信号、不安排休假、工作强度高、不发工资,干活慢的关某和周某还遭到过辱骂和殴打。王某曾试图逃跑,被管理人员抓住,结果被处罚干重负荷工作。后来,王某再次找到逃跑的机会,成功逃离了施工现场,并随后给当地派出所报警,公安人员到达现场解救了其他人员,并逮捕了相关现场管理人员。以限制人身自由的方法强迫职工劳动,其行为已构成强迫职工劳动罪,随后被移送至司法机关。

《劳动法》第九十六条规定:用人单位以暴力、威胁或者非法限制人身自由的手段强迫劳动的,由公安机关对责任人员处以十五日以下拘留、罚款或者警告;构成犯罪的,对责任人员依法追究刑事责任。

在本案例中,生产一线管理人员强迫员工劳动的行为,侵犯了员工的自由权、取得劳动报酬和休息休假的权利。用人单位用限制人身自由方法强迫员工劳动,属于违法行为。石油钻探企业班组长要加强对国家法律法规的学习,在生产施工作业中禁止强迫职工劳动。

五、劳动安全卫生

[案例 8-5]

不发放劳动保护用品酿成恶果

某钻井液技术服务公司在 2002 年 8 月招收了一批工人,并且与之签订了 3 年的劳动合同。工人的主要工作是在钻井队,配合钻井液工程师配钻井液和加化工料。合同履行开始后,钻井液公司按照合同约定给工人发了工资,但该公司均以效益不好为理由不发放劳动保护用品,同时却经常要求工人加班。因为从事的是化工产品的加料工作,有时一天要加几吨的化工料,未向工人提供必要的卫生防护措施,没有佩戴防护眼镜和防护口罩,致使许多工人患上了职业病。

《劳动法》第五十四条规定:用人单位必须为劳动者提供符合国家规定的劳动安全卫生条件和必要的劳动防护用品,对从事有职业危害作业的劳动者应当定期进行健康检查。

在本案例中,该钻井液技术服务公司违反了以上规定,侵犯了工人获得劳动安全卫生保护和享受社会保险的权利。钻探企业班组长应严格执行国家和行业的劳动安全卫生制度,健全相应的劳动安全卫生规程,对员工进行劳动安全卫生教育,做好防护措施,减少职业危害。

六、特种作业人员取证

[案例 8-6]

锅炉工上岗前必须取证

黄某是某钻井公司锅炉工,2001 年 8 月经过招工被录用到钻前公司工作,上岗前未经过专门的技能培训,被安排到锅炉房工作。2002 年 12 月,由于操作环节上的失误,黄某所管的锅炉发生爆炸,正在炉前工作的黄某当场被炸成重伤,经过抢救诊断,70% 以上的皮肤均为一级烧伤。黄某家属要求钻前公司支付黄某的医疗费,并且给予经济上的赔偿。该公司在支付完黄某的抢救费用后便拒绝支付其他费用,理由是黄某的受伤完全是由他个人违反了有关操作规程导致,应当由自己负责。由于治疗费用高昂,黄某的家人无力支付,便向人民法院提起诉讼,要求该公司支付医疗费并且给予经济补偿。

《劳动法》第五十五条规定：从事特种作业的劳动者必须经过专门培训并取得特种作业资格。

在本案例中，锅炉工属于高度危险作业的特种作业人员，必须按照法律规定进行专门培训并且取得资格证书（特种作业操作证）方能够上岗工作。钻前公司在黄某上岗之前没有能够按照法律规定对黄某进行专门的职业技能培训，致使黄某由于技能不熟练而导致锅炉爆炸的事故。事故责任应当由钻前公司承担，即支付黄某的全部医疗费用，并且根据有关规定给予黄某相应的经济补偿。

目前，石油钻探企业需取证的特种作业有电工电气焊作业、低压电工作业、司钻操作作业、高处作业、危险化学品安全作业、起重机械作业、锅炉作业、压力容器作业等。班组长要按照相关要求，组织从事特种作业的人员参加取证和换证的培训工作，确保持证上岗。

七、女职工特殊保护

[案例 8-7]

产假，享受多少天

张某是某石油单位工服加工企业职工，在工作期间，单位曾要求所有未婚或已婚未育女职工缴纳一定的费用以当作日后的生育保险费，张某拒绝缴纳。后张某怀孕，单位仅仅给予张某产前 15 天、产后 45 天的产假。

2012 年 4 月 28 日，中华人民共和国国务院令第 619 号公布施行的《女职工劳动保护特别规定》第七条规定：女职工生育享受 98 天产假，其中产前可以休假 15 天；难产的，增加产假 15 天；生育多胞胎的，每多生育 1 个婴儿，增加产假 15 天。

《企业女职工生育保险试行办法》规定：职工个人不缴纳生育保险费，应由企业缴纳。

在本案例中，该服装加工企业给予张某 60 天的产假，违反上述规定，并且强制女职工缴纳生育保险费的做法是违法的。班组长应严格落实国家有关女职工特殊保护的相关规定，不得安排不适合女职工从事的工作和劳动，确保女职工依法享受相关生育保险待遇。

八、先培训后上岗

[案例 8-8]

岗前培训不到位，安排到生产一线合不合适

某钻井公司，由于生产经营的需要，通过劳务派遣的方式，在当地劳动力市场招录了一批新员工，补充到生产一线技能操作岗位上。培训人员将公司的业务情况和发展现状给新员工做了简要的介绍，并通过了HSE取证培训。因生产现场人员紧缺，就匆匆安排他们奔赴生产一线。

《劳动法》第六十八条规定：从事技术工种的劳动者，上岗前必须经过培训。

上述案例中的情况是石油钻探企业普遍存在的现象，新招录来的员工，只是经过简单的岗前培训，取得HSE证之后就可以上岗工作。这导致了新员工岗前培训不到位，技能素质普遍不高，安全风险意识不强，给基层班组管理带来了很多问题和安全隐患。

石油钻探企业要把提高员工素质作为第一要务，结合生产实际，通过系统的入厂教育和实操训练，从源头上提高新员工的技能水平，确保新员工很快投入工作状态，融入基层班组的集体中，高效优质地完成下达的生产经营任务。

九、劳动争议调解

[案例 8-9]

不参加社会保险是违法行为

王某于2005年6月与某劳务派遣公司签订了为期3年的劳动合同，被派遣到当地钻井队工作。由于背井离乡，出门打工，王某一心只想多挣点钱。了解了工资构成后，王某向公司提出申请："本人自愿不参加社会保险"，公司将此条款写到劳动合同中。之后的两年中，王某每月的工资比其他同事要高一些。但是，在一次设备检修中，王某的右手被挤伤，被送进了医院进行治疗。高额的费用让王某的家人要求劳务公司按照工伤承担所有的医疗费用，该公司以本人自愿不参加社会保险、未缴纳社会保险费为由，拒绝支付医疗费用。随后，王某的家人到当地劳动仲裁委员会进行仲裁，要求该公司承担王某所有的医疗费用。

《劳动法》第七十二条规定：用人单位和劳动者必须依法参加社会保险，缴纳社会保险费。

在本案例中，"本人自愿不参加社会保险"的约定不符合上述法律规定，为劳动合同的无效条款，用人单位要及时予以纠正，与社保部门协商补交保险金，并承担工伤责任。参加社会保险和缴纳社会保险费是用人单位和劳动者应履行的法定义务，石油钻探企业的班组长要做好相关政策的宣传工作。

第二节　中华人民共和国劳动合同法

《中华人民共和国劳动合同法》（以下简称《劳动合同法》）是为了完善劳动合同制度，明确劳动合同双方当事人的权利和义务，保护劳动者的合法权益，构建和发展和谐稳定的劳动关系，制定的一部法律。以下结合石油钻探企业在劳动合同管理中的具体案例，以 2013 年 7 月 1 日施行的《劳动合同法》为依据进行分析，为今后石油钻探企业班组长对劳动合同的管理提供参考。

一、规章制度制定程序

[案例 8-10]

规章制度如何才能合法有效

某钻井公司钻井队在队规中明确规定，上班期间在井场内吸烟，属于严重的违纪行为。周某在上班期间躲在岗位上抽烟，刚好被公司上级安全检查人员碰到。后来周某在向公司递交的书面检查中，承认自己由于工作疲劳，想抽烟提神，没有到指定的吸烟点抽烟。于是，该公司人事部门按照规章制度，以周某"严重违纪"为由解除劳动合同。周某不服，遂向当地劳动仲裁委员会提起仲裁，仲裁该公司违法解除周某的劳动合同，要求支付经济补偿金。

《劳动合同法》第四条规定：用人单位在制定、修改或者决定有关涉及劳动者切身利益的规章制度或重大事项时，应当经职工代表大会或全体职工讨论，提出方案和意见，与工会或者职工代表平等协商确定。

在本案例中，该钻井队制定的规章制度违反了以上规定，因为吸烟违纪而解除与员工劳动合同明显不公平，因此该项规定应为无效条款。

石油钻探企业制定所有规章制度都要履行相应的法定程序，符合相关法律要求，这样才能为生产经营工作提供有力的制度保障，更好地管理队伍，充分调动广大员工工作的积极性和主动性。

二、劳动合同签订

[案例 8-11]

用人单位未及时订立劳动合同

　　李某,2008年4月8日到某石油技术公司实习,企业与李某签订了实习协议,说明实习期结束后,将与员工签订劳动合同。2008年6月20日,李某正式从学校毕业回到单位上班,并口头要求与单位签订劳动合同,但公司一直未回应。2008年10月23日,李某在未办理请假手续的情况下离开企业,之后一直没有回用人单位上班。12月15日,公司做出了关于解除李某劳动关系的决定。12月13日,李某以公司未及时订立劳动合同为由提出赔偿诉求。

　　《劳动合同法》第十条规定:建立劳动关系,应当订立书面劳动合同。已建立劳动关系,未同时订立书面劳动合同的,应当自用工之日起一个月内订立书面劳动合同。用人单位自用工之日起即与劳动者建立劳动关系。

　　《劳动合同法》第八十二条规定:用人单位自用工之日起超过一个月不满一年未与劳动者订立书面劳动合同的,应当向劳动者每月支付两倍的工资。

　　在本案例中,该公司违反上述规定未及时与李某订立书面劳动合同,应按《劳动合同法》第八十二条规定承担相应的赔偿责任。

　　在劳动合同的订立方面有强制性的时限规定,石油钻探企业应在用工之日起一个月内,与录用人员订立书面的劳动合同,班组长要做好相关政策宣传解释工作。

三、订立劳动合同注意事项

[案例 8-12]

公司不得扣押陈某的会计资格证

　　陈某于2011年8月进入某石油公司工作,与该公司签订为期3年的劳动合同,双方在劳动合同中约定了提前解除合同及保守商业秘密、竞业限制的违约责任。2012年11月,公司以做招投标需要为由,收取陈某的会计资格证,事后却一直不予退还。2014年2月,陈某因个人原因递交了辞职报告,并向劳动行政部门投诉,要求该公司退还被扣押的证件。

《劳动合同法》第九条规定：用人单位招用劳动者，不得扣押劳动者的居民身份证和其他证件，不得要求劳动者提供担保或者以其他名义向劳动者收取财物。

在本案例中，该公司扣押陈某会计资格证违反上述规定，应当及时归还，否则将受到劳动保障监察机构的处罚。

班组长应配合单位人事部门在事业留人、待遇留人和感情留人上下工夫，不得违法扣留劳动者个人的证件。

四、试用期解除劳动合同的规定

[案例 8-13]

在试用期递交辞职报告

关某，2007 年 6 月从学校毕业，与一家钻井公司签订了 3 年的劳动合同，约定了 3 个月的试用期。岗前培训完后，关某被安排到钻井队实习钻工，由于钻井生产一线环境恶劣、工作辛苦、生活单调，与他来之前憧憬的完全不一样。在 7 月 24 日，关某给钻井队递交了辞职报告，队长要求他再上一个月的班，要不然人事部门不给他办理辞职手续，不给转移人事档案关系。

《劳动合同法》第三十七条规定：劳动者提前三十日以书面形式通知用人单位，可以解除劳动合同。劳动者在试用期内提前三日通知用人单位，可以解除劳动合同。

在本案例中，该钻井队队长要求在试用期的关某再上 30 天的班，才能办理相关辞职手续，违反相关法律规定，因为在试用期内，关某只需提前 3 天通知单位，即可办理解除劳动合同手续。

班组长要加强新员工试用期管理，结合实习期间的工作表现，进一步对新员工的资格证书和身体状况进行审查，看是否存在试用期不符合录用条件的情况。对于提出解除劳动合同的新员工，要按时进行谈话，并进行书面记录，让员工签字。

五、单位提出解除劳动合同

[案例 8-14]

单位解雇劳动者须合法

何某与刘某是某企业的职工，何某于 1999 年 1 月与企业签订了为期 5 年的劳动合同,刘某于2000年9月与企业签订了为期3年的劳动合同,合同的试用期为6个月。2001年2月,何某因为身体不适向企业提出调换工作岗位的申请,并且提供了医院证明。刘某因为喝酒在岗期间与同事打架,并且将同事打伤。2001年3月,企业以何某不能够胜任工作、刘某不符合录用条件为由解除了何某与刘某的劳动合同。何某与刘某不服,向当地劳动争议仲裁委员会提出申诉。

《劳动合同法》第三十九条规定:在试用期间被证明不符合录用条件的,用人单位可以解除劳动合同。

《劳动合同法》第四十条规定:劳动者不能胜任工作,经过培训或者调整工作岗位,仍不能胜任工作的,用人单位可以提前三十日以书面形式通知劳动者本人或者额外支付劳动者一个月工资后,可以解除劳动合同。

在本案例中,企业解除与何某的劳动合同违法,企业应当先调整何某的工作岗位,如调整岗位后仍不胜任工作方可解除劳动合同。企业解除与刘某的劳动合同合法,刘某在试用期限内,违反劳动纪律,在工作岗位与同事打架,并且打伤了同事,应当属于不符合录用条件,企业完全有权依照法律规定解除与刘某的劳动合同。

在基层员工管理中,石油钻探企业班组长对于不符合录用条件以及不能胜任工作的员工,单位提出解除劳动合同后,要协助单位人事部门收集相关证据和资料,如考勤记录、谈话记录、违反劳动纪律的事实依据、不能胜任工作的事实等。

六、解除劳动合同经济补偿金支付规定

[案例8-15]

于女士的诉求能否实现

于女士,2000年3月与某公司签订了为期5年的劳动合同。她很喜欢这份工作,但是工作单位离家太远。2002年4月,于女士应聘了一家离家近的单位,但是新单位提出于女士必须与现在的工作单位解除劳动合同。于女士递交了书面的辞职报告,公司人事部门办理了相应的辞职手续。于女士到新公司上班后,听说解除劳动合同时用人单位应该付给经济补偿金,于是向原单位提出补发经济补偿金的诉求。

《劳动合同法》第三十七条规定:劳动者提前三十日以书面形式通知用人单

位,可以解除劳动合同。

《劳动合同法》第四十六规定:解除劳动合同应支付经济补偿金的情形,对于劳动者主动提出解除劳动合同,用人单位无须向劳动者支付经济补偿金。

在本案例中,于女士主动提出书面辞职报告,并办理了辞职手续。因此,单位无须向于女士支付经济补偿金,于女士的诉求不符合相关法律规定。

班组长要组织员工学习《劳动合同法》相关规定,让员工了解和掌握用人单位应支付及不予支付经济补偿金的常见情形。

七、不得解除劳动合同的情形

[案例 8-16]

钻井液公司不得解除张某的劳动合同

张某,2010年10月与钻井液技术服务公司签订了5年的劳动合同,在钻井队生产一线从事钻井液采集工作,于2013年3月结婚后不久怀孕。之后,张某隔三岔五请假到医院进行检查,到2013年底时,张某被考核为不合格,公司人事部门以不胜任工作为由,解除其劳动合同关系。张某不服,起诉至劳动仲裁委员会予以仲裁。

《劳动合同法》第四十二条规定,劳动者有下列情形之一的,用人单位不得解除劳动者的劳动合同:

(1)从事接触职业病危害作业的劳动者未进行离岗前职业健康检查,或者疑似职业病病人在诊断或者医学观察期间的;

(2)在本单位患职业病或者因工负伤并被确认丧失或者部分丧失劳动能力的;

(3)患病或者非因工负伤,在规定的医疗期内的;

(4)女职工在孕期、产期、哺乳期的;

(5)在本单位连续工作满十五年,且距法定退休年龄不足五年的;

(6)法律、行政法规规定的其他情形。

在本案例中,由于张某在孕期,所以该公司以张某不胜任工作为由,解除劳动合同是违法的,应予以撤销并承担相应赔偿责任。石油钻探企业提出解除劳动合同时,应对员工个人情况进行调查,考察员工是否存在不得解除劳动合同的情形。

八、劳务用工管理

[案例 8-17]

用工单位可否随意将劳动者退回派遣单位

杨某 2013 年 8 月 14 日与劳务派遣公司签订了 5 年期限的劳动合同,被派往某工程技术服务公司工作,职位为现场工程师,月薪 5000 元,试用期 6 个月,工作地点在钻井队生产现场。劳务派遣公司和工程技术服务公司也签订了 1 年的劳务协议。工程技术服务公司因内部经营调整,杨某所在部门被撤销,10 月 15 日将杨某退回劳务派遣公司。2013 年 10 月 27 日,劳务派遣公司以无岗位安排为由,单方面解除与杨某的劳动合同。杨某不服,遂向当地劳动人事争议仲裁委员会申请仲裁。

《劳动合同法》第六十五条规定:被派遣劳动者有本法第三十九条和第四十条第一项、第二项规定情形的,用工单位可以将劳动者退回劳务派遣单位,劳务派遣单位依照本法有关规定,可以与劳动者解除劳动合同。也就是说只有当被派遣劳动者存在违法、违纪或不胜任工作等情形时,才可将其退回。

在本案例中,该工程技术服务公司违反了上述规定和劳务协议的约定,退回杨某是违法的。劳务派遣公司以无岗位安排为由解除劳动合同,也不符合相关法律规定。石油钻探企业退回劳务派遣员工需谨慎操作,退回理由必须符合法律规定和劳务协议的约定,退回程序必须符合法定的程序。

第三节 中华人民共和国安全生产法

2014 年 8 月 31 日颁布的《中华人民共和国安全生产法》(以下简称《安全生产法》),是我国安全生产法制建设中的一件大事,标志着我国安全生产工作向科学化、法制化方向又迈进一大步。《安全生产法》以加强企业安全生产工作为出发点和落脚点,要求实施更加严格的企业安全管理,建设更加坚实的技术保障体系和更加高效的应急救援体系,实行更加严格的安全监管和更加有力的政策引导,对企业的安全生产实行严格的目标考核和责任追究。为依法惩治危害生产安全犯罪,根据《中华人民共和国刑法》(以下简称《刑法》)有关规定,2015 年 12 月 16 日起施行的《最高人民法院、最高人民检察院关于办理危害生产安全刑事案件适用法律若干问题的解释》,进一步明确了危害生产安全犯罪主体、犯罪行为以及造成后果应该承担的刑事处罚等具体规定,为打击和威慑安全生产领域的犯罪行为提供了更有力的法律保障。

一、关心和维护员工的人身安全权利

[案例 8-18]

未配发安全带酿事故

2006年6月10日,某油田公司某作业队在执行加砂压裂作业等待技术措施过程中,聘用某劳务服务公司进行设备清洁卫生作业,该劳务公司未给从事高空作业的人员配发安全带。12时15分,该劳务服务公司临时工陈某在利用吊车对钻机转盘大梁进行卫生清洁作业时,不慎从吊车吊臂上坠落,经医院抢救无效死亡。

《安全生产法》第四十九条明确规定:生产经营单位与从业人员订立的劳动合同,应当载明有关保障从业人员劳动安全、防止职业危害的事项,以及依法为从业人员办理工伤保险的事项。

无论任何性质的用工,都必须关心和维护从业人员的人身安全权利,这是社会主义制度的本质要求。生产经营单位不得以任何形式与从业人员订立协议,免除或者减轻其对从业人员因生产安全事故伤亡依法应承担的责任。

二、员工应当了解风险,懂得防范风险

[案例 8-19]

不了解作业风险后患无穷

2000年11月29日,某钻井队在下油管上扣过程中,由于气温低,气路冻结,快速放气阀放气较慢,导致游车继续上提,使正在上扣的油管被强行拉脱扣,砸向站在内钳位置的骆某的左脚趾部位,油管吊卡顺油管下滑砸在骆某右头部侧位并滑向右臂处,造成骆某多处受伤。

《安全生产法》在第五十条规定:生产经营单位的从业人员有权了解其作业场所和工作岗位存在的危险因素、防范措施及事故应急措施,有权对本单位的安全生产工作提出建议。

这起事故的主要原因是井队对员工培训不够,员工风险识别能力不足。法律赋予员工的安全生产权利之一,就是要让员工要了解危害因素的防范措施以及发生事故时的应急措施,要依法保障这项权利的行使。

三、有权拒绝违章指挥

[案例 8-20]

违章指挥、违章操作导致严重伤亡事故

2008年5月26日16时,某钻探公司某钻井队在整改左指梁内侧指梁盖板翘裂问题过程中,司钻安排钻工尤某带领场地工杨某携带手锤和手钳上二层台拆卸盖板,钻工袁某操作气动绞车配合。在杨某的协助下,尤某拆下一侧指梁盖板销子,把另一侧销子拆出一半后,转身离开寻找棕绳准备吊指梁盖板。此时,杨某站在指梁盖板上,拆下剩余销子后,与指梁及指梁盖板一起坠落,经医院抢救无效死亡。

《安全生产法》第五十一条规定:从业人员有权对本单位安全生产工作中存在的问题提出批评、检举、控告;有权拒绝违章指挥和强令冒险作业。

本案例中,司钻违章指挥,没有安排熟悉二层台结构的井架工上二层台操作。钻工尤某、场地工杨某在高空作业时不系安全带,高空拆卸指梁盖板不系安全吊绳。违章操作,盲目蛮干,导致严重伤亡事故。

根据《最高人民法院、最高人民检察院关于办理危害生产安全刑事案件适用法律若干问题的解释》第五条规定,明知存在事故隐患,继续作业存在危险,仍然违反有关安全管理的规定,实施下列行为之一的,应当认定为《刑法》第一百三十四条第二款规定的"强令他人违章冒险作业":

（1）利用组织、指挥、管理职权,强制他人违章作业的;

（2）采取威逼、胁迫、恐吓等手段,强制他人违章作业的;

（3）故意掩盖事故隐患,组织他人违章作业的;

（4）其他强令他人违章作业的行为。

勇于拒绝违章指挥和强令冒险作业,不仅是为了保护员工的人身安全,也是为了警示生产经营单位负责人和管理人员必须照章指挥,保证安全。

四、遵章守规,服从管理是企业员工的义务

[案例 8-21]

拆下护罩施工,造成死亡

2001年3月21日5时30分,吉林某石油集团公司某钻井队正常钻井至2405米时,司钻张某发现自动压风机附近有漏气现象,便通知柴油司机黄某(男,

49岁)到自动压风机附近进行检查,黄某只将自动压风机自动控制气开关摘掉(以防压风机自动启动),在没有摘除联动机控制气开关的情况下拆下气胎护罩,查看气胎是否漏气时,上衣被绞在转动的气胎轮毂上,当场死亡。

经调查,本次事故的主要原因是未执行检修设备有关规定,属严重违章操作。《安全生产法》第五十四条规定:从业人员在作业过程中,应当严格遵守本单位的安全生产规章制度和操作规程,服从管理,正确佩戴和使用劳动防护用品。

企业要通过各种方式,强化法律知识的灌输,增强员工遵章守规的自觉性,遵守安全操作规程和安全生产规章制度,安全、熟练地操作各种生产经营工具,提高安全意识。

五、接受培训,掌握安全生产技能

[案例8-22]

盲目进行顶驱安装作业

2008年4月8日,某钻探公司某钻井队在安装顶驱时,由于现场作业人员不懂VARCO公司TDS-11SA型顶驱的正确安装方法,错误地将顶驱导轨提升架的运输限位螺栓用作上提顶驱导轨的固定螺栓。在导轨安装完毕后,当班副司钻高空拆卸导轨提升架限位螺栓后,乘坐导轨提升架下行过程中,提升架突然卡在一、二节导轨连接处,副司钻被下行的大钩挤压后脑,经医院抢救无效死亡。

这起事故的原因是作业人员对设备性能不熟悉,在不掌握顶驱安装方法的情况下,违章操作,盲目进行顶驱安装作业,错误安装限位螺栓,导致提升架下行过程中被卡。

《安全生产法》五十五条规定,从业人员应当接受安全生产教育和培训,掌握本职工作所需的安全生产知识,提高安全生产技能,增强事故预防和应急处理能力。本条明确规定,从业人员应当接受安全生产教育和培训,这既是从业人员的权利,也是其法定义务。实践中,对于不接受安全生产教育和培训的从业人员,生产经营单位有权拒绝安排其上岗作业。对未持证上岗和未培训合格上岗人员,必须先离岗,培训考核合格后再上岗。对因未持证上岗或未培训合格上岗人员引发生产安全事故的,必须依法严格追究班组安全管理人员直至主要负责人责任;造成重特大事故的,依法追究刑事责任,其主要负责人终身不得担任班组长等重要职务。生产经营单位未按照规定对从业人员、被派遣劳动者、实习学生进行安全生产教育和培训,或者未按照规定如实告知有关的安全生产事项的;特种作业人员未按照规定经专门的安全作业培训并取得相应资格,上岗作业的,对有上述行为的,《安全生产法》第九十四条规定,对单位责令限期改正,可以处五万元以下的罚款;逾期未改正,责令停产停业整顿,并处五万元以上十万元以下的罚款,对其直接负责的主管人员和其他直接责任人员处一万元以上两万元以下的罚款。

六、发现事故隐患要及时报告

[案例8-23]

擅自加装球形阀门,埋下事故隐患

2005年9月17日5时30分左右,某石油管理局某钻井队进行下套管作业。在往套管内灌钻井液时,灌钻井液所用的软管前端安装有2英寸硬管线及阀门,当井架工宋某看到套管内钻井液已灌满,在钻井泵尚未完全停止的情况下,关闭灌钻井液软管前端的阀门,导致泵压突然从0升至11.8兆帕,2英寸硬管线从套管内憋跳出来,打在宋某的头部,宋某当场死亡。站在井口的钻井工程师高某被摆动的硬管线打成重伤,经医院抢救无效死亡。

《安全生产法》第五十六条规定,从业人员发现事故隐患或者其他不安全因素,应当立即向现场安全生产管理人员或者本单位负责人报告;接到报告的人员应当及时予以处理。《刑法》第一百三十九条规定的"负有报告职责的人员",是指负有组织、指挥或者管理职责的负责人、管理人员、实际控制人、投资人,以及其他负有报告职责的人员。

这起事故的教训是:钻井队监管不到位,擅自在灌钻井液用的高压软管线前端加装2in低压球形阀门,给事故埋下了隐患。员工应当认真开展属地管理,做好巡检,依法及时发现并上报事故隐患,消除不安定因素,避免事故发生,降低事故损失,将预防为主体现在实际管理和作业过程中。

七、不得隐瞒事故

[案例8-24]

河南郏县矿难9名隐瞒事故者被追究刑事责任

2006年4月26日,平顶山市郏县河南原田发展(集团)有限公司原田大刘山煤业分公司(西井)发生的特大瓦斯爆炸事故,共造成11人遇难、18人受伤,直接经济损失达到285.5万元。事故发生后,该矿有关人员刻意隐瞒事故、销毁证据、转移遗体,在社会上造成了极其恶劣的影响。

河南省政府于2006年7月4日召开常务会议,听取了郏县"4·26"特大瓦斯爆炸事故调查组的汇报。为加大对隐瞒事故行为的打击力度,根据事故调查组的意见,省政府常务会议研究决定,对组织、参与隐瞒事故的大刘山煤业分公司(西井)矿长张江海和副矿长黄明德、董春雷、魏建镖、唐铁林、冯开建、李海臣以及调度员李鸿君、田凯移交司法机关追究刑事责任,同时给予吊销矿长资格证、矿长安全资格证等行政处罚,并建议给予相关人员开除党籍的处分。

《安全生产法》第八十条规定,生产经营单位发生生产安全事故后,事故现场有关人员应当立即报告本单位负责人。单位负责人接到事故报告后,应当迅速采取有效措施,组织抢救,防止事故扩大,减少人员伤亡和财产损失,并按照国家有关规定立即如实报告当地负有安全生产监督管理职责的部门,不得隐瞒不报、谎报或者迟报,不得故意破坏事故现场、毁灭有关证据。

根据《最高人民法院、最高人民检察院关于办理危害生产安全刑事案件适用法律若干问题的解释》第九条规定,在安全事故发生后,与负有报告职责的人员串通,不报或者谎报事故情况,贻误事故抢救,情节严重的,依照《刑法》第一百三十九条的规定,以共犯论处。第十条规定,在安全事故发生后,直接负责的主管人员和其他直接责任人员故意阻挠开展抢救,导致人员死亡或者重伤,或者为了逃避法律追究,对被害人进行隐藏、遗弃,致使被害人因无法得到救助而死亡或者重度残疾的,分别依照《刑法》第二百三十二条、第二百三十四条的规定,以故意杀人罪或者故意伤害罪定罪处罚。

员工要明确隐瞒事故的违法后果,了解报告事故的相关规定。

八、规范危险物品的使用和管理

[案例8-25]

违规私自修理敞口罐,导致火灾

2006年10月28日,某修井队员工李某,为了维修井场内储备修井液的敞口罐,未经批准,私自进行焊接作业,引起敞口罐内的浮油着火,后因消防队救援及时,幸未酿成严重后果。

《安全生产法》第九十七条规定,未经依法批准,擅自生产、经营、运输、储存、使用危险物品或者处置废弃危险物品的,依照有关危险物品安全管理的法律、行政法规的规定予以处罚;构成犯罪的,依照《刑法》有关规定追究刑事责任。

钻探行业涉及危险物品使用的作业项目,必须提升危险物品的合规管理意识,依法开展柴油、原油等危险物品管理。

九、交叉作业的风险管控

[案例 8-26]

配合作业人员的教育和监护不到位,后果严重

2006年10月27日,某石油管理局某钻井队在车排子地区进行钻井作业。该井属近平衡钻井,由钻井工艺研究院提供旋转头技术服务。7时15分左右,在更换旋转头胶芯时,钻井工艺研究院助理工程师聂某在钻台大门坡道处指挥用方钻杆带一根钻杆压旋转头胶芯,胶芯弹出,聂某在躲闪时不慎从6米高的钻台上摔下受伤,经医院抢救无效死亡。

《安全生产法》第一百〇一条规定,两个以上生产经营单位在同一作业区域内进行可能危及对方安全生产的生产经营活动,未签订安全生产管理协议或者未指定专职安全生产管理人员进行安全检查与协调的,责令限期改正,可以处五万元以下的罚款,对其直接负责的主管人员和其他直接责任人员可以处一万元以下的罚款;逾期未改正的,责令停产停业。

本起事故的直接原因是更换旋转头胶芯的操作方法不当;指挥人员站位不正确;井队对配合作业人员教育、监护不到位;配合人员风险意识差、风险识别不全面。交叉作业现场的各相关方,必须依法规范现场安全管理。

十、不服从管理、违章作业要承担后果

[案例 8-27]

依法追究开县"12·23"特大井喷事故责任人

2003年12月23日晚,位于重庆市开县境内的罗家16H天然气井在起钻过程中发生井喷失控,大量含有高浓度硫化氢的天然气喷出并扩散,造成243人死亡、2142人中毒住院治疗、65000名当地居民被紧急疏散、各种经济损失达6432万元的重大事故。

重庆市第二中级人民法院2004年9月4日上午开庭,经过对事实、证据的分析认定,法院审理认为,公诉机关起诉"12·23"特大井喷事故中负有直接责任的6

名被告人犯有重大责任事故罪成立,分别判处吴斌有期徒刑 6 年,王建东、宋涛有期徒刑 5 年,吴华有期徒刑 4 年,向一明有期徒刑 3 年,肖先素有期徒刑 3 年、缓刑 4 年。

《安全生产法》第一百〇四条规定:生产经营单位的从业人员不服从管理,违反安全生产规章制度或者操作规程的,由生产经营单位给予批评教育,依照有关规章制度给予处分;构成犯罪的,依照《刑法》有关规定追究刑事责任。

根据《最高人民法院、最高人民检察院关于办理危害生产安全刑事案件适用法律若干问题的解释》第七条规定,实施《刑法》第一百三十二条、第一百三十四条第一款、第一百三十五条、第一百三十五条、第一百三十六条、第一百三十九条规定的行为,因而发生安全事故,具有下列情形之一的,对相关责任人员处三年以上七年以下有期徒刑:

(1)造成死亡三人以上或者重伤十人以上,负事故主要责任的;
(2)造成直接经济损失五百万元以上,负事故主要责任的;
(3)其他造成特别严重后果、情节特别恶劣或者后果特别严重的情形。

对开县"12·23"特大井喷事故责任人的责任追究,是依法开展安全生产管理的具体体现,具有极强的警示意义。遵守规章制度和操作规程,实际上就是依法进行安全生产。

第四节　中华人民共和国环境保护法

为依法治理环境问题,《中华人民共和国环境保护法》(以下简称《环境保护法》)于 1989 年 12 月 26 日七届全国人大十一次会议通过实施,2014 年 4 月 24 日经十二届全国人大八次会议修订,于 2015 年 1 月 1 日起施行。新环境法规定保护环境是国家的基本国策。环境保护坚持保护优先、预防为主、综合治理、公众参与、污染者担责的原则。新环境法的实施将为改善和治理环境提供强大的法律武器。

一、保护环境是国家的基本国策

[案例 8-28]

2015 年中国环境状况公报(节选)

2015 年 6 月 4 日,国家环保部通报了《2014 中国环境状况公报》。公报显示,在全国开展空气质量新标准监测的 161 个城市中,仅有 16 个城市空气质量年均值达标,145 个城市空气质量超标。公报显示,受公众关注的大气、水、土壤污染状况依然令人担忧。

城市空气质量不足一成达标。2014 年是我国空气质量新标准实施的第二年,全国开展空气质量新标准监测的 161 个地级及以上城市中,16 个城市空气质量达标(好于国家二级标准),占 9.9%;145 个城市空气质量超标,占 90.1%。

地下水监测点超六成水质差。在 4896 个地下水监测点位中,水质优良级的监测点比例为 10.8%,良好级的监测点比例为 25.9%,较好级的监测点比例为 1.8%,较差级的监测点比例为 45.4%,极差级的监测点比例为 16.1%。较差、极差监测点占比达 61.5%。

农药有效利用效率仅到 35%。目前,全国化肥当季利用率只有 33% 左右,普遍低于发达国家 50% 的水平。中国是世界农药生产和使用第一大国,但目前有效利用率同样只有 35% 左右。每年地膜使用量约 130 万吨,超过其他国家的总和,地膜的"白色革命"和"白色污染"并存。

《环境保护法》第四条:"保护环境是国家的基本国策。"我国将保护环境作为国家的基本国策,体现了国家的意志,体现了国家对环境保护工作的重视。

本案例说明,在我国这样一个人口大国,人均资源短缺,经济基础薄弱,环境问题历史欠账较多,使得发展难以持续。只有加强环境保护,遏制日益严重的生态破坏,才能使国家的持续发展成为可能。把环境保护作为基本国策,作为国家发展政策的重要组成部分,是非常及时和十分必要的。

石油钻探企业要加强对员工的环保宣传教育,提高对环境保护的认识,在施工作业中减少污染,为环境保护做出贡献。

二、设立环境日的意义

[案例 8-29]

环境日活动

2015 年 6 月 5 日是新环保法的第一个"环境日"。某钻井队在国家 AAAA 级风景区周边施工,该队结合施工区域地处环境敏感区的特点,组织学习宣贯新环保法、强化红线意识、树立底线思维。组织开展了对施工作业辖区、生活基地、沿途车辆行驶区域等进行"三废"排放的检查清理工作,做到"还我清洁,绿色作业",让周边的花草树木焕然一新。践行了"宁可要绿水青山,不要金山银山"的环保理念。

《环境保护法》第十二条:"每年6月5日为环境日。"将每年的6月5日这一天确定为法定的环境日,表明了我国对环境问题的认识和态度,对于提高全社会的环境保护意识,促进我国环保事业的发展,推动生态文明建设具有重要的意义。

该井队通过环境日主题宣传教育,使一线员工环境保护的意识有了极大提高,自觉保护身边的一草一木。石油钻探施工作业在环境敏感区如草原、农田、风景区等,应严格落实"HSE"两书一表的要求,加强施工现场的环境保护工作,减少对环境的破坏和影响。

三、公民在环境保护中的义务

[案例 8-30]

钻井队员工的低碳见闻

地处祖国西北边陲的新疆,生态环境敏感脆弱,种一棵树比生产一吨原油的成本还高出许多,在这里工作的野外钻井队员工,都学会了如何让脆弱的环境变得更坚强、更美丽。60671钻井队马洪的团队,常年在环境敏感的吐鲁番坎儿井一带钻井,戈壁砂石默默与他们相依陪伴,能见到绿草是他们工作中的奢望。为了一棵绿草能延续和繁殖,这个团队的35名员工都有自己的做法:张强自掏腰包买盆积雨水浇绿草;黄华利用废物自制盛水桶,将员工刷牙的水收集沉淀后浇自买的小盆景;陈晓将矿泉水瓶里剩余的干净水积攒养育培植小花苗;马洪也自制收集生活污水的桶,将食堂洗碗后的水回收再用于清洁野外驻地地面、门窗,擦洗现场设备设施等……无论他们走到哪里,他们的这些节俭低碳的做法和绿色的意识都播种在那里,他们被称赞为戈壁的绿色使者!

《环境保护法》第六条:"公民应当增强环境保护意识,采取低碳、节俭的生活方式,自觉履行环境保护义务。"

该钻井团队一件件低碳的典型做法,正是常年工作生活在一线的员工都应培养和增强的环保意识。每个人既是环境的享受者,同时也是环境的破坏者。环境污染与每个人都有关系。为了拯救脆弱的环境,清洁生产、废弃物回收再用等低碳行为应贯穿在整过工作、学习及生活中。

四、缴纳排污费

[案例 8-31]

排污者应按规定缴纳排污费

某供热公司承担某城市居民生活、办公等采暖任务。暖气生产的同时,使用了大量的煤、燃油等多种原(辅)材料及化学品混合物,这些混合物经热源物化作用后,会产生大量的有毒有害气体及固体废弃物,导致污染环境。按照"谁污染,谁付费"的原则,排污费数额由所在地负责污染物排放核定工作的环境保护部门确定后,向排污者送达排污费缴纳通知单,该供热公司应在法定时间内足额缴纳。

《环境保护法》第四十三条:"排放污染物的企业事业单位和其他生产经营者,应当按照国家有关规定缴纳排污费。排污费应当全部专项用于环境污染防治,任何单位和个人不得截留、挤占或者挪作他用。依照法律规定征收环境保护税的,不再征收排污费。"

该案例中,强调各生产经营单位应对产品生产过程中产生的污染物,如污水、废气、噪声、固体废弃物等,要按规定缴纳相应数量的排污费。钻探企业应严格按照属地政府的要求,按规定按时缴纳排污费。

五、促进清洁生产和资源循环利用

[案例 8-32]

化工企业开展清洁生产减排见成效

某化工公司建于 2001 年,员工 1522 人,主要生产烧碱、盐酸及等系列产品。其生产过程中,年 COD(化学需氧量)排放量 268 吨,盐酸单位耗水量 14.6 吨。2004 年该公司被市列为清洁生产试点单位后,对 2001—2003 年的产(排)污、环保达标等指标进行分析,提出合理化建议 42 条,筛选产生 34 个方案,设置了清洁生产目标:2004 年 COD 排放量 190 吨、盐酸单位耗水量 8 吨。通过实施 7 个方案后,清洁生产审核效果:年 COD 排放量 159 吨、盐酸单位耗水量 7.17 吨,年节约电、水消耗分别为 182 万元、138 万元。

《环境保护法》第四十条:"国家促进清洁生产和资源循环利用。国务院有关部门和地方各级人民政府应当采取措施,推广清洁能源的生产和使用。企业应当优先使用清洁能源,采用资源利用率高、污染物排放量少的工艺、设备以及废弃物综合利用技术和污染物无害化处理技术,减少污染物的产生。"

本案例中,该企业通过采取一系列清洁生产措施,降低资源消耗,减少污染排放,降低对环境的危害。

钻探企业要从源头控制污染物的减少,加大实施清洁生产的力度,优选符合管理、工艺、技术、设备设施等方面的高效管控措施和做法,例如,采取节能和优化措施降低能源使用量、提高钻井液的循环使用效率等,最终实现"节能、降耗、减污、增效",有利于提高企业环保水平,带来经济效益。

六、排污单位应当重点承担的义务

[案例 8-33]

做好钻井废弃物无害化处理,实现绿色作业

钻井废弃物处理应遵循"减量化、资源化、无害化"的原则,加强源头控制,提高钻井液重复利用率,开发环保型钻井液。2015年,某钻探企业总包了某环境敏感区 300 口井的钻井任务,全部采用并实施了钻屑和废弃钻井液不落地技术,生产生活垃圾依法合规处理,实现了地方政府和服务油田要求的钻井废弃物无害化处置的环保目标。

《环境保护法》第四十二条:"排放污染物的企业事业单位和其他生产经营者,应当采取措施,防治在生产建设或者其他活动中产生的废气、废水、废渣、医疗废物、粉尘、恶臭气体、放射性物质以及噪声、振动、光辐射、电磁辐射等对环境的污染和危害"。

钻井、井下作业、试油作业等生产过程中产生的废弃钻井液、废弃酸化(压裂)液、钻屑等废弃物,要严格执行区域环评的各项要求,依法合规处置。

七、按日计罚制度

[案例 8-34]

某企业污染环境接受"按日计罚"

中华环保联合会诉山东省德州市晶华集团振华玻璃厂大气污染纠纷案,判令被告赔偿因拒不改正超标排放污染物行为造成的损失780万元(以10万元为基数,自2015年1月1日开始计算至2015年3月19日)。

《环境保护法》第五十九条:"企业事业单位和其他生产经营者违法排放污染物,受到罚款处罚,被责令改正,拒不改正的,依法做出处罚决定的行政机关可以自责令改正之日的次日起,按照原处罚数额按日连续处罚"。

该案例中,凸显企业违法付出了巨大的经济代价,也彰显了国家落实新环保法的决心。钻探企业要学习和贯彻落实环境保护法的各项规定,防止环境违法行为,避免受到政府监管部门的环境违法处罚。

八、环境公益诉讼制度

[案例 8-35]

新环保法生效后环境公益诉讼第一案终审宣判

2015 年 10 月 29 日在福建南平市中级人民法院一审宣判福建南平违法开矿毁林案,原告民间环保组织"自然之友"胜诉。

法院认定被告谢某、倪某、郑某、李某行为具有共同过错,构成共同侵权,判令四被告五个月内清除矿山工棚、机械设备、石料和弃石,恢复被破坏的 28.33 亩林地功能,在该林地上补种林木并抚育管护三年,如不能在指定期限内恢复林地植被,则共同赔偿生态环境修复费用 110.19 万元;共同赔偿生态环境受到损害至恢复原状期间服务功能损失 127 万元,用于原地生态修复或异地公共生态修复;共同支付原告自然之友、福建绿家园支出的评估费、律师费及为诉讼支出的其他合理费用共计 16.5 万余元。谢某等三被告不服一审判决,提出上诉。

12 月 18 日,我国新环保法生效后的第一起环境公益诉讼案件——福建南平生态破坏案在福建省高级人民法院终审宣判,维持原判。

《环境保护法》第五十八条规定,对污染环境、破坏生态、损害社会公共利益的行为,符合下列条件的社会组织可以向人民法院提起诉讼:(1)依法在设区的市级以上人民政府民政部门登记;(2)专门从事环境保护公益活动连续五年以上且无违法记录。符合条件的社会组织,可以向人民法院提起诉讼,人民法院应当依法受理。同时规定,提起诉讼的社会组织不得通过诉讼谋取利益。

该案例中,原告民间环保组织"自然之友"作为公益组织胜诉,可在更大程度上唤醒公民的环境保护、维权意识,让更多的社会力量参与到环保工作中来,对公共资源和公共环境进行更为有力的保护。

石油钻探企业在施工活动中应严格按法律法规和环境影响评价的要求合规作业,杜绝环境污染事件,避免环境诉讼事件的发生。

九、随意倾倒危险废弃物的法律责任

[案例 8-36]

为牟利随意倾倒 40 吨危险废物被处罚

2006 年 3 月至 5 月,肖某分两次雇佣汽车从上海富诺林精细化工有限公司装运电解残渣计 29 余吨至嘉定区江桥镇建华村一建筑工地附近随意倾倒,非法获利 3.6 万余元。6 月 8 日,肖某雇用汽车再次从该公司装运 52 桶计 10 余吨电解残渣,随意倾倒在嘉定区江桥镇封浜星火村 140 号一未完工的道路终端地面。

上海市环境监测中心接群众举报,对肖某倾倒于星火村 140 号地面的电解残渣进行检测,发现桶口处氯化氢浓度约为 7.5mg/m^3、氟化氢浓度约为 11mg/m^3,分别超国家居住区大气中有害物质的最高容许浓度 150 倍、550 倍。

11 月 20 日,上海市嘉定区人民法院对肖某重大环境污染事故犯罪案件做出一审判决,以重大环境污染事故罪判处被告人肖某有期徒刑 1 年 6 个月,罚金人民币 10 万元。

《环境保护法》第六十四条规定,因污染环境和破坏生态造成损害的,应当依照《中华人民共和国侵权责任法》的有关规定承担侵权责任。第六十九条规定,违反本法规定,构成犯罪的,依法追究刑事责任。

本案例中,肖某没有合法规范处理垃圾等废弃物,随意倾倒大量危险废物,被上海市嘉定区人民法院以重大环境污染事故罪判处有期徒刑。法院通过对环境违法犯罪行为刑事责任的追究处理,达到保护环境的目的。

石油钻探生产施工中岩屑、废弃钻井液、工业生活垃圾要按国家、当地政府、环境影响评价的要求规范处置,遵守环境保护法律法规。

十、企业在环境事件应急处置方面的责任和义务

[案例 8-37]

铜酸水渗漏致严重污染

2010 年 7 月 3 日,福建省紫金矿业集团有限公司紫金山铜矿湿法厂发生铜酸水渗漏事故,9100m^3 的污水顺着排洪涵洞流入汀江,导致汀江部分河段严重污染,当地渔民的数百万公斤网箱养殖鱼死亡,直接经济损失达 3187.71 万元人民币。但紫金矿业却将这起污染事故隐瞒 9 天才进行公告,并因应急处置不力,导致 7 月 16 日再次发生污水渗漏事故。

《环境保护法》第四十七条第三款:"企业事业单位应当按照国家有关规定制定突发环境事件应急预案,报环境保护主管部门和有关部门备案。在发生或者可能发生突发环境事件时,企业事业单位应当立即采取措施处理,及时通报可能受到危害的单位和居民,并向环境保护主管部门和有关部门报告。"

该案例中,福建省紫金矿业集团有限公司在发生环境事件时,应急处置不力,并再次发生污水渗漏,造成汀江部分河段严重污染和巨大经济损失的严重后果。

石油钻探企业在施工生产中应吸取教训,引以为戒。加强应急管理,认真履行环境风险隐患排查、治理的主体责任,切实落实企业防范处置突发环境事件的主体责任,确保人民群众生命财产安全和身体健康。

第五节 中华人民共和国职业病防治法

《中华人民共和国职业病防治法》(以下简称《职业病防治法》)经2001年10月27日九届全国人大常委会第24次会议审议通过,并于2011年12月31日经十一届全国人大常委会第24次会议修正。《职业病防治法》分总则、前期预防、劳动过程中的防护与管理、职业病诊断与职业病病人保障、监督检查、法律责任、附则7章90条,自2011年12月31日起施行。《职业病防治法》是规范用人单位职业卫生工作的基本法律。它从法律规范的角度,维护了劳动者的健康权益,对督促用人单位落实职业病危害防治主体责任起到积极的促进作用,也是保护劳动者切身利益的一部非常好的法律。

一、用人单位在职业病防治中的主体责任

[案例8-38]

职业健康培训是增强员工预防危害的首要途径

某测井公司负责职业健康工作的余勇同志,从事职业健康管理工作已有20年之久了,给我们晒出了5个厚厚的收集职业健康培训知识的业绩本。其中记录了每年组织本单位从事放射性作业的近500名员工在不同的地点、不用的作业场所、不同的培训课堂开展2~4次放射知识培训,让每一个新老员工都清楚本岗位的职业危害及导致的结果,员工的主动预防意识普遍增强。通过多年坚持不懈地抓职业健康培训工作,向员工普及辐射危害与防范方法、技巧,确保了从事放射作业员工的安全。

《职业病防治法》第三十五条规定,用人单位的主要负责人和职业卫生管理人员应当接受职业卫生培训,遵守职业病防治法律、法规,依法组织本单位的职业病防治工作。

本案例中,该测井公司职业健康管理人员通过积极有效地组织培训等工作,让单位从事放射性工作的员工提高防范意识,避免放射性辐射的危害。

钻探企业对本单位产生的职业病危害防治承担主体责任。要建立健全职业病防治制度,定期开展职业健康培训,提高员工主动预防职业病的意识,降低职业危害对人体的伤害。

二、劳动者享有的职业卫生保护权利

[案例 8-39]

配备使用符合要求的职业病防护用品

2013年10月某日下午,某化工公司发生一起中毒事故。在有限空间维修作业时,因有毒物料未清洗、有毒气体未置换、戴失效的防毒面具作业,宋某被毒气毒倒。夏某、王某竟然不戴防毒面具盲目施救,也相继毒倒在地。此事故造成1人死亡,2人受伤。

《职业病防治法》第四十条规定,用人单位应提供符合防治职业病要求的职业病防护设施和个人使用的职业病防护用品。

本案例中,该单位配备的防毒面具失效,造成了人员伤亡的严重后果。钻探企业要以保障劳动者的职业卫生权利的角度出发,按规定为员工配备职业病防护设备设施并保持有效,通过教育培训使员工正确佩戴使用防护设备设施及防护用品,保护劳动者自身的职业健康安全。

三、用人单位有职业病危害告知的义务

[案例 8-40]

职业健康危害告知

进入某钻井公司所属各钻井队,会发现每一个钻井队钻井液料区的每一种材料都有规格统一、内容醒目的职业健康危害告知牌,如图8-1所示。告知牌摆放在醒目位置,便于员工们能及时看到、及时阅读,防范危害。"以前各种钻井液材料对身体具体有哪些影响还真不清楚。现在,有了这块小小的'告知牌',今后如何

进行有效防护心里就有底了。"员工王某对同事说。

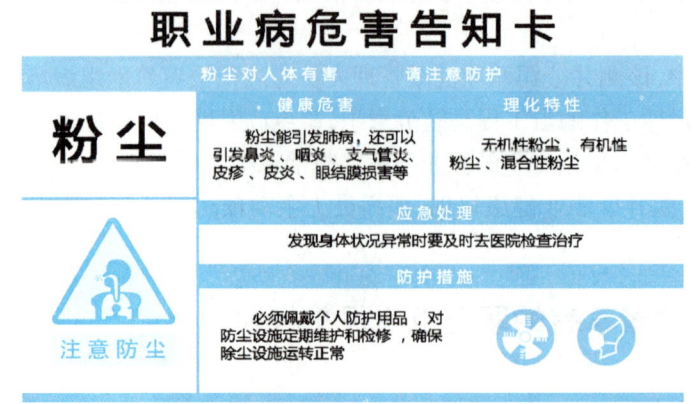

图 8-1　职业病危害告知卡

《职业病防治法》第二十五条规定，对产生严重职业病危害的作业岗位，应当在其醒目位置，设置警示标识和中文警示说明。警示说明应当载明产生职业病危害的种类、后果、预防以及应急救治措施等内容。

本案例中，钻井队在施工现场使用的钻井液材料会产生粉尘，通过告知牌能让劳动者清楚此处应采取的职业安全防范措施。钻探企业生产的各环节存在噪声、辐射、粉尘等职业危害，通过现场的职业病危害告知牌等方式，将《职业病防治法》的要求有效地落实到实际工作中。

四、职业病危害的预防措施

[案例 8-41]

预防噪声的常规措施你知道吗

日常生活和工作中，噪声超标危及人的身体健康已成为普通民众关心的话题。特别是钻探施工作业，随着设备设施服役期限的延长，由于钻机等配套设备的老化，噪声值高达 115 分贝。设备陈旧，靠常规的维护保养等难以符合噪声的达标要求。因此，噪声超标施工作业已成为钻探企业一个不争的事实，同时也是开展职业危害防护的重点工作。在目前现有的经济技术条件下，钻探企业只能采取一些常规的防噪措施，以减轻和改善对作业员工的职业伤害。例如，钻井队近距离作业人员使用个人耳罩，远距离作业人员使用耳塞。

《职业病防治法》第二十条规定，用人单位必须采用有效的职业病防护设施，并为劳动者提供个人使用的职业病防护用品。

本案例中,钻井队通过严格执行噪声超标场所佩戴耳塞耳罩规定,降低噪声危害,减少职业性耳聋。钻井队应从声源、传递途径、接收者和管理几个方面来考虑,严格落实近距离作业人员使用个人耳罩、远距离作业人员使用耳塞政策,控制和消除噪声源,以改善或降低噪声对员工的职业伤害。

石油钻探企业在施工作业中要认真开展职业危害识别,采取有效控制削减措施,确保员工施工作业的职业健康安全。

五、职业病维权

[案例 8-42]

疑似职业病期间未上班有权获得工资

张某曾在一家水泥生产公司工作。一年前,因感觉身体不适而到医院医治,初步诊断为"尘肺壹期"。由于尚未达到确认标准,故当属疑似职业病,医院建议张某脱离粉尘作业且一年后前往复查。不久,公司以劳动合同到期为由,强行让张某离职。近日,张某经复查被确诊为职业病,但公司拒绝负责张某离职后至被确诊期间的工资和诊治费用,理由是既已离职,不属于公司员工。

《职业病防治法》第五十六条:"医疗卫生机构发现疑似职业病病人时,应当告知劳动者本人并及时通知用人单位。用人单位应当及时安排对疑似职业病病人进行诊断;在疑似职业病病人诊断或者医学观察期间,不得解除或者终止与其订立的劳动合同。疑似职业病病人在诊断、医学观察期间的费用,由用人单位承担。"

本案例中,该公司违反了《职业病防治法》第五十六条的规定。疑似职业病期间张某获得工资和治疗费用是法律规定的权利。钻探企业应严格执行《职业病防治法》的各项规定,对每年体检发现有疑似职业病的员工,应给予帮助开通职业病有效治疗的绿色通道,以保护劳动者的合法权利。

六、职业健康检查

[案例 8-43]

职业健康体检

陈某自1990年起在某矿业公司从事井下采矿工作。2013年1月与公司解除劳动关系。离职前,矿业公司委托当地县医院对陈某进行体检,结果显示陈某身体正常。但在2013年5月,陈某经河南省职业病防治研究院诊断患有"矽肺壹期"职业病。经南阳市人社部门认定为工伤后,陈某向公司所在地县劳动人事争议仲裁委员会申请仲裁,请求矿业公司支付伤残补助金、工伤医疗补助金、就业补助金等费用。仲裁委以陈某和公司之间不存在劳动关系为由不予受理。陈某不服,向法院提起诉讼。

《职业病防治法》第三十六条规定,对从事接触职业病危害的作业的劳动者,用人单位应当按照国务院卫生行政部门的规定,组织上岗前、在岗期间和离岗时的职业健康检查,并将检查结果如实告知劳动者。对未进行离岗前职业健康检查的劳动者不得解除或者终止与其订立的劳动合同。职业健康检查应当由省级以上政府卫生行政部门批准的医疗卫生机构承担。

本案例中,某县医院不是批准的职业健康体检机构,所以该医院对陈某进行的离职健康检查不能作为判定其是否患职业病的依据。陈某后在属地省批准的职业健康检查医疗机构进行了离职体检,其体检结果是"矽肺壹期"职业病。以此依据,最终法院判决矿业公司支付陈某伤残补助金等费用14万余元。

钻探企业要严格按照《职业病防治法》的要求,对接触职业病危害的员工进行职业健康体检,对发现的职业病,及时采取治疗措施。

七、职业病报告制度

[案例8-44]

未依法报告职业病案

2015年6月2日,青岛市黄岛区安监局依法对青岛新东洋计电有限公司进行新发职业病用人单位职业卫生专项监督检查时,发现该公司劳动者王某某2014年12月12日被诊断为职业性重度中暑(热射病),该公司自收到王某某的职业病诊断证明书后,未按照规定向安监部门报告,同时发现该公司未根据赵某某等4人的职业健康检查情况采取相应措施。

《职业病防治法》第三十八条规定,发生或者可能发生急性职业病危害事故时,用人单位应当立即采取应急救援和控制措施,并及时报告所在地安全生产监督管理部门和有关部门。

本案例中,该单位未依法对职业病向属地安监部门报告,青岛市黄岛区安监局依据《职业病防治法》第七十五条规定,给予警告,并处罚款行政处罚。

钻探企业要按照法律规定,接受属地政府的管理,并报告职业病发生情况。

八、职业病除享受工伤保险外还能获得赔偿

[案例 8-45]

张海超"开胸验肺"事件震惊国内

张海超,河南省新密市工人。2004年6月到郑州振东公司上班,先后从事过杂工、破碎、开压力机等有害工作。2007年9月,他被多家医院诊断为尘肺,但郑州职业病防治所却为其做出了"肺结核"的诊断。为寻求真相,这位28岁的年轻人只好跑到郑大一附院,不顾医生劝阻铁心"开胸验肺"。2009年9月16日,张海超证实其已获得该公司各种赔偿共计615000元。2013年6月28日张海超在无锡成功换肺,重新获得自己健康生活的权益。

《职业病防治法》第五十九条规定,职业病病人除依法享有工伤保险外,依照有关民事法律,尚有获得赔偿的权利,有权向用人单位提出赔偿要求。

本案例中,张海超不仅享受了职业病的工伤保险,也获得了其他经济赔偿,维护了自身的合法权益。钻探企业要严格按照《职业病防治法》的要求,保护员工的合法权益。

九、劳动者要自觉保护自身职业安全

[案例 8-46]

自觉遵守操作规程,降低职业危害风险

某钻井队员工李某未戴护目镜正准备在砂轮机上打磨器件,忽然发现正对着他的墙上的有一张醒目的提示"加工器件时请戴好护目镜和防护手套",立刻想到砂轮机操作规程关于带护目镜防止伤害的要求,戴好护目镜后才开始操作。

《职业病防治法》第二十一条规定,用人单位应当采取职业病防治管理措施,建立健全职业卫生管理制度和操作规程。

本案例中,钻井队员工李某在使用砂轮机时,看到提示栏"加工器件时请戴好护目镜和防护手套"后再进行安全操作,使自身免受职业危害。钻探行业员工长期在噪声超标的环境中工作,且经常与有毒有害物品接触,在工作中要自觉遵守职业病防治各项操作规程,有效减少和降低职业伤害。

第六节　中华人民共和国道路交通安全法

随着经济、社会的高速发展,我国道路交通方面的需求迅猛增长,机动车、驾驶员数量及交通流量都大幅度增加,道路交通形势日益严峻,道路交通管理工作面临许多情况和问题。2011年4月22日,第十一届全国人民代表大会常务委员会第二十次会议通过《全国人民代表大会常务委员会关于修改〈中华人民共和国道路交通安全法〉的决定》,修改后的《中华人民共和国道路安全交通法》自2011年5月1日起施行。《中华人民共和国道路交通安全法》(以下简称《道路安全交通法》)的出台,为加强道路交通安全管理,预防和减少交通事故,规范公安机关、交通管理部门及其交通警察的执法行为,维护道路交通秩序,保证安全、畅通的交通环境提供了保障。

一、机动车登记,驾驶人取证

[案例8-47]

无证驾驶未登记车辆,致多人死亡

张某购买了一辆重型货车,没有及时登记注册,2013年8月,张某驾驶重型货车,越过道路中心黄实线,与对向正常行驶的大型普通客车左部相撞,并沿撞击方向将大客车推移18米,致大客车内11人死亡、12人受伤。货车驾驶人张某持C1驾驶证驾驶重型货车,属于无证驾驶违法行为。

《道路交通安全法》第八条规定:机动车经公安机关交通管理部门登记后,方可上道路行驶。尚未登记的机动车,需要临时上道路行驶的,应当取得临时通行牌证。

《道路交通安全法》第十九条规定:驾驶机动车,应当依法取得机动车驾驶证。

在本案例中,重型货车未登记,不得上路行驶。张某持C1证,未接受过重型货车相应驾驶培训,其安全驾驶意识、应急驾驶能力、操作熟练程度都不能满足安全驾驶的要求,不得驾驶重型客车。

钻探企业基层班组长在交通安全学习中,可把该案例作为经验分享,告诫员工井队值班车或小四轮不能随意驾驶,必须持有相应驾照。

二、驾驶机动车上道路行驶应该挂号牌，不得遮挡、污损号牌

[案例 8-48]

驾驶无号牌未检验车辆上路酿事故

2010年3月某日，郭某驾驶无号牌且未年检的机动车超速通过一路口时，将前方在公路边上等车的学生王某撞倒，致使王某当场死亡。此次事故郭某负全部责任。

《道路交通安全法》第十一条规定：驾驶机动车上道路行驶，应当悬挂机动车号牌，放置检验合格标志、保险标志，并随车携带机动车行驶证。

本案中，郭某驾驶无号牌、未检验的机动车并且超速驾驶，导致交通事故发生。私家车进入千家万户，钻探企业员工应该清楚驾驶机动车必须及时办理登记上牌、车辆检验手续。无牌无证车辆往往存在机件不合格、安全性能差等安全隐患。

三、隐患车不得上路，停开需开危险报警闪光灯

[案例 8-49]

驾驶隐患车上路负全责

2013年7月6日，徐某驾驶一货车去某井队送料，突然左前轮轮胎炸破，慌乱中徐某方向失控，与相对方向正常行驶的由林某驾驶的半挂车相撞，造成两车损坏、林某受伤的交通事故。

《道路交通安全法》第二十一条规定：不得驾驶安全设施不全或机件不符合技术标准等具有安全隐患的机动车上路。

本案中，徐某出车前未对机动车安全技术性能进行认真检查，徐某应承担全部责任。钻探企业基层班组长应将此类事故举一反三，告诫员工出车前进行仔细检查，使隐患消灭在萌芽状态。

[案例 8-50]

停车未开启危险报警闪光灯害人性命

2011年6月27日晚，谢某驾驶货车去某井送料，因疲劳便靠边停车休息，未开启危险报警闪光灯、示廓灯和前后位灯，致使驾驶二轮燃油助力车的刘某撞在货车尾部，造成刘某死亡。

《道路交通安全法》第五十二条规定：机动车在道路上发生故障，需要停车排除故障时，驾驶人应当立即开启危险报警闪光灯，将机动车移至不妨碍交通的地方停放；难以移动的，应当持续开启危险报警闪光灯，并在来车方向设置警告标志等措施扩大示警距离，必要时迅速报警。

本案例中，谢某讳反停车休息必须开启危险报警闪光灯的规定。钻探企业基层班组长要教育员工摒弃以上行为，以免悲剧发生。

四、禁止驾车的情形

[案例 8-51]

醉驾超速，司机送命

2014 年 11 月 6 日晚，周某醉酒后驾驶货车以 92 千米/小时超速行驶（此处限速 60 千米/小时），行至某路段时，与临时停放在道路一侧的一重型半挂车尾部发生碰撞，周某当场死亡。经检测，周某血液中的酒精含量为 157.73 毫克/100 毫升，已达醉驾标准。

《道路交通安全法》第二十二条第一款规定，饮酒、服用国家管制的精神药品或者麻醉药品，或者患有妨碍安全驾驶机动车的疾病，或者过度疲劳影响安全驾驶的，不得驾驶机动车。

在本案例中，周某醉酒后驾车上路，夜间超速行驶，对车前静态观察不够，措施不当，最终酿成惨祸。钻探企业基层班组长应多学习、广宣传饮酒带来的危害，让员工明白，饮酒后人的视觉和触觉机能下降，表现为触觉迟钝，视力下降，视野变小；酒后驾车还会出现远视，视物的立体感发生误差，反应时间增大 2~3 倍，遇状况不能及时做出反应或操作失误，在这种状态下驾驶机动车就极易引发交通事故。

[案例 8-52]

疲劳驾车，多人丧命

2014 年 7 月 3 日，一辆货车与一辆相向行驶的客车相撞，造成客车上 22 人死亡，3 人重伤。在距事故发生地前 7 千米处，货车司机因疲劳驾驶曾被执勤交警强制休息 20 分钟，但仍未能挽救这场悲剧的发生。

《道路交通安全法》第二十二条第一款规定,饮酒、服用国家管制的精神药品或者麻醉药品,或者患有妨碍安全驾驶机动车的疾病,或者过度疲劳影响安全驾驶的,不得驾驶机动车。

在本案例中,货车司机因疲劳导致多人命丧黄泉,被强制休息20分钟依然无济于事。钻探企业基层班组长要小会说大会讲,让员工明白疲劳驾驶会使注意力变得散漫,不愿再做麻烦的动作,导致判断力下降,反应迟钝,操作失误增加,失去对车辆的控制能力,极易造成交通事故。

五、超车之前看车辆,道路畅通左转向

[案例 8-53]

随意超车酿成大祸

2013年12月4日,曾某驾驶一辆小型普通客车,在下坡转左弯超车过程中,其车头与相向而来的一辆重型半挂牵引车左前部相撞,曾某所驾驶车上包括曾某在内共7人死亡。

《道路交通安全法》第四十三条规定,不得超车的情形包括:前车正在左转弯、掉头、超车的;与对面来车有会车可能的;前车为执行紧急任务的警车、消防车、救护车、工程救险车的;行经铁路道口、交叉路口、窄桥、弯道、陡坡、隧道、人行横道、市区交通流量大的路段等没有超车条件的。

本案例中,驾驶员超车时违反了在坡道、弯道等视线受到影响的地方严禁超车的明确规定,明知坡道转弯及对向有车辆通过时不能超车,却依然变道超车,酿成车毁人亡的大祸。钻探企业基层班组长要教育员工做文明驾驶人,为了家人、为了自己、为了他人的幸福,遵守交通法规。

六、安全驾驶、以人为本、礼让行人

[案例 8-54]

"斑马线"不让行,撞学生成"植物人"

2014年10月的一天,赵某驾车行至人行横道处不让行,将步行至此的中学生李某撞成"植物人"。法院判决在交通事故责任强制险和第三者责任险限额内赔偿60余万元之外,由赵某赔偿李某医疗费等57万余元。

《道路交通安全法》第四十七条规定：机动车行经人行横道时，应当减速行驶；遇行人正在通过人行横道，应当停车让行。

本案例中赵某驾车经人行横道，没有减速行驶，更没有停车让行。《道路交通安全法》的立法宗旨首先就是以人为本、保护弱者，赋予了行人在人行横道上的绝对优先权。因此，即便在没有斑马线的路口和路段，行人横过马路也拥有优先通行权，机动车应当采取各种措施避让。

在钻探行业中车辆种类繁杂，有为井队搬迁的车辆、固井的车辆、运料的车辆、测井的车辆等，无论任何车辆经过路口或斑马线都应该让行。斑马线是行人的安全线，"礼让斑马线"不仅考验着驾驶人的文明素质，更是一条不可逾越的法律红线。

七、机动车运载特殊货（物）品规定

[案例8-55]

油罐车被撞，连带无辜死伤

2010年4月9日，一重型半挂油罐车在行驶中，未悬挂易燃易爆警示标志，被一辆货车从后方追尾碰撞，引发交通事故。该事故造成载重40吨的油罐车溶剂油泄漏，并顺着高速公路排水管流至桥底排水沟，遇火源引起爆燃。大火迅速引燃桥下一露天木材加工场堆放的木板及临时搭建的工棚，致使木材加工场近千平方木屋顶被掀飞、坍塌，数十辆货车、小车全部被焚毁，造成20人死亡，30人受伤，其中16人重伤。

《道路交通安全法》第四十八条规定：机动车载物应当符合核定的载重量，严禁超载；载物的长、宽、高不得违反装载要求，不得遗洒、飘散载运物。机动车载运爆炸物品、易燃易爆化学物品以及剧毒、放射性等危险物品，应当经公安机关批准后，按指定的时间、路线、速度行驶，悬挂警示标志并采取必要的安全措施。

本案例中，油罐车拉运40吨溶剂油却未悬挂易燃易爆危险警示标志，造成一连串的恶性事故，死伤惨重，教训深刻。在钻探企业拉运易燃易爆危险化学品的车辆随处可见，相关单位在日常交通安全管理过程中应制订有力措施，保障危险品能安全平稳抵达目的地。

八、安全带的重要性

[案例 8-56]

乘车不系安全带,车辆侧翻甩车外

2008年7月2日,在某地钻井的4名员工,乘车回基地吃饭时,车辆在公路上侧翻,3名未系安全带的员工被甩出车外,当场死亡,系安全带的驾驶员仅受轻伤。

《道路交通安全法》第五十一条规定:机动车行驶时,驾驶人、乘坐人员应当按规定使用安全带。

本案例中4名员工如果都系好安全带,后果就不会是3死1伤。钻探企业基层班组长要将安全带的重要性讲透,安全带能将驾乘人员牢牢缚在坐椅上,配合安全气囊的缓冲保护,可以将撞击引起的伤害大大降低。

九、违法违规,罚款销证

[案例 8-57]

交通肇事逃逸被罚款、销证、判刑

2012年9月7日,某录井公司曹某酒后驾车在某路段与一辆摩托车发生轻微碰撞,未停车;又与停在路边的小轿车发生追尾碰撞,仍未停车;行至某路段时又将正在车右侧行走的黄某撞倒,致黄某当场死亡。曹驾车逃离现场,5天后被抓获。曹某的驾驶证被吊销,并被终身禁止驾驶机动车。法院以交通肇事罪判处曹有期徒刑7年,同时判决其赔偿死者家属21万余元。

《道路交通安全法》第一百〇一条规定:违反道路交通安全法律、法规的规定,发生重大交通事故,构成犯罪的,依法追究刑事责任;造成交通事故后逃逸的,由公安机关交通管理部门吊销机动车驾驶证,且终生不得重新取得机动车驾驶证。

钻探企业基层班组长要经常向员工灌输以下知识:发生交通事故不逃逸的,只担应担的责任;逃逸的,承担事故的主要责任乃至全部责任;不逃逸的,可申请保险理赔;逃逸的,保险公司将不予赔偿;不逃逸的,只承担民事赔偿,不担刑事责任;逃逸的,除承担民事赔偿责任以外,所面临的刑事责任往往大于因酒后驾驶或无证驾驶等所需承担的刑事责任。

十、开车饮酒，罚款送命

[案例 8-58]

醉驾超速，司机送命

2010 年 1 月的一天，魏某醉酒后，驾驶小型面包车，在撞死两行人后，继续高速疯狂逃逸，接连撞倒 9 人，造成 8 死 3 伤惨祸。经检验魏某的血醇结果为 207 毫克/100 毫升。魏某不但被罚款，且被起诉，人民检察院以"交通肇事罪、以危险方法危害公共安全罪"对肇事司机魏某依法逮捕。经审，魏某犯交通肇事罪，判处有期徒刑 6 年；犯以危险方法危害公共安全罪，判处死刑，剥夺政治权利终身；数罪并罚，决定执行死刑。魏某 2012 年被执行死刑。

《道路交通安全法》第九十一条规定，醉酒驾驶机动车的，由公安机关交通管理部门约束至酒醒，吊销机动车驾驶证，依法追究刑事责任。《道路交通安全法》第九十九条规定，机动车行驶超过规定时速 50% 的，由公安机关交通管理部门处 200 元以上 2000 元以下罚款。

钻探企业基层班组长要教育员工，不但驾车不能饮酒，在任何岗位工作都不能饮酒，醉酒上岗是大隐患，是毁掉生产安全的导火线。

第七节　工伤保险条例

工伤保险是指劳动者因为工作原因在工作过程中遭受意外伤害，或因接触粉尘、放射线、有毒有害物质等职业危害因素引起职业病，由国家或社会给负伤、致残者以及死亡者生前供养亲属提供必要的物质帮助的一项社会保险制度。为了保障因工作遭受事故伤害或者患职业病的职工获得医疗救治和经济补偿，促进工伤预防和职业康复，分散用人单位的工伤风险，国家制定《工伤保险条例》，并于 2004 年 1 月 1 日起施行。但随着我国经济社会的发展，条例在实施过程中出现了一些新情况、新问题，为了解决出现的问题，人力资源和社会保障部于 2009 年 7 月起草了《工伤保险条例修正案(送审稿)》，《国务院关于修改〈工伤保险条例〉的决定》于 2010 年 12 月 8 日国务院第 136 次常务会议通过，2010 年 12 月 20 日修订，并自 2011 年 1 月 1 日起施行。

一、劳动者与用人单位建立劳动关系享受工伤待遇

[案例 8-59]

上班当天受伤就应享受工伤待遇

杨某是一名刚刚毕业的大学生,2009 年 7 月 10 日到某井队实习的第一天,不慎受伤,鉴定为八级伤残。用人单位没有和杨某签订劳动合同,也未购买工伤保险,但事故发生后杨某不仅得到了及时的救治和赔偿,还被留在了该单位工作。

依据《工伤保险条例》第二条第二款规定,中华人民共和国境内的各类企业的职工和个体工商户的雇工,均有依照本条例的规定享受工伤保险待遇的权利。第四条第三款规定,职工发生工伤时,用人单位应当采取措施使工伤职工得到及时救治。

本案例中,用人单位并未给杨某购买工伤保险,杨某也仅仅在井队工作 1 天,但双方已经存在事实上的劳动关系。该单位不仅要使受伤的杨某得到及时救治,而且还应按正式职工的标准给杨某工伤保险待遇。钻探企业基层班组长在日常工作中要做好新员工"三级"安全教育和岗前培训工作,告知员工建立自我安全防范意识,避免发生人身伤害事故。

二、上下班途中发生本人非主要责任的交通事故认定为工伤

[案例 8-60]

合理时间合理路线,才是"上下班途中"

王某是某井队员工,2013 年 12 月 16 日 20 时下班后回家,为了赶在第二天 8 时前到井接班,17 日凌晨 4 时许,乘坐辛某驾驶的私家轿车从父母家返回井队,途中发生车祸,王某死亡,辛某负主要责任。王某的工伤认定没有被有关部门批准。

根据《工伤保险条例》第十四条第六款规定,职工在上下班途中,受到非本人主要责任的交通事故或城市轨道交通、客运轮渡、火车事故伤害的,应认定为工伤。

在本案例中,上班时间是上午 8 时,而不是凌晨 4 时,只有在合理时间内往返于工作地与配偶、父母、子女居住地的合理路线,才应认定为"上下班途中"。所以,王某不是在上班途中,不能认定为工伤。钻探企业基层班组长要告诫员工,在井队工作期间禁止私自回家,更不能驾驶私家车赶夜路。

学会识别上下班途中的工伤：像接孩子、去父母家吃饭、顺路买菜等，都可算其为从事属于日常工作生活所需要的活动,发生非本人主要责任的交通事故,应认定为工伤。但如果是下班后朋友聚会、逛街、购物、娱乐等,则不属于工伤认定的范畴。

三、因工外出发生交通事故属于工伤

[案例 8-61]

"串岗"发生事故仍属工伤

2012年9月7日,驾驶员徐某开车,江某跟车去某井队送料。江某说："我有驾照,路好走,让我练练车。"因江某是老员工,徐某刚到单位上班,不敢拒绝。江某开了仅数分钟,就与迎面驶来的客车发生相撞事故,江某当场死亡,徐某受伤。该公司按照有关规定给江某进行了经济赔偿,并认定江某工亡,徐某工伤。

《工伤保险条例》第十四条第五款规定,因工外出期间,由于工作原因受到伤害或者发生事故下落不明的,属于工伤。

本案例中,江某外出属于工作原因,符合条例规定,"串岗"属于违反安全操作规程,并不影响工伤的认定,因此江某可以被认定为因公死亡。钻探企业班组长在日常工作中要告诫员工不能"串岗""乱岗",因为"串岗"容易引发安全生产事故,给现场生产带来安全隐患。

四、工作岗位上突发疾病48小时内死亡视同工亡

[案例 8-62]

下班休息突发脑溢血死亡视同工亡

严某是某井队员工,2007年8月20日晚交班时告诉来接班的员工说自己不太舒服,交班人员还劝他请假到医院去看一下。下班后,严某回驻井营地休息时没有在意,半夜突发脑溢血死亡,井队上报至有关部门,最终对严某按视同工亡对待。

《工伤保险条例》第十五条第一款规定,在工作岗位突发疾病,48小时内死亡视同工伤。

在本案例中,严某在井队12小时一倒班,虽然在驻井营地休息时突发疾病,但没有离开工作场所,因此应视同工亡。

钻探企业班组长在日常生活和工作中应该多关注职工身体健康状况,对于身体不适的员工应安排去医院就诊。如果休息时间在家中猝死或在工作时间和工作岗位突发疾病超过 48 小时死亡的,不能视同工亡。

五、申请工伤的时效

[案例 8-63]

申请工伤认定是否适用诉讼时效的规定

黄某为某测井公司员工,2007 年 6 月 7 日,用手锤敲打销子时铁屑溅入左眼中。当时黄某感到左眼疼痛,视物模糊,没在意,也就没医治。10 月 3 日,黄某左眼剧烈疼痛,4 日左眼看不到任何东西。黄某到医院诊治,确诊为陈旧性铁锈症,10 月 13 日手术取出铁屑,但左眼永久性失明。2007 年 12 月 21 日,黄某请求单位按工伤保险赔偿。相关部门最终将工伤认定申请的时效从 2007 年 10 月 13 日医院确诊开始计算。

根据《工伤保险条例》第十七条规定,工伤职工或者其直系亲属、工会组织在事故伤害发生之日或者被诊断、鉴定为职业病之日起 1 年内,可以直接提出工伤认定申请。

在本案例中,2007 年 10 月 13 日是事故伤害被诊断之日,故应当认定该时日为"事故伤害发生之日",并以之作为工伤认定申请时效的起算时间。钻探企业班组长应提醒员工受伤要及时就诊,并按时申请工伤认定。

六、工伤认定申请所需材料

[案例 8-64]

工伤认定申请所需材料

2014 年 3 月 20 日,姜某在某井下作业公司工作时发生事故,造成小腿胫骨骨折。同年 4 月 18 日,姜某申请工伤认定,姜某提供了伤残人员与用人单位存在劳动关系的证明材料,事故发生时间、地点、原因以及伤害程度,事故发生经过,工伤申请表,医疗诊断证明等。最终姜某被有关部门认定为工伤。

依据《工伤保险条例》第十四条、第十八条规定,在工作时间和工作场所内受伤,并且按规定提交了与用人单位存在劳动关系的证明材料,事故发生时间、地点、原因以及伤害程度,事故发生经过,工伤申请表,医疗诊断证明等,应当认定为工伤。

在本案例中,有关部门审查材料完整、证据充分,故认定姜某工伤。钻探企业班组长在保安全、抓生产的同时,有责任、有义务向员工宣传讲解工伤认定申请所需材料等知识。

七、伤残等级生活护理标准的计算方法

[案例 8-65]

七级伤残应当享受的生活护理费标准

张某在某固井公司工作,月工资为3000元。2010年5月5日,张某在工作中发生生产事故,致使小腿等部位受到严重伤害。后经医院诊断为:左孟氏骨折;右桡骨茎突及舟状骨骨折;右手食指末节完全离断;双上肢广泛皮肤碾挫伤;右尺骨桡骨远端骨折,并下尺桡关节脱位。最终评定伤残等级为七级,属部分丧失劳动能力,停工留薪期确认为8个月。

依据《工伤保险条例》第三十四条第二款规定,完全不能自理的、大部分不能自理的、部分不能自理的生活护理费标准分别按统筹地区上年度职工月平均工资的50%、40%、30%支付。

在本案例中,张某属于生活部分不能自理的,按统筹地区上年度职工月平均工资的30%,张某每月应享受生活护理费为:3200元／月×30%=960元／月(该地区上年度即2009年职工月平均工资为3200元)。工伤职工已经评定伤残等级并经劳动能力鉴定委员会确认需要生活护理的,从工伤保险基金按月支付生活护理费。

八、伤残补助支付等级

[案例 8-66]

三级伤残应当获取的一次性伤残补助

2010年12月18日,吕某在某井队工作时摔伤,后被认定为工伤,伤残等级被认定为三级,护理等级为大部分护理依赖。吕某得到了相应的一次性伤残补助80500元。

依据《工伤保险条例》第三十五条规定,一级至四级的一次性伤残补助分别为27个月、25个月、23个月、21个月的本人工资。

在本案例中,吕某摔伤时月工资为3500元,吕某应享受三级伤残等级的一次性伤残补助为:3500元/月 ×23月 =80500元。

《工伤保险条例》第三十六条、第三十七条规定,五级至十级的伤残一次性工伤医疗补助金分别为18个月、16个月、13个月、11个月、9个月、7个月的本人工资。经工伤职工本人提出,劳动合同期满终止,或职工本人提出解除劳动合同的,由用人单位一次性支付的工伤医疗费用和伤残就业补助金额,具体标准由省、自治区、直辖市人民政府规定。

九、伤残员工享受的伤残津贴计算方法

[案例 8-67]

一级伤残应当享受的伤残津贴

杨某为钻探企业一线员工,2005年7月23日在一次生产事故中致残,被鉴定为一级伤残,公司按规定给予杨某工伤认定,并得到了应有的经济赔偿。

《工伤保险条例》第三十五条第二款规定,伤残津贴一级至四级分别为本人工资的 90%、85%、80%、75%。

本案例中杨某工伤事故发生之前其工资为 3000 元/月,按照标准,其所能获得的一级伤残津贴为:3000元/月 ×90%=2700元/月。《工伤保险条例》第三十六条第二款规定五级至六级伤残津贴分别应按本人工资的 70%、60% 支付。

十、工亡补助金支付情形

[案例 8-68]

交通事故与工亡赔偿支付

黄某是某钻探企业的员工,2011年10月25日,黄某在下班途中发生交通事故,送往医院经抢救无效死亡,该单位认定黄某因工死亡,并按文件规定给予了经济赔偿。黄某获赔丧葬补助金 22249 元,供养亲属抚恤金 106743 元,一次性工亡补助金 491300,交通事故赔偿 327976.1 元。

《工伤保险条例》第三十九条规定如下:

（1）丧葬补助金为6个月的统筹地区上年度职工月平均工资。

（2）供养亲属抚恤金按照职工本人工资的一定比例发给由工亡职工生前提供主要生活来源、无劳动能力的亲属。标准为：配偶每月40%，其他亲属每人每月30%，孤寡老人或者孤儿每人每月在上述标准的基础上增加10%。各供养亲属的抚恤金之和不应高于因工死亡职工生前的工资。供养亲属的具体范围由国务院社会保险行政部门规定。

（3）一次性工亡补助金标准为上一年度全国城镇居民人均可支配收入的20倍。

第八节　特种作业人员安全技术培训考核管理规定

特种作业是指容易发生人员伤亡事故，对操作者本人、他人及周围设施的安全可能造成重大危害的作业。特种作业人员是指直接从事特种作业的从业人员。

《安全生产法》第二十三条明确规定："生产经营单位的特种作业人员必须按照国家有关规定经专门的安全作业培训，取得特种作业操作资格证书，方可上岗作业。特种作业人员的范围由国务院负责安全生产监督管理的部门会同国务院有关部门确定。"为贯彻执行《安全生产法》的相关规定，落实特种作业人员持证上岗制度，安全生产监督管理总局自2005年开始，历时5年，在深入调研、认真论证、广泛征求意见的基础上，于2010年5月24日，发布了《特种作业人员安全技术培训考核管理规定》（以下简称《规定》），2010年7月1日正式实施。

一、《规定》出台的重要意义

据国内外有关资料统计，由于特种作业人员违规违章操作造成的生产安全事故，占生产经营单位事故总量的比例约为80%。因此，加强特种作业人员安全技术培训考核，对保障安全生产十分重要。

《规定》的出台有利于明确对特种作业人员的监管职责，有利于进一步规范和加强对特种作业人员的安全技术培训、考核、发证和管理工作，必将为提高特种作业人员安全技术能力，防止和减少伤亡事故，促进安全生产起到积极作用。

二、特种作业范围调整和依据

1999年原国家经贸委发布了《特种作业人员安全技术培训考核管理办法》（国家经贸委主任令第13号，以下简称13号令）。此次《规定》在13号令的基础上，对有关特种作业类别、工种进行了重大补充和调整,主要明确生产经营单位特种作业类别、工种,规范安全监管监察部门职责范围内的特种作业人员培训、考核及发证工作。调整后的特种作业范围共 11 个作业类别、51 个工种,更强调特种作业的独立性、危险性和特殊性等特点。

《规定》保留了电工作业、焊接与热切割作业、高处作业、制冷与空调作业 4 种作业,增加了石油天然气安全等作业类别,同时删除了起重机械(含电梯)、锅炉(含水质化验)、压力容器、企业内机动车驾驶、矿山救护队员培训 5 种国家有明确专业规定的作业。

三、加强特种作业人员管理

为了避免与有关行政管理部门在特种作业人员管理上的职能交叉,《规定》第二条规定:生产经营单位特种作业人员的安全技术培训、考核、发证、复审及其监督管理工作,适用本规定。有关法律、行政法规和国务院对有关特种作业人员管理另有规定的,从其规定。

四、特种作业人员的基本条件

《规定》第四条规定,特种作业人员应当符合下列条件:
(1)年满 18 周岁,且不超过国家法定退休年龄;
(2)经社区或者县级以上医疗机构体检健康合格,并无妨碍从事相应特种作业的器质性心脏病、癫痫病、美尼尔氏症、眩晕症、癔症、震颤麻痹症、精神病、痴呆症以及其他疾病和生理缺陷;
(3)具有初中及以上文化程度;
(4)具备必要的安全技术知识与技能;
(5)相应特种作业规定的其他条件。

危险化学品特种作业人员除符合前款第一项、第二项、第四项和第五项规定的条件外,应当具备高中或者相当于高中及以上文化程度。

[案例 8-69]

非电工私自接线,电源箱带电人亡

某油田一钻井队进行设备安装作业,班长对民工党某说:"等一会接电源时去找电工。"但党某没有找电工,而是私自给移动式铁壳电源箱接线。当他一手扶电源箱壳体,一手插振捣器插头时,因箱体带电,触电跌倒,面部朝上,脚穿布鞋,躺在刚下过雨的地上,电源箱压在其胸部。党某(男,21岁,本工种工龄4个月)因触电时间过长,经抢救无效死亡。

在本案例中,党某没有具备从事电工作业人员必要的安全知识,也没有接受过专门的安全技术培训,不听班长指挥,进行违章作业,私自接线,把从铁壳电源线上引出的黑色(电工为零线做有标记)零线错误地接到"C"相火线上,造成铁质移动式电源线外壳带电,从而导致了死亡事故的发生。

《规定》第五条:特种作业人员必须经专门的安全技术培训并考核合格,取得《中华人民共和国特种作业操作证》后,方可上岗作业。

[案例 8-70]

上海"11·15"特别重大火灾事故

2010年11月15日,上海市静安区胶州路728号公寓大楼发生特别重大火灾事故,造成58人死亡,71人受伤,直接经济损失1.58亿元。国务院事故调查组查明该起特别重大火灾事故是一起因企业违规造成的责任事故。

在本案例中,经查该事故原因是电焊工无特种作业人员操作资格证作业,严重违反操作规程,引发大火后逃离现场;该企业违反相关规定,安排职工在10层电梯前室北窗外进行电焊作业,电焊溅落的金属熔融物引燃下方9层位置脚手架防护平台上堆积的聚氨酯保温材料碎块、碎屑引发火灾。

作为钻探企业基层班组长,要严格按照相关法律法规要求,对职工进行必要的安全技术知识培训,严格要求特种作业人员必须持证上岗,做好防护措施,减少事故的发生。

五、特种作业人员培训、考核、发证新规定

《规定》第九条:特种作业人员应当接受与其所从事的特种作业相应的安全技术理论培训和实际操作培训。

已经取得职业高中、技工学校及中专以上学历的毕业生从事与其所学专业相应的特种作业,持学历证明经考核发证机关同意,可以免予相关专业的培训。

跨省、自治区、直辖市从业的特种作业人员,可以在户籍所在地或者从业所在地参加培训。

六、特种作业人员复审要求

《规定》第十九条:特种作业操作证有效期为6年,在全国范围内有效。

《规定》第二十一条:特种作业操作证每3年复审1次。

特种作业人员在特种作业操作证有效期内,连续从事本工种10年以上,严格遵守有关安全生产法律法规的,经原考核发证机关或者从业所在地考核发证机关同意,特种作业操作证的复审时间可以延长至每6年1次。

七、特种作业人员操作证撤销情形

《规定》第三十条规定,有下列情形之一的,考核发证机关应当撤销特种作业操作证:

(1)超过特种作业操作证有效期未延期复审的;
(2)特种作业人员的身体条件已不适合继续从事特种作业的;
(3)对发生生产安全事故负有责任的;
(4)特种作业操作证记载虚假信息的;
(5)以欺骗、贿赂等不正当手段取得特种作业操作证的。

特种作业人员违反前款第四项、第五项规定的,3年内不得再次申请特种作业操作证。

八、特种作业人员操作证注销情形

《规定》第三十一条规定,有下列情形之一的,考核发证机关应当注销特种作业操作证:

(1)特种作业人员死亡的;
(2)特种作业人员提出注销申请的;
(3)特种作业操作证被依法撤销的。

九、特种作业人员重新上岗条件

《规定》第三十二条:离开特种作业岗位6个月以上的特种作业人员,应当重新进行实际操作考试,经确认合格后方可上岗作业。

十、违法使用特种作业人员操作证处罚规定

《规定》第四十一条:特种作业人员伪造、涂改特种作业操作证或者使用伪造的特种作业操作证的,给予警告,并处1000元以上5000元以下的罚款。

特种作业人员转借、转让、冒用特种作业操作证的,给予警告,并处2000元以上10000元以下的罚款。

参考文献

[1] 路易斯·卡夫曼. 不懂带人, 你就自己干到死. 北京: 印刷工业出版社, 2013.

[2]《炼化企业班组长培训教材》编委会. 炼化企业班组长培训教材. 北京: 石油工业出版社, 2014.

[3] 李伟东, 刘乐柱. 油田企业现代班组长培训教程. 北京: 石油工业出版社, 2011.

[4] 祖林. 班组管理从基础到技巧. 广州: 广东经济出版社, 2006.

[5] 文放怀. 如何成为优秀班长. 广州: 广东经济出版社, 2004.

[6] 张毅. 现代企业绩效考核量化管理全案. 北京: 机械工业出版社, 2014.

[7] 斯蒂芬·P·罗宾斯. 管理学. 北京: 中国人民大学出版社, 2008.

[8] 全金. 责任决定执行. 北京: 北京出版社, 2006.

[9] 金建桥. 海洋石油钻井平台员工的心理疏导初探. 管理观察, 2014(6): 51-52.

[10] 卢爱华. 浅谈从事野外工作员工的心理健康情况. 现代企业教育, 2014(3): 338.

[11] 聂惠珍. 一线员工心理健康的问题与对策. 剑南文学: 经典教苑, 2012(3): 230-230.

[12] 朱春瑞. 杰出班组长工作手册. 北京: 中华工商联合出版社, 2007.

[13] 雏继忠, 李开连, 金正谦, 等. 石油企业 QHSE 自主管理的探讨. 石油工业技术监督, 2009, 03: 5-8.

[14] 成立平. 实用班组建设与管理——班组长必读. 北京: 机械工业出版社, 2015.

[15] 廖明菊. 七种统计工具在质量管理的应用. 广东化工, 2013, 9(40): 71-72.

[16] 北京科立特管理咨询公司. 实用的目视管理. 北京: 中国计量出版社, 2010.

[17] 中国石油天然气集团公司人事服务中心. 石油石化企业班组管理. 东营: 中国石油大学出版社, 2003.

[18] 夏云楚. 杰出班组长. 深圳: 海天出版社, 2005.

[19] 劳动社会保障部. 企业班组长培训教程-基础篇. 北京: 海洋出版社, 2013.

[20] 中国就业培训技术指导中心. 班组生产与作业管理. 北京: 中国劳动社会保障出版社, 2010.

[21] 中国石油天然气集团公司安全环保与节能部. HSE 管理体系基础知识. 北京: 石油工业出版社, 2012.

[22] 吴苏江. HSE 风险管理理论与实践. 北京: 石油工业出版社, 2009.

[23] 吴苏江. 井下作业 HSE "两书一表"编制指南. 北京: 石油工业出版社, 2009.

[24](美)项目管理协会. 王勇, 张斌译. 项目管理知识体系指南(PMBOMK 指南). 4 版. 北京: 电子工业出版社, 2009.

[25] 周昌湘. 非人力资源经理的人力资源管理(修订版). 北京: 北京联合出版公司, 2014.

[26]（美）麦克斯韦尔.任世杰译.领导力的5个层次.北京：金城出版社，2012.

[27]（英）马林斯，克里斯蒂.何平等译.组织行为学精要.3版.北京：清华大学出版社，2015.

[28]（美）柯维.高新勇，王亦兵，葛雪蕾译.高效能人士的七个习惯.北京：中国青年出版社，2010.

[29]（美）孔茨，等.马春光译.管理学：国际化与领导力视角（精要版）.9版.北京：中国人民大学出版社，2013.

[30]陈树文.人力资源管理.北京：清华大学出版社，2010.

[31]田威.FIDIC合同条件实用技巧.2版.北京：中国建筑工业出版社，2002.

[32]（美）科特勒，凯勒著.梅清豪译.营销管理.上海：上海人民出版社，2010.

[33]梁慧星.服务合同研究，北京：法律出版社，2010.

[34]（美）希比.倪晓宁，刘楠译.国际商务合同.4版.北京：中国人民大学出版社，2012.

[35]王文勇，武金祥.国际钻井"一地五标"管理手册.北京：中国商业出版社，2013.

[36]（美）阿姆斯特朗，科特勒.赵占波译.市场营销学.11版.北京：机械工业出版社，2010.

[37]韩树举，等.中国石油员工海外出行读本.北京：石油工业出版社，2013.

[38]中国劳动社会保障出版社.工伤保险条例相关法律法规文件汇编.北京：中国劳动社会保障出版社，2013.

[39]中国法制出版社.工伤保险条例配套解读与案例注释.2版.北京：中国法制出版社，2015.

[40]中国法制出版社.中华人民共和国道路交通安全法：立案·管辖·证据·裁判（案例应用版）.北京：中国法制出版，2014.

[41]中国法制出版社.中华人民共和国劳动法（2015）（实用版）.北京：中国法制出版社，2014.

[42]国务院法制办公室.中华人民共和国劳动合同法注解与配套.2版.北京：中国法制出版社，2013.

[43]中国法制出版社.中华人民共和国劳动合同法实施条例.北京：中国法制出版社，2008.